U0113244

"一带一路"人口与发展

第一辑
亚洲篇

中国人口与发展研究中心◎编著

POPULATION AND DEVELOPMENT
ALONG THE BELT AND ROAD

当代世界出版社
THE CONTEMPORARY WORLD PRESS

图书在版编目（CIP）数据

"一带一路"人口与发展. 第一辑. 亚洲篇／中国人口与发展研究中心编著. — 北京：当代世界出版社，2022.3
ISBN 978-7-5090-1570-4

Ⅰ. ①一… Ⅱ. ①中… Ⅲ. ①人口-研究-亚洲
Ⅳ. ①C924.1

中国版本图书馆 CIP 数据核字（2022）第 032777 号

书　　名："一带一路"人口与发展（第一辑）——亚洲篇
出 品 人：丁　云
策　　划：刘娟娟
责任编辑：魏银萍　姜松秀　马永一　徐嘉璐
装帧设计：武晓强
版式设计：韩　雪
出版发行：当代世界出版社
地　　址：北京市地安门东大街 70-9 号
邮　　编：100009
邮　　箱：ddsjchubanshe@163.com
编务电话：(010) 83907528
发行电话：(010) 83908410（传真）
　　　　　13601274970
　　　　　18611107149
　　　　　13521909533
经　　销：新华书店
印　　刷：北京新华印刷有限公司
开　　本：710 毫米×1000 毫米　1/16
印　　张：22.25
字　　数：306 千字
版　　次：2022 年 3 月第 1 版
印　　次：2022 年 3 月第 1 次
书　　号：ISBN 978-7-5090-1570-4
定　　价：88.00 元

编委会

序　言

中国倡导新型国际合作的时代意义与历史价值

——写在《"一带一路"人口与发展（第一辑）》付梓之际

于洪君

人类社会是由拥有不同历史背景、处于不同文明形态的不同人种、不同群体、不同民族构成的历史共同体。现代人类社会，则是拥有不同制度设计、不同发展道路、不同治理方式的国家组成的发展共同体。进入近现代历史阶段后，随着人类经济活动广泛发展，科技进步日新月异，文化生活彼此交融，各国间的联系与互动愈加紧密。发展利益相互借重，安全利益休戚相关的特点分外突出。现代人类社会，越来越成为你中有我、我中有你，惟有和衷共济、共克时艰，方能联动发展、共同进步的命运共同体。

20 世纪 80 年代末 90 年代初，东西方冷战宣告结束。和平发展的时代潮流进一步强化。合作共赢作为普遍诉求，成为不可抗拒的历史大势。进入 21 世纪以来，虽然弱肉强食的强权主义政治依然严重存在，美国作为唯一超级大国仍然固守冷战思维，进行零和博弈，但时代潮流与历史大势毕竟不可阻挡。人类社会发展诉求的共同性和普遍性，安全关切的关联性和整体性，还是得到了前所未有的彰显和体现。世界多极化和经济全球化齐头并进，发展道路多样化与社会进程数字化持续加速。融合发展、文明共生、全球治理成为世界各国必须共同面对的新问题。

但是，2008 年国际金融危机爆发后，西方国家的保守主义、孤立主义、单边主义开始大行其道。反对经济全球化、反对区域合作的社会思潮和政治运作，逆势来袭。国际经贸秩序、世界安全格局、全球治理大局，包括联合国《2030 年可持续发展议程》和广大发展中国家孜孜以求的减贫事业，受到严重冲击。2017 年特朗普入主白宫后，美国对世界现存的政治经济秩序、多边合作机制造成了严重伤害。世界经济增长动能不足、互利合作意愿下降等问题愈益突出。

正是在国际形势极为复杂、日趋严峻、加剧紧张，人类社会面临百年未有之大变局的背景下，2013 年 9—10 月间，习近平主席利用访问中亚和东南亚之机，向周边国家乃至整个国际社会，发出了共建"丝绸之路经济带"、共建"21 世纪海上丝绸之路"的重大倡议。"一带一路"作为联动发展的中国策，作为国际合作的新范式，作为脱贫致富的新选择，成为牵动越来越多的国家共谋发展、影响人类社会未来前途与命运的共同行动。

中国倡导和推进共建"一带一路"国际合作 7 年多来，国际反响超出想象，建设成果超出预期。截至 2020 年 7 月，中国为推进共建"一带一路"发起成立亚洲基础设施投资银行（简称"亚投行"），成员国已达 103 个，其中包括德国、法国等欧洲发达国家。

显然，"一带一路"作为当代中国贡献给国际社会的一份公共产品，不仅完全适应当今时代的发展潮流，同时也最大范围地顺应了世界上绝大多数国家的共同需求。通过"一带一路"国际合作，和平崛起的中国给参与合作的伙伴国带来了许许多多有目共睹的现实成果，诸如现代化的交通设施、新的工业园区、高质量的文教体卫项目，以及贸易繁荣、投资增长、就业增加、民生改善、社会稳定，等等。

此外，更重要的是，通过推进共建"一带一路"，中国还为整个国际社会提供了意义重大而深远的新思想、新理念，其中最有影响的就是新的发展观、新的合作观与新的文明观，这一点值得认真研究和思考，需要全面总结和探讨。

首先，应当看到，中国通过推进共建"一带一路"倡导和实施的新发展观，为解决人类社会共同发展难题指明了前进方向。

任何民族、任何国家，都必须以发展作为繁衍生息并走向未来的基本条件。但在不同时代、不同国际环境下，对不同发展模式及发展的理解往往不尽相同，导致发展的路径和结果有所不同，甚至相去甚远。这是世界经济不平衡、人类进步不同质的主要原因。

我们所处的当今世界，面临各种各样的矛盾和问题，发展不均衡和由此产生的贫富分化问题触目惊心，与此相关联的理念与政策之争令人眼花缭乱，但谋求经济发展与社会稳定，实现普遍富足与共同进步，始终是各国人民的主流意愿和永久诉求。中国倡导并全力推动共建"一带一路"，目的不仅是要充分利用国内外两种资源和两个市场，全面实践打开国门搞建设的发展思路，进一步提高我国自身的发展质量和水平，同时也是要实现中国与周边国家的共同发展、联动发展，进而促进世界上所有地区和国家实现开放发展、合作发展。

中国通过共建"一带一路"推动的发展，显然不仅仅意味着实现各个国家之间基础设施的互联互通，也不仅仅是指实现高质量高水平的经贸关系大发展与商品货物大流通，而是同时也致力于实现"一带一路"框架下相关国家发展战略、区域规划、政策法规、管理方式、检疫检验、安全标准直至机制体制的有机结合与相互对接。

遵循这样的新发展理念，世界上所有的民族、国家和地区，最终都将从独自发展转向联动发展，从封闭发展转为开放发展，从粗放发展转为绿色发展，从无序发展转为均衡发展，从不稳定发展转为可持续发展，从低水平发展转为高质量发展。这样的新发展观，在国际上得到广泛认可并且被推而广之，显然是人类社会发展史上一个前所未有的巨大进步。

其次，还要看到，中国通过共建"一带一路"倡行的新合作观，为世界各国实现求同存异、跨越发展鸿沟指明了实践路径。

人类社会进入近现代历史阶段以来，彼此间的联系与交往日益广泛和深刻，相互依存并密切合作是大势所趋。进入 21 世纪后，随着经济全球化不断向纵深发展，人类社会休戚相关、命运与共的特点变得更加突出。但在西方国家主导下的经济全球化早期阶段，各国各地区的经济联系、人文交流与安全政策协调，并非真正意义的平等合作，而是带有鲜明的帝国主义、殖民主义色彩。即使在冷战结束后，以西方发达国家领衔的经济全球化，也明显带有霸权主义和强权政治印迹。广大发展中国家曾深受其害，并为此付出了沉重代价。

中国在倡导和推动共建"一带一路"的过程中，始终以新的合作观为指导，坚持以相互尊重、平等合作为重要基础，以机遇共沾、成果共享为首要前提。坚持这样的合作观，就是要始终秉承共商共建共享的基本原则，既不强人所难，也不勉为其难；就是要充分尊重合作伙伴的意愿和选择，坚持以企业为行为主体，以市场规律为主要依循；就是要不附加任何政治前提，不把自己的主张强加于人，不包办合作伙伴的事务；就是要讲求义利兼顾，义字当头，以义为先。这种既考虑自身利益，又考虑伙伴利益，既考虑长远需要，又考虑现实可能的合作方式，为"一带一路"全面推进提供了重要保障，产生了非常积极的示范效应。

中国倡导和实践的这种新型合作观，摒弃了基于阵营对抗理论而形成的平行市场模式，也超越了基于地缘政治利益而构建的势力范围模式，完全符合时代进步的潮流。这种合作既可以是双边的，也可以是多边的；既考虑伙伴双方的利益，也兼顾相关各方的利益；既着眼于经济、社会、民生等领域的实际需要，也综合考虑环境、文化、安全等多方面因素；既要为当代人着想，还要为子孙后代负责。总之，超越社会制度差异，超越意识形态分歧，超越地缘政治局限，超越发展水平鸿沟，是"一带一路"框架下新型合作观的核心要义。

最后，尤其要注意的是，中国通过共建"一带一路"倡导并践行新文明观，为人类社会不同文明互学互鉴开辟了广阔前景。

国际社会从来都是充满矛盾和冲突的对立统一体。处于不同发展阶段和不同表现形态的人类文明，既彼此有别又相互影响，既彼此独立又相互联结。中国在倡导和推进共建"一带一路"的过程中，一开始就旗帜鲜明地提出了完全有别于西方各种文明论的新型文明观，强调文明多元平等是人类社会的基本特征，也是世界进步的重要源泉。文明没有高下、优劣之分，只有特色、地域之别。文明差异不应该成为世界冲突的根源，而应该成为人类文明进步的动力。

坚持和秉承这样的新文明观，中国在推动共建"一带一路"过程中，从来不搞并且也坚决反对所谓的经济扩张；不会重踏西方列强抢占国际市场、掠夺别国资源的老路；不会效仿超级大国营造势力范围的冷战思维，强行构建地缘政治小圈子；不会输出价值观体系和发展模式，将自己的意志强加于人。一言以蔽之，中国倡导和推动共建"一带一路"国际合作，既不是谋求地区事务主导权，更不是争夺全球事务影响力，而是要推动处于不同发展阶段和发展水平的国家，在更大范围内实现互联互通，促使不同社会制度和不同文明形态的国家，实现更高水平的互学互鉴。归根到底，是要推动各国人民携手并肩、风雨同舟，构建相互依存、安危相关、繁荣与共的命运共同体。

2019年4月，举世瞩目的第二届"一带一路"国际合作高峰论坛在北京举行。包括中方在内的近40个国家的领导人和许多国际组织负责人齐聚一堂，共商"一带一路"高质量高水平发展的长远大计。论坛最后达成了6大类共283项务实合作成果，签署了总额640多亿美元项目的合作合同。在此前后签署的各种双边和多边的合作文件，总数多达百余份。

据不完全统计，2019 年，中国与"一带一路"合作伙伴国的货物贸易总额为 19 000 亿美元，占中国货物贸易总额的 41.5%。中国企业对"一带一路"沿线 56 个国家的非金融类直接投资为 150.4 亿美元。与 62 个国家新签对外承包工程项目合同 6944 份，合同总额为 1548.9 亿美元，占同期中国对外承包工程新签合同额的 59.5%，同比增长 23.1%；完成对外承包工程营业额 979.8 亿美元，同比增长 9.7%。中国与"一带一路"沿线各国的进出口总额为 92 696 亿人民币，同比增加 10.8%。

可以说，以"一带一路"国际合作高峰论坛为重要平台，以基础设施互联互通与人类文明互学互鉴为两大引擎的联动发展、互利合作新体系，正在全球范围内悄然形成。这是世界百年未有之大变局中的一个重大动向，是中国联合广大发展中国家，携手整个国际社会，聚焦发展与合作两大主题，共同解决脱贫致富难题，逐步消除人类发展鸿沟，推动构建发展共同体，最终走向命运共同体的重要成果。

2020 年，突如其来的新冠肺炎疫情袭击了中国和整个世界，人类社会遭遇了始料未及的各种困难、风险与考验。世界经贸秩序，由于美国霸权和新冠肺炎疫情的双重破坏，变得支离破碎；国际安全形势，也因此变得空前紧张。许多国家出于防控疫情的实际需要，不得不按下经济运行和对外交往的"暂停键"。中国倡导和推动的共建"一带一路"国际合作，在不少国家因封城断路、停工停产停运停市而遭受重大损失；有些国家甚至因财政困难而不得不暂时中止甚至放弃某些项目的实施。

不过，令人欣慰的是，所有这些困难和问题，并没有改变也不可能改变中国不断扩大和深化共建"一带一路"国际合作，与合作伙伴国砥砺前行、共同奋进的意志和决心。始发于中国许多城市的中欧班列，在疫情肆虐全球的复杂形势下，不但坚持运行，而且还大大增加了开行班次，显著提高了运力。中欧班列不仅为"一带一路"的持续运行、中国对外经济联系的正常推进提供了强有力的保障，同时还为许多国家的抗疫事业提供了难能宝贵的特殊支持。

2020 年 1—7 月，中国企业对"一带一路"沿线国家非金融类直接投资达 102.7 亿美元，与 2019 年同期相比，增长了 28.9%。中国企业与"一带一路"沿线国家新签承包工程合同额 671.8 亿美元，完成营业额 404.3 亿美元。截至 2020 年 11 月，与中国签署共建"一带一路"合作文件的国家增加到 138 个，国际组织增加到 31 个，合作文件总数增加到 201 份。共建"一带一路"国际合作，仍然在路上！

当然，无论过去还是现在，我们始终清醒地认识到，历史的发展和进步总是迂回曲折的，世界上的事情也总是复杂多变的。世界经济由于新冠肺炎疫情等多种原因，可能会出现一个较长时期的衰退期。绝大多数发展中国家的经济发展和民生状况，可能面临意想不到的困难和压力。全球贫困人口的数量，甚至可能出现不减反增的复杂局面。

我们还清楚地意识到，在当前世界处于百年未有之大变局的重要历史当口，各种矛盾彼此交织，多种因素相互作用，国际关系中的不稳定、不确定和不可预测性还将进一步凸显。特别是中美两个最大经济体和政治对手的关系，已经进入两国建交以来最为严峻的历史时刻。两国在贸易领域中的纠纷和摩擦已经蔓延到人文、科技、金融、安全，以及地区和国际事务等诸多领域，前景不容乐观。

但另一方面，我们也始终确信，中国倡导和推进共建"一带一路"，将为中国与"一带一路"沿线各国，为整个南南合作持续发展开辟新的境界，树立新的标杆。在人类历史进程中始终占有重要位置的中华文明，将通过共建"一带一路"国际合作的理论和实践，为人类文明在 21 世纪的新发展作出新贡献！

正因为如此，摆在读者面前这部学术著述《"一带一路"人口与发展（第一辑）》，集"一带一路"沿线国家人口与发展研究之大成，具有信息量大、参阅性强两大突出特点。我们期待本书能够为读者观察思考"一带一路"理论与实践，预测和展望当今世界人口与发展问题，推动人类社会走共同脱贫致富之路，提供不可替代的参阅资料。

毋庸置疑的是，无论前进之路多么艰辛，无论困难与挑战多么巨大，"一带一路"作为中国与外部世界良性互动的重要途径，作为中华文明与世界文明优势互补的重要桥梁，作为人类社会走向命运共同体的必由之路，必将进一步加强中国在世界格局中的地位和作用，推动人类社会在和平发展、合作共赢的道路上行稳致远。共建"一带一路"国际合作的"朋友圈"只会越做越大，"一带一路"大业只能越做越辉煌。中国需要世界、世界也需要中国，将会成为更加广泛的国际共识。中国融入世界，世界走进中国，也将是不可改变的历史大势。

2022 年 1 月

目录
CONTENTS

专题报告

"一带一路"国家贫困现状与减贫合作启示

唐丽霞　谭　璐*

摘要： 贫困是世界面临的最大全球性挑战。中国取得巨大减贫成就的同时，也致力于在国际减贫合作中分享中国经验，支持和帮助广大发展中国家消除贫困。自 2013 年中国提出"一带一路"倡议以来，截至 2021 年 11 月，已有 138 个国家加入"一带一路"合作共建。"一带一路"国家大多数是发展中国家，在发展经济和改善民生的过程中，普遍面临贫困问题。本报告主要通过世界银行等联合国机构及其他国际组织发布的相关数据，梳理"一带一路"国家的贫困状况，分析"一带一路"国家的贫困原因，并对今后的"一带一路"减贫合作提出可行性建议。

关键词： "一带一路"；贫困现状；贫困原因；减贫合作

---

* 唐丽霞，中国农业大学人文与发展学院教授、博士生导师；谭璐，中国农业大学人文与发展学院博士研究生。

一、引言

　　纵观人类历史，和平与发展一直是人们向往的目标，但贫困却一直是全球面临的最大挑战。自 1901 年朗特里首次提出"一个家庭的总收入不足以维持最基本的生存活动需求即贫困"后，国际社会对减贫理论与减贫实践进行了不懈探索。2015 年 9 月联合国大会通过的《变革我们的世界：2030 年可持续发展议程》中指出，"在全世界消除一切形式的贫困"成为 17 个可持续发展目标中的第一目标。但从全球范围看，实现可持续发展目标如消除贫困等面临着很多困难。世界银行 2019 年数据显示，全球仍有超过 7 亿人每日生活费不足 1.9 美元（2011 年购买力平价）。对于如何减贫，世界各国，尤其是贫困国家都在积极寻找着答案。中国作为世界减贫事业的积极倡导者和有力推动者，在落实消除贫困等 2030 年可持续发展目标中处于领先位置。改革开放 40 多年来，中国经过不懈努力，近 8 亿贫困人口成功脱贫，占同期全球减贫人口总数的 70% 以上，并在 2020 年实现全面脱贫，这种减贫成就在规模和时间上都是空前的，对全球来说具有重大意义。作为负责任的大国，中国在致力于消除自身贫困的同时，还积极开展国际减贫合作，建立以合作共赢为核心的新型国际减贫合作伙伴关系，在国际减贫事业中分享中国经验、提供中国方案和贡献中国力量，支持和帮助广大发展中国家特别是最不发达国家消除贫困。中国于 2013 年提出的"一带一路"倡议和联合国 2030 年可持续发展目标的方向是一致的，强调国际社会打造互利共赢的"利益共同体"和共同发展的"命运共同体"，主要惠及"一带一路"国家。截至 2020 年 11 月，与中国签署共建"一带一路"合作文件的 138 个〔1〕国

---

　　〔1〕《我国已与 138 个国家、31 个国际组织签署 201 份共建"一带一路"合作文件》，http://www.gov.cn/xinwen/2020-11/17/content_5562132.htm。

家，遍布世界六大洲。"一带一路"涉及国家数量多，覆盖地理空间大，国家之间的发展程度呈现出巨大的差异。但"一带一路"国家大多数是发展中国家，分布着全球数量最大的贫困人口，有近 5 亿人每日生活费不足 1.9 美元（2011 年购买力平价）。"一带一路"国家普遍面临经济困难、基础设施落后、资金不足等发展问题。为了更好地向"一带一路"国家分享中国的减贫经验，有必要对"一带一路"国家的贫困状况进行梳理和分析。本报告主要根据世界银行等联合国系统及国际研究机构发布的相关数据，通过对"一带一路"国家经济发展水平、经济增长速度、人类发展水平、贫困发生率、收入平等情况等贫困状况的梳理，分析"一带一路"国家的贫困共性原因，并从加强减贫合作机制化、深化"一带一路"框架下农业合作、升级减贫合作方式、拓宽与国际组织的减贫合作领域等方面对今后的"一带一路"减贫合作提出建议。

二、"一带一路"国家经济增长与人类发展水平

（一）经济发展水平

人均国民总收入（GNI per capita）是衡量一个国家或地区宏观经济运行状况的有效工具，可以用来反映各国人民生活水平，常作为发展经济学中衡量经济发展状况的指标。世界银行以人均国民总收入为标准，把国家分为四类：低收入国家、中等偏下收入国家、中等偏上收入国家和高收入国家。这一标准不是固定的，每年 7 月 1 日，世界银行会根据综合因素变动进行相应调整。2020 年的划分标准为：2019 年人均国民总收入低于 1035 美元的国家为低收入国家；人均国民总收入在 1036 美元至 4045 美元之间的国家为中等偏下收入国家；人均国民总收入在 4046 美元至 12 535 美元之间的国家为中等偏上收入国家；人均国民总收入超过 12 536 美元的为高收入国家。世界银

行 2020 年数据库显示，有数据可查的 126 个"一带一路"国家中[1]，有 17 个国家的人均国民总收入低于 1035 美元，属于低收入国家，占"一带一路"国家总数的 12.31%，其中除阿富汗和塔吉克斯坦是亚洲国家外，其余 15 个国家全部是非洲国家；有 41 个国家属于中等偏下收入国家，占"一带一路"国家总数的 29.71%；有 35 个国家属于中等偏上收入国家，占"一带一路"国家总数的 25.36%；有 33 个国家属于高收入国家，占"一带一路"国家总数的 23.91%。由此可见，"一带一路"国家的总体经济发展水平还比较好，高收入国家和中等偏上收入国家占比相对较高。其中，34 个"一带一路"国家的人均国民总收入水平高于世界平均水平。但是，各国之间的人均国民总收入差距较大，人均国民总收入最低的布隆迪仅为 280 美元，人均国民总收入最高的卢森堡为 73 910 美元，布隆迪不及卢森堡的 0.4%。

从经济增长速度来看，"一带一路"国家的经济发展总体向好。从表 1 可以看出，2010—2019 年，大部分国家的年均经济增速在 2.0%—5.9% 之间，其中有 50 个国家年均经济增速保持在 2.0%—3.9% 之间，34 个国家年均经济增速保持在 4.0%—5.9% 之间，还有 20 个国家年均经济增速超过 6%。"一带一路"国家中保持中高速度增长的国家数量达到了 54 个，占到了"一带一路"国家总数的 40%。但也有一些国家的经济增长形势堪忧，有 25 个国家的年均经济增速小于 2%，而南苏丹、也门、赤道几内亚、希腊、特立尼达和多巴哥及巴巴多斯这 6 个国家的年均经济增速出现了负值。由于新冠肺炎疫情对全球各国经济的冲击，2020 年大多数国家经济出现负增长。经济保持长期高速增长是减贫的最大动力，当前，在新冠肺炎疫情的影响下，全球经济增长乏力，这也为未来"一带一路"国家的减贫与发展带来了巨大的挑战和压力。

---

〔1〕 缺少 12 个国家 2019 年的人均国民总收入数据，分布是古巴、科威特、密克罗尼西亚联邦、摩尔多瓦、南苏丹、索马里、汤加、委内瑞拉、也门、伊朗、纽埃和库克群岛。

表 1　2010—2019 年"一带一路"国家年均经济增速　　（单位:%）

标准	<0.0	0.0—1.9	2.0—3.9	4.0—5.9	>=6.0
国家数	6	25	50	34	20
占比	4.35%	18.12%	36.23%	24.64%	14.49%

资料来源：世界银行。

注：索马里、纽埃和库克群岛数据缺失。

由于经济总体发展情况较好，"一带一路"国家的基础设施发展尚可。电力供应情况是评价国家和地区基础设施发展水平的一项重要指标，"一带一路"国家在电力供应方面大多不存在突出问题。世界银行与国际能源机构合作的"跟踪框架"项目（2014）根据相关数据与标准将通电率分为了 5 个等级：通电率大于 72.92% 为高通电率国家、通电率在 57.78 %—72.92% 之间为较高通电率国家、通电率在 38.80%—57.78% 之间的为中等通电率国家、通电率在 21.86%—38.80% 之间为较低通电率国家、通电率小于 21.86% 为低通电率国家。参考此标准，从表 2 可以看出，"一带一路"国家中有 97 个国家都属于高通电率国家，其中 69 个国家的通电率达到了百分之百，但仍有 11 个国家的通电率相对较低，其中，布隆迪、乍得和尼日尔这 3 个国家的通电率最低。

表 2　2018 年"一带一路"国家通电情况

通电率	相应通电率的国家数量（个）	通电率（%）
高	97	>72.92
较高	15	57.78—72.92
中等	13	38.80—57.78
较低	8	21.86—38.80

通电率	相应通电率的国家数量（个）	通电率（%）
低	3	<21.86

资料来源：世界银行。

注：纽埃和库克群岛数据缺失。

（二）人类发展水平

为了更加综合地衡量全球各个国家的发展水平，联合国开发计划署从1990年开始采用人类发展指数（HDI）来监测和评价各国发展状况，人类发展指数采用了"生活质量、预期寿命和教育水平"来进行综合测算，不仅能够反映一个国家的经济发展水平，也能够在一定程度上反映一个国家的发展效果。按照联合国开发计划署的分类标准，全球国家分为四类：极高人类发展水平（HDI 值 ≥ 0.800）、高人类发展水平（0.700 ≤ HDI 值 ≤ 0.799）、中等人类发展水平（0.550 ≤ HDI 值 ≤ 0.699）和低人类发展水平（HDI 值 < 0.550）。结合上述标准及《人类发展报告 2019》中的数据，从表 3 可以看出，"一带一路"国家中有 38 个国家属于极高人类发展水平国家，占"一带一路"国家总数的 27.54%，占全球极高人类发展水平国家总数的 61.29%；有 41 个国家属于高人类发展水平国家，占"一带一路"国家总数的 29.71%，占全球高人类发展水平国家总数的 75.93%。有 28 个国家属于中等人类发展水平国家，占"一带一路"国家总数的 20.29%，占全球中等人类发展水平国家总数的 75.68%；有 28 个国家属于低人类发展水平国家，占"一带一路"国家总数的 20.29%，占全球低人类发展水平国家总数的 77.78%。这些低人类发展水平国家有中东地区因持续的武装冲突威胁导致长期动荡与冲突的国家，如叙利亚、阿富汗和也门等，也有非洲长期面临贫

困问题的国家，如尼日尔、几内亚和布隆迪等。[1] 总体来说，大多数"一带一路"国家的人类发展具备较好的发展基础，目前处于较高水平，拥有较大的发展潜力。

表3　"一带一路"国家的人类发展水平

人类发展指数组别	HDI 值	相应发展水平的国家数量（个）	全球相应发展水平国家数量（个）
极高人类发展水平	≥0.800	38	62
高人类发展水平	0.700—0.799	41	54
中等人类发展水平	0.550—0.699	28	37
低人类发展水平	<0.550	28	36

资料来源：联合国开发计划署。

注：索马里、纽埃和库克群岛的数据缺失。

三、"一带一路"国家的贫困与不平等

（一）贫困发生率

贫困发生率是指贫困人口占全部总人口的比率，它反映的是地区贫困的广度。世界银行的 PovalNet 项目监测了不同贫困标准下各个国家的贫困状况。虽然从经济发展水平和人类发展水平来看，"一带一路"国家总体发展水平较高，但参考世界银行的最新数据，从贫困发生率的角度来看，贫困是困扰多数国家的问题，很多国家都有比较高的贫困发生率。从表4可以看出，按照世界银行发布的每人每天1.9美元的国际贫困标准，有66个国家

---

〔1〕 低人类发展水平的"一带一路"国家名单：越南、伊拉克、摩洛哥、吉尔吉斯斯坦、圭亚那、萨尔瓦多、塔吉克斯坦、佛得角、纳米比亚、东帝汶、基里巴斯、孟加拉国、密克罗尼西亚联邦、刚果（布）、老挝、瓦努阿图、加纳、赞比亚、赤道几内亚、缅甸、柬埔寨、肯尼亚、尼泊尔、安哥拉、喀麦隆、津巴布韦、巴基斯坦、所罗门群岛。

的贫困发生率低于5%，而贫困发生率在20%以上的国家有31个，最高的是马达加斯加，贫困发生率达到了77.6%；按照世界银行发布的每人每天3.2美元的中等偏下收入国家贫困标准，有39个国家的贫困发生率低于5%，贫困发生率在20%以上的国家有52个；如果按照更高的每人每天5.5美元的中等偏上收入国家贫困标准，有26个国家的贫困发生率低于5%，贫困发生率在20%以上的国家则达到了71个。

表4 不同贫困标准下"一带一路"国家的贫困发生率 （单位：个）

标准	贫困发生率在20%以上的国家数量	贫困发生率在10%—20%之间的国家数量	贫困发生率在5%—10%之间的国家数量	贫困发生率在5%以下的国家数量
1.9美元	31	15	3	66
3.2美元	52	13	14	39
5.5美元	71	9	7	26

资料来源：世界银行。

注：按照每人每天1.9美元的国际贫困标准，23个国家无数据；按照每人每天3.2美元的国际贫困标准，20个国家无数据；按照每人每天5.5美元的国际贫困标准，25个国家无数据。

根据世界银行2019年人口数据，"一带一路"国家中有8个人口超过1亿的人口大国，分别是印度尼西亚、巴基斯坦、尼日利亚、孟加拉国、埃塞俄比亚、菲律宾、俄罗斯、埃及。从表5可以看出，按照每人每天1.9美元的国际贫困标准，尼日利亚的贫困人口数量达到了1.07亿，埃塞俄比亚为3452万，孟加拉国为2412万，印度尼西亚1245万，巴基斯坦为845万，菲律宾为659万，埃及为321万，这7个人口大国的绝对贫困人口数量加起来达到了1.97亿，占到全球该标准下贫困人口总数的25.65%；按照每人每天3.2美元和5.5美元的标准，这7个国家的贫困人口数量会更多，在全球贫困人口总数中所占的比重也会更高。此外，按照每人每天1.9美元的国际贫困标准，仅赞比亚、尼日尔、南非、乌干达、莫桑比克、马达加斯加、坦桑尼亚、埃塞俄比亚、尼日利亚这9个非洲国家的贫困人口总数就已接近3亿，是全球贫困人口绝对数量最多的国家。由此可见，"一带一路"国家中分布着全球数量最大的贫困人口，促进减贫与发展应该成为一个重要领域。此外，根据世界银行在不同时间段所统计的各个国家的贫困发生率，另一个比较值得关注的问题是，在"一带一路"国家中，还有一些国家的贫困发生率是处于上升状态的，这说明贫困广度在扩大。

表5　"一带一路"部分国家的贫困人口数量

国家	人口总数（百万）	按每人每天1.9美元衡量的贫困人口比例（%）	贫困人数（百万）
印度尼西亚	270.63	4.6%	12.45
巴基斯坦	216.56	3.9%	8.45
尼日利亚	200.96	53.5%	107.51
孟加拉国	163.04	14.8%	24.12
埃塞俄比亚	112.08	30.8%	34.52
菲律宾	108.12	6.1%	6.59
埃及	100.39	3.2%	3.21
总计	1171.78	–	196.85
全球	7673.53	10%	767.35
占全球比重	15.27%	–	25.65%

资料来源：世界银行。

（二）收入不平等

基尼系数是衡量一个国家或地区居民收入差距的常用指标，基尼系数最大为 1，最小等于 0，基尼系数越接近 0 表明收入分配越趋向平等。联合国开发计划署等机构规定，把 0.2 以下视为收入绝对平均，表示收入过于公平，可能出现社会动力不足；把 0.2—0.3 视为收入比较平均；把 0.3—0.4 视为收入相对合理；把 0.4 作为收入分配不平均的"警戒线"，高于 0.4，社会容易出现不安定状态，0.4—0.5 表示收入差距较大，0.5 及以上表示收入差距悬殊。

由于各国家和地区的基尼系数数据并不是统一更新，因此，本报告根据世界银行数据银行中的世界发展指数数据库，选取了各国最新的基尼系数。从表 6 可以看出，在有数据的 117 个"一带一路"国家中，没有国家的基尼系数值小于 0.2，即没有国家的国内居民收入分配处于绝对平均的水平；斯洛文尼亚、捷克、哈萨克斯坦等 14 国的基尼系数值处在 0.2—0.3 之间，国内居民收入分配处于比较平均的状态，在"一带一路"国家中占比 10.14%；爱沙尼亚、克罗地亚和匈牙利等 59 国的基尼系数值处在 0.3—0.4 之间，国内居民收入分配处于相对合理的状态，在"一带一路"国家中占比 42.75%。由此可见，基尼系数值处在合理区间即 0.2—0.4 之间的"一带一路"国家有 73 个，在"一带一路"国家中占比达 52.90%。塞内加尔、坦桑尼亚和伊朗等 38 个国家的基尼系数值在 0.4—0.5 之间[1]，占"一带一路"国家的 27.54%；此外安哥拉、莫桑比克、赞比亚、苏里南、纳米比亚和南非 6 个国家的基尼系数值超过了 0.5 的极度危险值，显示其国内居民收入差距悬殊。这表明，大部分"一带一路"国家的收入差距在合理范围内。通过数据对比发现，近 40% 低收入"一带一路"国家的基尼系数高于 0.4；中等偏下收入"一带一路"国家中，约 40% 国家的国内居民收入分配处于相对合理的状态，

---

[1] 基尼系数值在 0.4—0.5 之间的国家名单：密克罗尼西亚联邦、塞内加尔、保加利亚、坦桑尼亚、伊朗伊斯兰共和国、肯尼亚、马来西亚、科特迪瓦、吉布提、巴布亚新几内亚、土耳其、玻利维亚、佛得角、马达加斯加、秘鲁、乌干达、尼日利亚、乍得、加纳、多米尼加共和国、卢旺达、津巴布韦、智利、菲律宾、圭亚那、莱索托、科摩罗、厄瓜多尔、牙买加、多哥、南苏丹、喀麦隆、塞舌尔、委内瑞拉、贝宁、哥斯达黎加、刚果（布）、巴拿马。

约40%国家的国内居民收入分配收入差距较大；约30%的中等偏上收入"一带一路"国家的国内居民收入分配差距较大；只有10%的高收入"一带一路"国家的基尼系数高于0.4，即大部分高收入"一带一路"国家的国内居民收入分配是相对合理的。虽然收入不平等问题存在于不同经济水平的"一带一路"国家中，但总体来看，主要是较多的低收入和中等偏下收入"一带一路"国家面临收入差距较大的问题，在国家经济水平较低的情况下，社会贫富差距过大对国家发展的影响是多方面的。

表6　"一带一路"国家的发展平等程度

收入差距	"一带一路"国家相应基尼系数分组的国家数量（个）	基尼系数
高度平均	0	<0.2
比较平均	14	0.2—0.3
相对合理	59	0.3—0.4
差距较大	38	0.4—0.5
差距悬殊	6	≥0.5

资料来源：世界银行。

注：21个国家数据缺失。

四、"一带一路"国家贫困原因分析

（一）粮食安全和营养状况

粮食安全和国民营养健康状况是全球性的公共卫生问题，不仅直接关系人类的健康生存，而且还严重影响经济社会发展，一个国家的粮食安全和营养状况是与经济发展相关联的。目前有两个国际机构对全球粮食安全问题比较关注，分别为国际粮食政策研究所和联合国粮农组织。联合国粮农组织等五大机构联合编写的年度权威报告《世界粮食安全和营养状况》，提供了全球大部分国家的食物不足发生率和5岁及以下儿童发育迟缓发生率等可以用来衡量粮食安全和营养状况的敏感性指标。

从有限的数据来看，非洲和亚洲分布着大多数食物不足发生率较高的国家。从表7可以看出，利比亚、苏丹、马拉维、莫桑比克、南苏丹、津巴布韦、利比里亚、几内亚、柬埔寨、菲律宾、阿富汗和孟加拉国等国家的食物不足情况比较严重，食物不足发生率超过了10%，最严重的是南苏丹，食物不足发生率达到了63.7%。值得注意的是，在食物不足发生率较高的这些国家中，2019年5岁及以下儿童发育迟缓情况也相对比较普遍，很多国家5岁及以下儿童发育迟缓的比率超过了30%，如利比亚、苏丹、马拉维、莫桑比克、印度尼西亚等国家。

表7 "一带一路"部分国家的粮食安全和营养状况 （单位:%）

国家	2017—2019年总人口食物不足发生率	2019年儿童发育迟缓发生率（5岁及以下）
利比亚	16.8	38.1
苏丹	16.4	38.2
马拉维	51.8	39.0
莫桑比克	40.7	42.3
南苏丹	63.7	n/a
津巴布韦	34.2	23.5
利比里亚	60.4	30.1
几内亚	49.7	30.3
埃及	7.8	22.3
蒙古国	5.9	9.4
柬埔寨	13.6	32.4
印度尼西亚	0.8	30.5

国家	2017—2019 年总人口食物不足发生率	2019 年儿童发育迟缓发生率（5 岁及以下）
老挝	–	33.1
马来西亚	6.7	20.7
缅甸	–	29.4
菲律宾	17.6	30.3
阿富汗	22.7	38.2
孟加拉国	10.6	30.8

资料来源：联合国粮农组织。

国际粮食政策研究所在《全球粮食政策报告》中通常会用全球饥饿指数（GHI）来衡量各个国家的粮食和营养状况，该指数是由总人口的营养不足率、未满 5 岁儿童的低体重率、死亡率等指标综合测算而得出的。分数越高，表明饥饿程度越高，最差状况为 100 分；分数越低，则表明粮食安全情况越好，最佳得分为零分。饥饿指数在 20 分以上为饥饿和营养问题严重国家，饥饿指数在 35 分以上为预警国家，饥饿指数在 50 分以上则为严重预警国家。根据国际粮食政策研究所发布的 2019 年全球饥饿指数，从表 8 中可以看出，在有数据的"一带一路"国家中，有 4 个国家被列为饥饿程度预警国家，分别是也门（45.90）、乍得（44.20）、马达加斯加（41.50）和赞比亚（38.10），有 36 个国家被列为饥饿程度严重国家，按照严重程度从低到高排列分别是菲律宾（20.10）、印度尼西亚（20.10）、尼泊尔（20.80）、冈比亚（21.80）、喀麦隆（22.60）、柬埔寨（22.80）、马拉维（23.00）、莱索托（23.20）、多哥（23.90）、贝宁（24）、马里（24.10）、科特迪瓦（24.90）、肯尼亚（25.20）、老挝（25.70）、布基纳法索（25.80）、孟加拉国（25.80）、毛里塔尼亚（26.70）、几内亚（27.40）、尼日利亚（27.90）、巴基斯坦（28.50）、坦桑尼亚（28.60）、莫桑比克（28.80）、埃塞俄比亚（28.9）、卢旺达（29.10）、安哥拉（29.80）、尼日尔（30.20）、印度（30.30）、塞拉利昂（30.40）、乌干达（30.60）、吉布提（30.90）、刚果（布）（31）、苏丹（32.80）、阿富汗（33.80）、津巴布韦（34.40）、东帝汶（34.50）、利比里亚（34.90）。近30%的"一带一路"国家面临严峻的粮食安全问题。

表8　"一带一路"国家的饥饿指数分布情况

饥饿程度	相应国家分类数量
严重（serious）	36
预警（alarming）	4
严重预警（extremely alarming）	0

资料来源：国际粮食政策研究所。

注：98个国家数据缺失。

　　粮食安全程度和农业生产能力关系密切。如表9所示，按照联合国粮农组织的划分标准，2017年谷物产量在9.34吨/公顷以上的国家为极高谷物产量国家，"一带一路"国家中属于极高谷物生产能力的国家有2个，分别是阿联酋和阿曼。谷物产量在5.69—9.34吨/公顷之间的国家为高谷物产量国家，"一带一路"国家中属于高谷物生产能力的国家有7个，分别是克罗地亚、匈牙利、奥地利、韩国、智利、埃及和新西兰。谷物产量在4.03—5.69吨/公顷之间的国家为中等谷物产量国家，"一带一路"国家中属于中等谷物生产能力的国家有29个。谷物产量在2.19—4.03吨/公顷之间的国家为低谷物产量国家，谷物产量在2.19吨/公顷以下的国家为极低谷物产量国家，而近70%的"一带一路"国家的谷物产品低或极低，有36个低谷物产量国家和54个极低谷物产量国家，其中甚至有17个国家的每公顷谷物产量不足一吨，分别是佛得角、纳米比亚、尼日尔、索马里、蒙古国、瓦努阿图、津巴布韦、苏丹、也门、利比亚、乍得、刚果（布）、冈比亚、莫桑比克、安哥拉、莱索托、阿尔及利亚。

2017 年世界平均谷物产量为 4.074 吨/公顷，"一带一路"国家平均谷物产量为 3.193 吨/公顷，低于世界平均水平。虽然阿联酋和阿曼的耕地谷物产量非常高，分别达到了 23.57 吨/公顷和 12.96 吨/公顷，但其耕地资源非常缺乏，沙漠化土地居多，因此，虽然单位谷物产出量高，但是总谷物产出量不高，食物仍然主要依赖进口。而"一带一路"国家涉及的阿拉伯联盟、南亚、中东与北非地区的谷物产量均低于世界平均水平，面临耕地资源紧缺、谷物产量低等问题。总体来看，"一带一路"国家中大部分国家的谷物生产能力有限，有着较大的提升空间。

表9 "一带一路"国家的谷物生产能力

谷物生产能力	"一带一路"国家相应谷物生产能力的国家数量（个）	2017 谷物产量标准（吨/公顷）
极高	2	> 9.34
高	7	5.69—9.34
中等	29	4.03—5.69
低	36	2.19—4.03
极低	54	< 2.19

资料来源：联合国粮农组织。

注：10 个国家数据缺失。

"一带一路"国家接受粮食援助的情况仍然比较普遍，主要包括叙利亚、也门、巴基斯坦、阿富汗、菲律宾、伊拉克、巴勒斯坦、孟加拉国、约旦、缅甸和黎巴嫩等国家，上述国家接受粮食援助的人口均超过百万，尤其是因为战乱冲突造成大量难民的国家，接受粮食援助情况更为普遍。比如也门，2016 年该国有 730 万人接受了粮食援助，占世界粮食计划署粮援总数的 6.4%。同年，有 150 万伊拉克人接受了粮食援助，占世界粮食计划署粮援总数的 3.5%。

（二）冲突与难民

从全球来看，民众流离失所最严重的地区是中东、西亚、北非、东南亚和南亚。"一带一路"倡议所覆盖的地域范围也涵盖了这些地区。由于地区动荡和冲突，这些地区的国家社会稳定和发展面临严重挑战。局部和国内冲突还造成了大量的难民，根据联合国难民署 2019 年统计数据，阿富汗难民数量最高，超过 272 万人，南苏丹难民数量超过 223 万人，缅甸难民数量超过 107 万。其他"一带一路"国家中，难民人数超过 10 万的有斯里兰卡、伊朗、巴基斯坦、马里、卢旺达、尼日利亚、越南、伊拉克、布隆迪、苏丹和索马里等 11 个国家。埃塞俄比亚、委内瑞拉等 28 个国家的难民人数超过 1 万，其中乌克兰、俄罗斯、喀麦隆、土耳其、委内瑞拉和埃塞俄比亚等 6 个国家的难民人数超过 5 万（见表 10）。

表 10　2019 年"一带一路"部分国家的难民数量　　　　（单位：人）

国家	难民人数
乌克兰	59 850
俄罗斯	62 346
喀麦隆	66 301
土耳其	83 270
委内瑞拉	93 291
埃塞俄比亚	95 688
斯里兰卡	110 355

国家	难民人数
伊朗	129 675
巴基斯坦	137 195
马里	164 480
卢旺达	246 710
尼日利亚	295 591
越南	316 438
伊拉克	344 478
布隆迪	381 515
苏丹	734 944
索马里	905 122
缅甸	1 078 275
南苏丹	2 234 834
阿富汗	2 728 858

资料来源：联合国难民署、联合国难民救济与工程局。

（三）国际发展援助

根据世界银行统计数据，除"一带一路"高收入国家未收到国际官方发展援助外，有98个"一带一路"国家接受国际官方发展援助，每个国家接受援助的程度不同。人均官方发展援助在10美元到50美元之间的国家有34个；人均官方发展援助在50美元到100美元之间的国家有22个；人均官方发展援助在100美元以上的国家有30个，其中，黎巴嫩、马尔代夫、黑山、也门、所罗门群岛、多米尼克、瓦努阿图、萨摩亚、基里巴斯、汤加和密克罗尼西亚联邦等人均官方发展援助超过了200美元，密克罗尼西亚联邦更是达到了876.69美元。菲律宾、哈萨克斯坦和巴基斯坦等12个国家虽然也接受国际发展援助，但人均接受援助额度普遍比较小，在 10 美元以下。

表 11 "一带一路"国家接受国际官方援助的情况   （单位：个）

标准	国家数量
人均官方发展援助高于 100 美元	30
人均官方发展援助在 50 美元—100 美元之间	22
人均官方发展援助在 10 美元—50 美元之间	34
人均官方发展援助低于 10 美元	12

资料来源：世界银行。

注：40 个国家数据缺失或未接受国际发展援助。

总体来看，"一带一路"国家对国际官方发展援助的依赖程度比较低，在接受国际官方发展援助的国家中，所接受国际官方发展援助占其国内生产总值 10% 以上的有卢旺达、莫桑比克、塞拉利昂、瓦努阿图、所罗门群岛、萨摩亚、冈比亚、布隆迪、汤加、阿富汗、利比里亚、基里巴斯、密克罗尼西亚联邦和也门等 14 个国家，大部分国家接受的国际官方发展援助占其国内生产总值的比例小于 2%。

（四）贫困共性问题

从全球来看，世界贫困人口主要分布在三大区域：东亚和太平洋地区、南亚地区、撒哈拉以南非洲地区。其中，撒哈拉以南非洲地区成为世界极端贫困人口最集中、贫困发生率最高的地区。根据世界银行数据，2019 年全球有 25 个国家人均国民总收入低于 1035 美元，属于低收入国家，其中有 17 个国家为"一带一路"国家，除了西亚的阿富汗和中亚的塔吉克斯坦外，其余 15 个低收入国家均分布在非洲。"一带一路"的 41 个中等偏下收入国家中，绝大多数是撒哈拉以南非洲国家，也有几个南亚、东南亚国家如孟加拉国、柬埔寨和老挝。从贫困发生率的角度来看，按照世界银行发布的每人每天

1.9 美元的国际贫困标准，贫困发生率在 20% 以上的"一带一路"国家有 31 个，绝大多数分布在非洲（主要是撒哈拉以南非洲），最高的是马达加斯加，贫困发生率达到了 77.6%。"一带一路"国家总贫困人口近 5 亿，仅赞比亚、尼日尔、南非、乌干达、莫桑比克、马达加斯加、坦桑尼亚、埃塞俄比亚、尼日利亚等非洲国家的贫困人口数量总数就已接近 3 亿。此外，"一带一路"国家数量众多，现有的 138 个国家在 6 个大洲均有分布，其中的贫困国家基本涵盖了世界最贫困的国家和人口，尤其是撒哈拉以南非洲、南亚和东南亚。"一带一路"国家的贫困现状各有特点，但存在农业人口贫困、发展不均衡、粮食安全与营养健康问题严峻、基础设施落后和社会环境不稳定等相对集中的问题。减贫与包容性发展仍然是本地区的核心议题。

农村贫困问题严峻。农业部门在"一带一路"发展中国家的国内生产总值中较为突出，也是提供就业岗位的主要部门。与之相关的问题是，在农业对国民经济发展的贡献日益下降的情况下，农业部门仍存在着大量劳动人口，并且这些劳动人口集中在农村地区从事农业和其他辅助活动，那么这其中必然会有大量农村人口生活在贫困线以下。"一带一路"国家中有 51 个国家的农村人口占总人口的百分比超过 50%，按照每人每天 1.9 美元的国际贫困标准，其中有半数国家的贫困发生率在 20% 以上。

经济发展不均衡，收入分配不均现象较严重。"一带一路"国家的经济发展总体向好，绝大多数国家保持经济增长态势。但在经济快速发展的同时，也面临着收入分配差距扩大、贫富悬殊日益突出的问题。这一点可以从基尼系数得到反映。50% 的"一带一路"国家的国内居民收入分配处在比较合理的区间之内，但有近 30% 的 38 个"一带一路"国家的基尼系数值在 0.4—0.5 之间，国内居民收入差距较大。安哥拉、莫桑比克、赞比亚、苏里南、纳米比亚和南非 6 个国家的基尼系数值甚至超过了 0.5 的极度危险值，显示其国内居民收入差距非常大。贫富差距大对这些"一带一路"国家的发展有多方面的影响。

粮食安全与营养健康问题严峻。部分"一带一路"国家受地区政治冲突频发、旱涝灾害、水土流失、环境污染、动植物疫病疫情频仍，以及农田灌溉水利等基础设施条件差等因素影响，农地开发利用率和生产率低下，面临着严峻的粮食安全和营养健康问题。这对于农村人口的减贫脱贫进程也是巨大的挑战。

基础设施难以满足经济发展需求。部分"一带一路"国家的经济结构比较畸形和单一，非洲、东南亚等贫困国家仍以农业为主要产业，工业基础非常薄弱。同时，此区域多数国家基础设施落后已成为阻止当地经济发展的重大瓶颈。以公路为例，城市间的干线公路往往十分老旧，很多"一带一路"贫困国家的省道还是土路。中国于40年前在坦桑尼亚援建了坦赞铁路，然而由于资金短缺，目前面临线路老化、车次少、运力低和基础设施陈旧等问题。由于持续战乱和缺乏维护，柬埔寨铁路处于年久失修的荒废状态，全国仅有南北两条铁路线，境内无高速公路。电网、电信、铁路、公路、港口等通信和交通基础设施落后，严重阻碍了"一带一路"贫困国家的经济发展。

社会环境不稳定，地区动荡冲突不断。中东地区和东南亚地区是世界上发生地区动荡和冲突的热点地区，"一带一路"倡议所覆盖的地域范围也涵盖了这些地区。中东地区和东南亚地区由于民族矛盾、宗教纠纷、领土纷争、资源争夺，造成大量局部战争，严重影响国家社会稳定，阻碍经济发展。

五、减贫合作启示

中国的减贫工作是全球减贫事业的重要部分，近几十年来的减贫实践和成果已得到了国际社会的广泛认可。中国作为一个负责任的大国，同时也是世界上最大的发展中国家，愿意与世界各国分享减贫的成功经验。在共建"一带一路"国际合作中，许多发展中国家都希望分享中国减贫经验。中国与"一带一路"国家开展减贫合作需因地制宜，根据各国不同的发展程度和面临的发展问题，关注不同的内容，采取不同的合作方式，利用好"一带一路"建设的契机，分享减贫的先进经验，发挥储备知识和贫困开发优势，通过基础设施、产业项目、公共服务、人力资源、专业技术等方面的交流与合作，促进更广范围、更高层次的包容性发展和减贫合作，并通过与各国的国家战略对接，深化顶层设计和合作机制，帮助"一带一路"贫困国家实现有效减贫、互利共赢、共同发展。

减贫合作要有重点区域，针对不同国家采取不同方式。"一带一路"倡议自 2013 年提出以来，逐步从中国倡议成为世界共识和切实合作，越来越多的国家认可并加入共建"一带一路"合作框架中。总体来看，与中国签署共建"一带一路"合作文件的 138 个国家发展水平较好，但国家间的经济发展水平差异大，既有高收入国家，也有低收入国家，有经济增长保持中高速发展的国家，也有经济增长持续低迷的国家。各个国家的贫困程度差异大，并且有不同的贫困原因和表现形式。撒哈拉以南非洲国家主要面临起步晚、工业基础薄弱、基础设施建设难以满足经济发展需求等问题，应该作为中国开展减贫合作的重点；东南亚和南亚地区的"一带一路"国家政治局势比较稳定，社会总体发展环境比较有序，在社会文化上与中国存在较多的相似性，但由于经济发展不足导致的贫困问题比较普遍，如基础设施相对落后、贫困人口比较多、贫困发生率比较高等，这些国家应该继续作为中国开展减贫合作的重点；中东地区的局部战乱和冲突导致社会环境不稳定，民族和地缘冲突不断，产生了大量被迫迁移的人口，因此推动相关国家难民问题的解决，提供人道主义支持，是此地区减贫合作的重点。同时，"一带一路"国家中有很多是经济发展水平高的国家，也是国际减贫合作的重要贡献国，中国应考虑和这些国家开展更多的合作，发挥各自优势，通过政策交流与经验分享，共同对贫困程度严重的国家提供减贫与发展援助。

积极分享减贫经验，加强减贫合作机制化。作为世界减贫事业的积极倡导者和有力推动者，中国减贫事业取得的成就和积累的经验具有世界意义。

中国在几十年的减贫事业进程中，形成了中国特色反贫困理论，探索出了新的减贫模式和脱贫样本，具有明显的减贫示范效应。中国积极进行的国际减贫合作和减贫经验分享，是与其他发展中国家一同构建人类命运共同体的重要途径，将为全球到 2030 年消除贫困和实现其他可持续发展目标作出重要贡献。减贫合作机制化是分享减贫经验的重要助力。在东南亚和南亚地区，中国把道路桥梁等基础设施建设、农业合作等领域作为直接投资和援助中的优先合作方面，在能源、教育、卫生、环境等方面也提供了大量的减贫援助。同时，在这两大区域形成了中国-东盟合作、澜沧江-湄公河合作、东亚减贫示范合作、孟中印缅经济走廊、中国-中南半岛经济走廊等合作机制，推动减贫合作机制化建设。该区域的贫困人口主要聚集在农村地区和农业领域，通过农业合作和农村综合发展合作，可以有效地促进该地区的减贫与发展。目前中国已经在柬埔寨、缅甸和老挝等国家开展了农村减贫示范项目，建立了东盟与中日韩（"10+3"）区域扶贫论坛机制来进行减贫经验的交流和对话。这些减贫合作机制对在"一带一路"其他区域开展减贫合作有重要的借鉴意义。建议在中国和"一带一路"国家减贫合作的框架下，对更多的国家、区域开展深入的国别贫困问题研究，加强对"一带一路"国家的贫困问题、致贫原因、减贫政策和减贫治理体系的研究，从而能够为不同的国家提供有针对性的减贫方案，形成对该区域贫困问题和原因的判断，在更多的区域探索和形成减贫合作机制。

深化"一带一路"框架下农业合作，共同解决贫困问题。目前在许多"一带一路"国家中，农业仍占其国内生产总值的四分之一甚至更多，而贫困又主要集中在农村地区。部分"一带一路"国家由于地区政治冲突频发、人地矛盾加剧、农药化肥施用量少和农田灌溉水利等基础设施条件差等原因，农地开发利用率和生产率低下，面临粮食安全问题。农业合作能够为战胜饥饿、消除贫困、实现粮食和营养安全提供重要机遇，振兴的农业部门也能为青年就业和农村创业创造机会。因此，全球农业合作也成为"一带一路"倡议的重点内容，并取得了明显成效。2017年中国原农业部（现农业农村部）发布了《共同推进"一带一路"建设农业合作的愿景与行动》，对全球范围内农业合作的机制和重点进行了战略层面的布局。在此框架下，中国与"一带一路"部分国家签订了农业合作计划，例如中国与智利签订的《关于提升农业合作水平的五年规划（2017年—2021年）》等。随着共建"一带一路"的推进，中国的农业国际合作主要集中在农业贸易、农业直接投资和境外农业合作示范区三个方面。在未来的"一带一路"农业合作中，中国应加强与"一带一路"各国在国家层面、省份层面、企业层面的农业合作政策沟通，并与以联合国世界粮食计划署为主的农业国际组织加强农业合作交流，创新形成双边、多边农业合作新格局，在农业合作中推动各国提高农业生产能力、扩大农产品生产供给、优化本国农业资源，最终帮助"一带一路"国家解决粮食安全问题，消除地区贫困。

加强基础设施建设，升级减贫合作方式。"一带一路"许多国家的基础设施建设滞后，严重制约了地区经济的发展。当前中国已经开展了重大基础设施建设项目合作，但考虑到基础设施投资资金需求量大、建设和资金回收期限较长，应充分发挥亚投行、亚洲开发银行、世界银行等多边金融机构的金融作用，继续推进基础设施建设，尤其是加强农村贫困地区的电网、电信、铁路、公路、港口等通信和交通基础设施的建设，实现区域内和区域间互联互通，提高地区自我发展能力，从而推动经济发展和加速减贫。同时，配合在交通运输和通信基础设施方面的大型投资，一些有配套措施支持的、精心设计的小型投资也能够取得非常显著的减贫成果。但是贫困问题本身是系统性的，基础设施建设及在农业、教育等领域实施的项目仅能够在一定程度上缓解贫困问题，但无法触及系统性的致贫原因，从而使得减贫效果无法可持续。很多"一带一路"国家都制定了本国的减贫战略，在未来的减贫合作中，中国可以考虑如何对接这些国家的减贫战略，升级减贫合作方式，帮助这些国家更好地实施减贫战略，将减贫合作的重点从直接服务于贫困人口转移到促进国家减贫治理能力提升上。

拓宽与国际组织的减贫合作领域。中国与国际组织共同开展的许多减贫项目合作促进了中国减贫工作的开展，也让中国在国际合作中获得了更多减贫理论和经验。在中国减贫国际合作的实践中，也注重与广大发展中国家开展减贫项目合作。国际组织在国际减贫实践、理论研究和政策方面有着丰富的经验，中国应该充分利用国际组织在研究发展中国家贫困问题、减贫政策和实践，以及国际减贫经验等方面的优势，加强和国际组织在这些方面的合作，拓宽和国际组织在"一带一路"国家减贫合作的领域。中亚、西亚和东南亚部分地区国家冲突、党派冲突、民族冲突、宗教冲突不断，局部战争频发，政权常有更替，政策稳定性差，中东地区所面临的地缘政治变化、政治危机、宗教极端主义和恐怖主义也相对较为严重，并且战争和冲突导致了大量被迫迁移的难民。"一带一路"倡议的实施面临着诸多风险与挑战，在这些国家进行项目投资建设的风险高，使基础设施建设与经贸合作的成本进一步上升，商业盈利性变差，从而加剧了这些地区融资困难与发展困境，基础设施和民生项目投资不足，发展滞后。因此，在这些地区有效实施共建"一带一路"，一方面要积极关注其未来政局及社会走向，另一方面要积极与国际难民署及相关国际组织加强合作，推动相关国家难民问题的解决，提供人道主义支持，保障被迫迁移难民的基本生活需求，为今后共建"一带一路"的实施奠定良好的基础。

新冠肺炎疫情为全球减贫与发展带来了新的挑战。2021 年 2 月 25 日习近平总书记庄严宣告，中国实现了现行标准下农村贫困人口全部脱贫，脱贫攻坚战取得全面胜利，这为全球增强减贫信心打了一针强心剂。消除贫困，实现联合国可持续发展议程的目标，需要广大发展中国家的减贫努力，也需要国际社会的协同合作。未来，减贫将是中国和"一带一路"国家合作中非常重要的内容。

"一带一路"国家的人口健康与公共卫生状况

黄葭燕　刘瑾瑜　肖安琪　梁　笛*

摘要：本研究基于现有文献资料，量化梳理和评估"一带一路"国家的人口健康状况、卫生资源投入及公共卫生状况，以期为未来中国与这些国家开展卫生合作提供依据和政策建议。研究结果显示，人口健康状况的地区差异较大，而卫生投入与人口健康状况之间存在明显正相关，同时研究也发现卫生应急能力是各地区普遍存在的薄弱点。

关键词："一带一路"倡议；卫生资源；卫生应急；卫生发展援助

一、研究背景与方法

"一带一路"倡议是中国首次提出的重大全球经济发展战略构想，旨在巩固和扩大中国与中亚、东南亚，以及更广大发展中国家和地区的互利合

---

　* 黄葭燕，教授、博士生导师，复旦大学公共卫生学院医院管理学教研室主任；刘瑾瑜、肖安琪，复旦大学公共卫生学院医院管理学教研室硕士研究生；梁笛，复旦大学公共卫生学院医院管理学教研室副研究员。

作，促进全方位开放新格局的形成。然而，在国家之间还没有建立起牢固信任关系时，经济合作有时会被认为是对合作国家的资源掠夺；安全合作有时会被认为是对合作国家的主权干涉；人文合作会被认为是对合作国家的文化侵蚀。[1] 而卫生领域的合作，涉及的政治敏感性问题不多，更关注健康、生存、安全等人类共同价值，更容易得到各方的认可和接受。因此，要将"一带一路"倡议变成基于信任的沿线国家"大合唱"，卫生合作是在目前形势下的一个重要突破口。

合作是否能达到成效的重要前提之一是合作的针对性和精准化。只有系统、充分了解合作国家在健康领域的发展状况，才能有针对性地提出精准化的合作，达到优先解决合作国家实际突出问题的目的。此章节旨在对"一带一路"国家的人口健康状况进行梳理，并据此提出未来开展卫生合作的相关政策建议。

（一）研究对象

根据 2013 年首次提出的"一带一路"倡议中"丝绸之路经济带"和"21 世纪海上丝绸之路"的地理位置，共涉及 66 个沿线国家（含中国），分布在 7 个地区，包括东亚（2 个）、东南亚（10 个）、中亚（5 个）、南亚（8 个）、西亚（18 个）、独联体（7 个），以及中东欧（16 个）。[2] 表 1 中具体罗列了这些地区中的国家（其中韩国、东帝汶和奥地利这 3 个国家并不在原名单中，但目前已与中国正式签约）。

截至 2020 年 11 月，中国已与全球 138 个国家和 31 个国际组织签署 201 份共建"一带一路"合作文件。[3] 其中有 7 个沿线国家（土库曼斯坦、不

---

〔1〕 陈霞：《区域公共产品与东亚卫生合作（2002—2009）》，复旦大学博士论文，2010 年 10月。

〔2〕《"一带一路"沿线 65 个国家和地区名单及概况》，http：//www.chinagoabroad.com/zh/article/23525。

〔3〕《我国已与 138 个国家、31 个国际组织签署 201 份共建"一带一路"合作文件》，http：//www.gov.cn/xinwen/2020-11/17/content_5562132.htm。

丹、印度、以色列、约旦、巴勒斯坦和叙利亚）并不在现已签约的 138 个国家名单中。考虑到研究的全面性和沿线国家地理分布的问题，本部分研究将已正式签约的 138 个国家，以及 7 个沿线但未签约的国家，共同作为研究对象（见表 1），研究国家人口分布情况（见图 1）。因此本部分的研究对象包括共计 13 个地区的 146 个国家，即除了之前的 7 个地区外，还包括南欧（2国）、西欧（2 国）、非洲（43 国）、大洋洲（11 国）、南美洲（8 国），以及北美洲（11 国）等 6 个地区。

表 1　本研究针对的 146 个"一带一路"国家名单

所在地区	国家
东亚 （3 国）	蒙古国、中国、韩国
东南亚 （11 国）	新加坡、泰国、柬埔寨、越南、缅甸、老挝、文莱、马来西亚、印度尼西亚、菲律宾、东帝汶
中亚 （5 国）	哈萨克斯坦、吉尔吉斯斯坦、土库曼斯坦、乌兹别克斯坦、塔吉克斯坦
南亚 （8 国）	马尔代夫、孟加拉国、巴基斯坦、阿富汗、尼泊尔、印度、斯里兰卡、不丹
西亚 （18 国）	塞浦路斯、希腊、以色列、科威特、卡塔尔、巴林、黎巴嫩、阿曼、沙特阿拉伯、土耳其、约旦、伊朗、巴勒斯坦、伊拉克、叙利亚、阿联酋、埃及、也门
独联体 （7 国）	白俄罗斯、俄罗斯、亚美尼亚、乌克兰、摩尔多瓦、格鲁吉亚、阿塞拜疆
中东欧 （17 国）	斯洛文尼亚、捷克、克罗地亚、爱沙尼亚、波兰、匈牙利、斯洛伐克、拉脱维亚、立陶宛、黑山、塞尔维亚、波黑、罗马尼亚、保加利亚、马其顿、阿尔巴尼亚、奥地利
南欧 （2 国）	马耳他、意大利

所在地区	国家
西欧 （2国）	葡萄牙、卢森堡
非洲 （43国）	科麦隆、塞舌尔、加纳、赞比亚、加蓬、纳米比亚、安哥拉、肯尼亚、刚果布、津巴韦布、坦桑尼亚、布隆迪、佛得角、乌干达、卢旺达、赤道几内亚、利比里亚、莱索托、苏丹、塞内加尔、塞拉利昂、索马里、几内亚、毛里塔尼亚、吉布提、阿尔及利亚、冈比亚、摩洛哥、突尼斯、利比亚、科摩罗、马里、尼日尔、科特迪瓦、南苏丹、莫桑比克、埃塞俄比亚、尼日利亚、乍得、多哥、马达加斯加、贝宁、南非
大洋洲 （11国）	巴布亚新几内亚、萨摩亚、纽埃、斐济、库克群岛、汤加、瓦努阿图、所罗门群岛、基里巴斯、新西兰、密克罗尼西亚联邦
南美洲 （8国）	智利、玻利维亚、委内瑞拉、厄瓜多尔、秘鲁、圭亚那、乌拉圭、苏里南
北美洲 （11国）	巴拿马、哥斯达黎加、多米尼加、多米尼克、安提瓜和巴布达、巴巴多斯、牙买加、古巴、格林纳达、特立尼达和多巴哥、萨尔多瓦

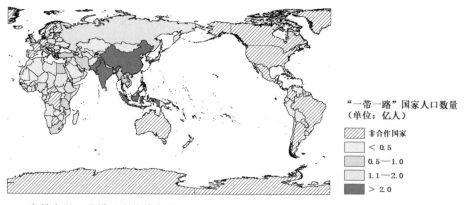

资料来源：世界卫生统计年鉴。

注：巴勒斯坦数据缺失。

图1 "一带一路"国家人口分布情况

（二）研究内容与方法

1. 研究内容

（1）人口健康状况

研究将使用用来反映人口健康状况的三大常规指标，即人均预期寿命（Life Expectancy at Birth）、5 岁及以下儿童死亡率（Under-5 Mortality Rate，U5MR）和孕产妇死亡率（Maternal Mortality Ratio，MMR），以及联合国2030 年可持续发展目标（Sustainable Development Goals，SDGs）健康指数和各国疾病负担来反映人口健康状况。

前 3 个指标可以综合反映一个国家的卫生服务体系整体状况。联合国2030 年可持续发展目标健康指数是一个汇总指标，反映了各国在与健康相关的可持续发展目标指数方面的表现，该指数由美国华盛顿大学健康测量与评估研究所（Institute of Health Metrics and Evaluation，IHME）开发。各国疾病负担以伤残调整寿命年（Disability-Adjusted Life Years，DALYs）来进行衡量。

（2）卫生资源投入状况

当前卫生费用（Current Health Expenditure）指国民在卫生保健服务和商品方面的最终消费支出。研究将通过人均当前卫生费用（Current Health Expenditure per Capita）来体现各国的卫生投入状况，并分析各国卫生费用构成情况。同时，通过每千人口的医生数、护士和助产士数及床位数，来反映各国的卫生资源配置状况。

（3）公共卫生状况

公共卫生一般包括卫生应急、传染病防控（卫生安全）、慢性病防控、妇幼卫生、中医药健康管理等等。基于数据的可获得性（很多沿线国家并没有信息统计系统，尤其在慢性病防控方面，数据较少，且不可靠），以及目前国际社会关注的公共卫生重点领域（联合国 2030 年可持续发展目标重点关注的是传染病防控和妇幼卫生），本研究在此部分重点介绍卫生应急与卫生安全、妇幼卫生两部分内容。

卫生应急与卫生安全方面的研究，采用《国际卫生条例（2005）》（International Health Regulation，IHR）对各国的核心能力和潜在卫生风险评测结果，以及各国的全球卫生安全保障指数（Global Health Security Index，GHSI）来反映各国的公共卫生能力。

《国际卫生条例（2005）》是一部具有普遍约束力的国际卫生法，旨在确保和提高所有签署国或缔约国预防、发现、评估、通报和应对公共卫生风险和突发事件的能力。世界卫生组织自 2005 年开始，在全球范围内开展的《国际卫生条例》监测调查，对 8 项卫生系统能力核心指标和 5 项潜在卫生风险指标进行打分，评估国家和国际关注的公共卫生风险情况以及各国应对突发卫生事件的能力。这 13 项指标具体包括：立法和资金供应（Legislation and Financing）、《国际卫生条例》协调和国家《国际卫生条例》归口单位的职能（IHR Coordination and National IHR Focal Point Functions）、人畜共患病事件及人畜接触（Zoonotic Events and the Human-animal Interface）、食品安全（Food Safety）、实验室（Laboratory）、监测（Surveillance）、人力资源（Human Resources）、卫生应急框架（National Health Emergency Framework）、卫生服务提供（Health Service Provision）、风险沟通（Risk Communication）、入境口岸（Points of Entry）、化学品事件（Chemical Events）、辐射突发事件（Radiation Emergencies）。该评估值的满分为 100 分。

全球卫生安全保障指数的评估包括 6 个模块的 140 个问题。这 6 个模块包括预防（Prevention）、发现与报告（Detection and Reporting）、快速反应（Rapid Response）、卫生体系（Health System）、国际标准的一致性（Compliance with International Norms）、环境风险（Risk Environment）。根据各模块的评分，计算得出各国的总评分（满分为 100 分）和全球排名。

妇幼卫生方面，主要包括住院分娩率、儿童发育不良比例、青少年生育率、儿童超重率等核心指标。

同时，研究也整理了所有国家截至 2021 年 4 月 22 日新冠肺炎的发病率和病死率、新增 HIV 感染率、结核病发病率等指标，据此体现各国实际的应急能力和传染病控制情况。

（4）海外卫生援助

各国的海外卫生援助，体现各国对外部资源的依赖性。本研究统计了各国获得卫生发展援助（Development Assistance for Health，DAH）的总量及人均卫生发展援助水平（所有数据按 2018 年美元汇率计算）。同时，研究也分析了各国目前主要的援助来源和援助渠道。

2. 数据来源

各指标的数据库来源选择上，主要根据两个原则：一是可获得数据的完整性，即尽量选择数据缺失较少的数据库；二是时效性，即尽量选择最新时间的数据库。据此，本研究的数据来源主要涉及以下数据库：

（1）世卫组织全球卫生监测站（WHO Global Health Observatory）

来源于该数据库的指标，包括 5 岁及以下儿童死亡率、孕产妇死亡率、每千人口医生数、每千人口护士及助产士数、每千人口床位数。

（2）世界卫生统计年鉴 2020（World Health Statistics 2020）

来源于该数据库的指标，包括国家人口数量、新增 HIV 感染率、结核病发病率。

（3）世卫组织全球卫生支出数据库（WHO Global Health Expenditure Database）

来源于该数据库的指标，包括人均当前卫生费用、私人支出占当前卫生费用的比例、外部卫生援助占当前卫生费用比例。

（4）世卫组织新冠病毒疾病统计表（WHO Coronavirus Disease Dashboard）

来源于该数据库的指标，包括各国新冠肺炎的发病率和病死率。

（5）世卫组织 IHR 缔约国核心能力自测报告（SPAR—State Parties Self-

Assessment Annual Reporting on the implementation of the International Health Regulations）

来源于该自测报告的指标，包括 IHR 对各国的核心能力评测结果，以及各国的全球卫生安全保障指数数据。

（6）美国华盛顿大学健康测量与评估研究所数据库（Institute of Health Metrics and Evaluation，IHME）

来源于 IHME 数据库的指标，包括 SDGs 健康指数、儿童发育不良比例、儿童超重率、各国疾病负担情况，以及各国卫生发展援助相关指标。

（7）其他官方数据库

住院分娩率数据来自联合国儿童基金会数据库，出生预期寿命、青少年生育率数据来源于世界银行数据库。

3. 数据分析方法

研究所收集到的各国数据，将全球水平作为参考标准，根据各指标具体情况进行等级划分，整理 13 个区域在各等级范围内的国家数量，并以图表形式呈现。

同时，为探究"一带一路"国家卫生资源投入与人均预期寿命之间的关系，研究选择人均当前卫生费用和人均预期寿命两项指标绘制了散点图。

因此，本文所涉及的图表皆由课题组自行绘制。

二、研究结果与发现

（一）人群健康状况

1. 总体状况

人均预期寿命是反映国家综合健康状况的指标。2018 年，全球人均预期寿命为 72.56 岁，中国人均预期寿命为 76.7 岁。从表 2 中可以看出，63.4%（90/142）的"一带一路"国家该指标超过 70 岁，其中 15 个国家的该指标超过 80 岁。但是，尚有 52 个国家的人均预期寿命仍低于 70 岁，主要包括 37 个非洲国家。其中 10 个非洲国家的人均预期寿命低于 60 岁，包括莱索托、乍得、塞拉利昂、尼日利亚、索马里、科特迪瓦、南苏丹、赤道几内亚、喀麦隆、马里。

表 2   2018 年"一带一路"国家的人均预期寿命情况　　（单位：个）

地区	<70 岁	70—80 岁	≥80 岁	总计
东亚	1	1	1	3
东南亚	4	6	1	11
南亚	3	5	0	8
中亚	1	4	0	5
西亚	1	12	4	17
独联体	0	7	0	7
中东欧	0	15	2	17
南欧	0	0	2	2
西欧	0	0	2	2
非洲	37	6	0	43
大洋洲	4	4	1	9
南美洲	1	6	1	8
北美洲	0	9	1	10
合计	52	75	15	142

资料来源：世界银行。

注：巴勒斯坦、纽埃、库克群岛、多米尼克数据缺失；东南亚地区人均预期寿命最低的是缅甸（66.87 岁），南亚地区人均预期寿命最低的是阿富汗（64.49 岁），非洲地区人均预期寿命最低的是莱索托（53.08 岁）和乍得（53.98 岁）。

5 岁及以下儿童死亡率（U5MR）的 SDG 目标值为小于 25/千活产。

2018 年，全球该指标为 28.9/千活产，基本接近目标值。中国的 5 岁及以下儿童死亡率为 8.6/千活产。从表 3 可以看出，与目标值相比，目前已有 84 个国家（57.5%）已达标，包括所有的独联体、中东欧、南欧及西欧国家。大洋洲、南美洲和北美洲虽然有部分国家没有达标，但是基本也都在 30/千活产以下，与目标值非常接近。

目前有 62 个国家的该指标高于 SDG 目标值，主要集中在非洲国家（37/43）和南亚国家（6/8）。其中尚有几内亚（100.8/千活产）、塞拉利昂（105.1/千活产）、乍得（119.0/千活产）、尼日利亚（119.9/千活产）和索马里（121.5/千活产）等 5 个非洲国家的 5 岁及以下儿童死亡率超过 100/千活产数。

表 3 2018 年"一带一路"国家的 5 岁及以下儿童死亡率（每千活产）情况（单位：个）

地区	<10	10—25	≥25	总计
东亚	2	1	0	3
东南亚	3	3	5	11
南亚	2	0	6	8
中亚	1	2	2	5
西亚	9	6	3	18
独联体	4	3	0	7
中东欧	17	0	0	17
南欧	2	0	0	2
西欧	2	0	0	2
非洲	0	6	37	43
大洋洲	2	4	5	11
南美洲	2	4	2	8

地区	<10	10—25	≥25	总计
北美洲	3	6	2	11
合计	49	35	62	146

资料来源：世卫组织全球卫生监测站。

注：巴勒斯坦暂未被列入世卫组织成员国，数据由美国华盛顿大学健康测量与评估研究所（IHME）提供；东南亚地区5岁及以下儿童死亡率最高的是老挝（47.3）；南亚地区5岁及以下儿童死亡率最高的是巴基斯坦（69.3），西亚地区5岁及以下儿童死亡率最高的是巴勒斯坦（60.5），非洲地区5岁及以下儿童死亡率最高的是索马里（121.5）。

孕产妇死亡率（MMR）的SDG目标值为小于70/10万活产。2017年，全球的该指标为211/10万活产，中国为29/10万活产。从表4可以看出，"一带一路"国家中，有77个（53.5%）国家已达到SDG目标值，其中有55个国家的该指标在30/10万活产以下，包括所有的独联体、中东欧、南欧及西欧国家。

此外，有37个国家该指标超过全球平均水平，其中有35个为非洲国家。其中塞拉利昂（1120）、乍得（1140）和南苏丹（1150）的孕产妇死亡率超过1000/10万活产。由此可见，目前"一带一路"国家中，除了非洲地区国家外，其他地区国家已达到或接近SDG目标值。由于非洲国家的该指标仍普遍居高，也造成全球平均值的偏高。

表4 2017年"一带一路"国家的孕产妇死亡率（每10万活产）情况 （单位：个）

地区	<30	30—70	70—211	≥211	总计
东亚	2	1	0	0	3
东南亚	2	3	5	1	11
南亚	0	2	5	1	8
中亚	4	1	0	0	5

地区	<30	30—70	70—211	≥211	总计
西亚	12	3	3	0	18
独联体	7	0	0	0	7
中东欧	17	0	0	0	17
南欧	2	0	0	0	2
西欧	2	0	0	0	2
非洲	0	3	5	35	43
大洋洲	1	3	5	0	9
南美洲	2	1	5	0	8
北美洲	4	5	2	0	11
合计	55	22	30	37	144

资料来源：世卫组织全球卫生监测站。

注：纽埃、库克群岛数据缺失；巴勒斯坦、多米尼克数据由美国华盛顿大学健康测量与评估研究所（IHME）提供。

2. 可持续发展目标（SDGs）健康指数

根据美国华盛顿大学 IHME 关于 SDGs 健康指数的估算，2017 年，中国的 SDGs 健康指数为 61.7。"一带一路"国家中，有 64 个国家的该指数超过 60；58 个国家该指数在 30—60 之间；22 个国家的健康指数低于 30，其中 20 个为非洲国家（见表 5）。得分最低的国家是索马里（11.6），其次为南苏丹（12.4）。

表5 2017年"一带一路"国家的SDGs健康指数情况 （单位：个）

地区	<30	30—60	≥60	总计
东亚	0	1	2	3
东南亚	0	8	3	11
南亚	1	5	2	8
中亚	0	2	3	5
西亚	0	5	13	18
独联体	0	4	3	7
中东欧	0	3	14	17
南欧	0	0	2	2
西欧	0	0	2	2
非洲	20	19	4	43
大洋洲	1	7	1	9
南美洲	0	3	5	8
北美洲	0	1	10	11
合计	22	58	64	144

资料来源：美国华盛顿大学健康测量与评估研究所（IHME）。

注：纽埃、库克群岛数据缺失。

3. 疾病负担

2017年的统计数据显示，全球疾病负担中，排名第一位的是心血管疾病，第二位是肿瘤，这与中国情况类似。从表6可以看出，"一带一路"国家中，有59%（85/144）的国家，其疾病负担排名第一位的是心血管疾病，尤其是所有的独联体、中亚国家，以及绝大部分的东南亚（9/11）、南亚（6/8）、中东欧（15/17）、西亚（11/18）、大洋洲（7/9）和美洲（14/19）国家。

南欧和西欧的4个国家中，除了马耳他，其他3个国家的疾病负担第一顺位为肿瘤。

　　疾病负担第一顺位是孕产妇和新生儿疾病的国家主要集中在非洲，占所有非洲国家的近 40%（17/43）。此外有 12 个非洲国家的第二疾病负担是孕产妇和新生儿疾病。因此，与其他地区的"一带一路"国家相比，非洲国家妇幼健康问题较为严重。此外，非洲地区中，疾病负担第一顺位是艾滋病或性传播疾病的国家有 9 个。因此，非洲地区的妇幼健康问题已超越艾滋病或性传播疾病，成为该地区最主要的疾病负担。

表6　2017 年"一带一路"国家的疾病负担情况　　　　（单位：个）

地区	第一位			第二位			总计
	心血管疾病	孕产妇和新生儿疾病	其他	肿瘤	孕产妇和新生儿疾病	其他	
东亚	2	0	1	2	0	1	3
中亚	5	0	0	1	1	3	5
独联体	7	0	0	7	0	0	7
南亚	6	2	0	0	4	4	8
东南亚	9	0	2	4	2	5	11
中东欧	15	0	2	15	0	2	17
西亚	11	2	5	4	2	12	18
南欧	1	0	1	1	0	1	2
西欧	0	0	2	0	0	2	2
非洲	8	17	18	2	12	29	43
大洋洲	7	0	2	0	1	8	9
南美洲	5	0	3	2	1	5	8
北美洲	9	0	2	8	0	3	11
合计	85	21	38	46	23	75	144

　　资料来源：美国华盛顿大学健康测量与评估研究所（IHME）。

　　注：纽埃、库克群岛两个国家数据缺失。

（二）卫生资源投入状况

1. 卫生投入

截至 2017 年，尚有 31.7%（45/142）的"一带一路"国家的人均当前卫生费用低于 100 美元，其中主要是非洲国家（28/42）和南亚国家（6/8）（见表 7）。

尤其是在非洲地区，有 7 个国家低于 30 美元，包括莫桑比克（21 美元）、南苏丹（23 美元）、冈比亚（23 美元）、布隆迪（24 美元）、埃塞俄比亚（25 美元）、马达加斯加（25 美元）、尼日尔（29 美元）。

表 7　2017 年"一带一路"国家的人均当前卫生费用情况　（单位：个）

地区	0—100 美元	101—500 美元	501—1000 美元	≥1001 美元	总计
东亚	0	2	0	1	3
东南亚	4	5	1	1	11
南亚	6	1	0	1	8
中亚	3	2	0	0	5
西亚	2	5	2	8	17
独联体	0	6	1	0	7
中东欧	0	2	7	6	15
南欧	0	0	0	2	2
西欧	0	0	0	2	2
非洲	28	13	1	0	42
大洋洲	1	7	1	2	11
南美洲	1	4	1	2	8
北美洲	0	5	3	3	11
合计	45（31.7%）	52（36.6%）	17（12.0%）	28（19.7%）	142

资料来源：世卫组织全球卫生支出数据库。

注：黑山、阿尔巴尼亚、巴勒斯坦、索马里数据缺失；利比亚为 2011 年数据、叙利亚为 2012 年数据、沙特阿拉伯为 2016 年数据；东南亚地区人均当前卫生费用最低的是缅甸（58 美元），南亚地区人均当前卫生费用最低的是孟加拉国（36 美元），中亚地区人均当前卫生费用最低的是塔吉克斯坦（58 美元），西亚地区人均当前卫生费用最低的是也门（72 美元），非洲地区人均当前卫生费用最低的是莫桑比克（21 美元）。

当前卫生费用的来源一般包括政府支出、私人支出和外部发展援助。其中，私人支出占当前卫生费用的比例可反映当地人群需承担的疾病经济负担。该占比越高，表明个人疾病经济负担越重，也更易出现有效卫生需求无法得到满足的情况。2017 年数据显示，有 14 个"一带一路"国家的该占比值超过 70%，主要包括 5 个非洲国家、3 个南亚国家、2 个独联体国家（见表 8）。

表 8　2017 年"一带一路"国家的私人支出占比情况　　　　（单位：个）

地区	0%—30.0%	30.1%—50.0%	50.1%—70.0%	≥70.1%	总计
东亚	0	3	0	0	3
东南亚	3	3	4	1	11
南亚	2	0	3	3	8
中亚	0	1	3	1	5
西亚	5	7	4	1	17
独联体	1	2	2	2	7
中东欧	8	7	0	0	15
南欧	1	1	0	0	2
西欧	1	1	0	0	2
非洲	8	14	15	5	42
大洋洲	10	1	0	0	11
南美洲	2	5	0	1	8

地区	0%—30.0%	30.1%—50.0%	50.1%—70.0%	≥70.1%	总计
北美洲	2	5	4	0	11
合计	43	50	35	14	142

资料来源：世卫组织全球卫生支出数据库。

注：黑山、阿尔巴尼亚、巴勒斯坦、索马里数据缺失；利比亚为2011年数据、叙利亚为2012年数据、沙特阿拉伯为2016年数据；南亚地区私人支出占比最高的是孟加拉国（76.6%），西亚地区私人支出占比最高的是也门（82.0%），独联体地区私人支出占比最高的是亚美尼亚（85.5%），非洲地区私人支出占比最高的是赤道几内亚（79.2%）。

外部卫生援助的来源包括直接国外转移和政府分配的国外转移，涵盖从国外到当地国家卫生系统的所有资金流入。外部卫生援助占当前卫生费用的比例，可反映各国对海外援助的依赖性。对于受援国而言，该占比值越高，那么依赖性就越大，就越需要警惕外方资金撤资可能带来的风险。2017年数据显示，在"一带一路"国家中，有40个国家的外部卫生援助占比超过10%，其中有26个非洲国家，8个大洋洲国家；此外，还有个别南亚和东南亚国家（见表9）。外部卫生援助在一定程度上，可以缓解个人支出占卫生费用的比例。

表9　2017年"一带一路"国家的外部卫生援助占比情况　　（单位：个）

地区	0%	0.01%—1.0%	1.01%—10.0%	≥10.0%	总计
东亚	1	1	1	0	3
东南亚	2	3	3	3	11
南亚	0	2	3	3	8
中亚	0	2	3	0	5
西亚	7	6	4	0	17
独联体	1	2	4	0	7

地区	0%	0.01%—1.0%	1.01%—10.0%	≥10.0%	总计
中东欧	9	6	0	0	15
南欧	2	0	0	0	2
西欧	0	1	1	0	2
非洲	0	6	10	26	42
大洋洲	1	0	2	8	11
南美洲	1	5	2	0	8
北美洲	1	7	3	0	11
合计	25	41	36	40	142

资料来源：世卫组织全球卫生支出数据库。

注：黑山、阿尔巴尼亚、巴勒斯坦、索马里数据缺失；利比亚为2011年数据、叙利亚为2012年数据、沙特阿拉伯为2016年数据；东南亚地区外部卫生援助占比最高的是东帝汶（22.39%），南亚地区外部卫生援助占比最高的是阿富汗（19.42%），非洲地区外部卫生援助占比最高的是南苏丹（68.12%）和莫桑比克（61.17%）。

2. 卫生资源配置

在每千人口医生数方面，目前全球平均值为1.56，中国的该指标为1.98。各国的最新数据显示，有78个国家（54%）的该指标低于全球平均值。尤其是尚有45个国家（31.3%）的该指标低于0.5，其中主要包括33个非洲国家。特别需指出，大洋洲地区，虽然总体卫生投入尚可，但其中有6个国家的每千人口医生数低于0.5，有9个国家的该指标低于全球平均值（见表10）。

表10 "一带一路"国家的每千人口医生数情况 （单位：个）

地区	0—0.50	0.51—1.55	1.56—3.0	≥3.01	总计
东亚	0	0	3	0	3

地区	0—0.50	0.51—1.55	1.56—3.0	≥3.01	总计
东南亚	3	6	2	0	11
南亚	2	5	0	1	8
中亚	0	0	4	1	5
西亚	1	4	10	2	17
独联体	0	0	1	6	7
中东欧	0	2	6	9	17
南欧	0	0	1	1	2
西欧	0	0	0	2	2
非洲	33	6	3	0	42
大洋洲	6	3	1	1	11
南美洲	0	3	4	1	8
北美洲	0	4	5	2	11
合计	45（31.3%）	33（22.9%）	40（27.8%）	26（18.1%）	144

资料来源：世卫组织全球卫生监测站。

注：均为各国最新数据；巴勒斯坦、南苏丹数据缺失；非洲地区每千人口医生数最少的国家是乍得（0.04）、塞拉利昂（0.03）、索马里（0.02）、坦桑尼亚（0.01）。

在每千人口护士与助产士数方面，目前全球平均值为 3.76，中国的该指标值为 2.66。截至目前，共有 85 个"一带一路"国家（59%）的该指标低于全球平均值，其中绝大部分（39/42）为非洲国家，以及南美洲国家（7/8）、南亚国家（7/8），尤其是尚有 35 个国家的该指标值低于 1（见表 11）。

表11 "一带一路"国家的每千人口护士与助产士数情况 （单位：个）

地区	0—1.00	1.01—3.75	3.76—8.00	≥8.01	总计
东南亚	3	5	3	0	11
南亚	3	4	1	0	8
中亚	0	0	4	1	5
西亚	2	8	7	0	17
独联体	0	0	5	2	7
中东欧	0	1	11	5	17
南欧	0	0	1	1	2
西欧	0	0	1	1	2
非洲	24	15	2	1	42
大洋洲	1	5	3	2	11
南美洲	1	6	0	1	8
北美洲	1	5	5	0	11
合计	35（24.3%）	50（34.7%）	45（31.3%）	14（9.7%）	144

资料来源：世卫组织全球卫生监测站。

注：均为各国最新数据；巴勒斯坦、南苏丹数据缺失；南亚地区每千人口护士与助产士数最少的是阿富汗（0.18），非洲地区每千人口护士与助产士数最少的是几内亚（0.12）、索马里（0.11）、喀麦隆（0.01）。

在每千人口医院床位数方面，全球的平均水平为2.70，中国的该指标为4.31。截至目前，82个国家（60%）的该指标低于全球平均值，包括绝大部分的非洲国家（39/42）、所有的大洋洲国家，以及大部分的南亚国家（6/8）和西亚国家（12/17）。其中，有33个国家的该指标低于1，包括23个非洲国家和5个南亚国家（见表12）。

表12 "一带一路"国家的每千人口床位数情况 （单位：个）

地区	0—1.00	1.01—2.69	2.70—4.00	≥4.01	总计
东亚	0	0	0	3	3
东南亚	2	6	2	1	11
南亚	5	1	0	2	8
中亚	0	0	1	4	5
西亚	1	11	4	1	17
独联体	0	0	1	6	7
中东欧	0	0	3	14	17
南欧	0	0	1	1	2
西欧	0	0	1	1	2
非洲	23	16	3	0	42
大洋洲	1	4	0	0	5
南美洲	1	6	1	0	8
北美洲	0	5	3	2	10
合计	33（24.1%）	49（35.8%）	20（14.6%）	35（25.5%）	137

资料来源：世卫组织全球卫生支出数据库。

注：均为各国最新数据；巴勒斯坦、南苏丹、巴布亚新几内亚、纽埃、克罗尼西亚联邦、库克群岛、汤加、瓦努阿图、多米尼克数据缺失；南亚地区每千人口床位数最少的是尼泊尔（0.3），非洲地区每千人口床位数最少的是马达加斯加（0.2）和马里（0.1）。

（三）公共卫生状况

1. 卫生安全与卫生应急能力

我们根据《国际卫生条例（2005）》规定的13项卫生应急核心能力要求，评估各国的总得分。得分越高，说明核心能力越强。如图2所示，以20分为分段，统计各分段内的国家数，并计算占该地区总国家数的比例，绘制累计百分比图。

2019 年的数据显示，69 个 "一带一路" 国家（48%）的该得分低于 60 分，其中包括绝大部分的非洲国家（35/43）、南亚国家（6/8）和大洋洲国（6/11）（见图 2）。尤其是大洋洲国家的低分国家主要集中在 40 分以下。

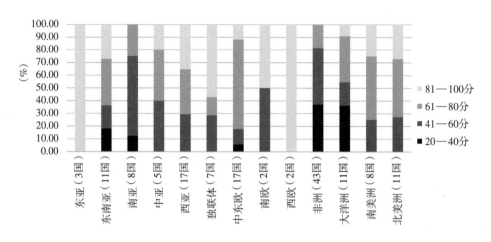

资料来源：世界卫生组织。

注：巴勒斯坦数据缺失；图中为各分段内的国家数占该地区总国家数的比例。

图 2　2019 年根据《国际卫生条例（2005）》对各国的评分情况汇总

全球卫生安全保障指数（GHSI）的结果显示，2019 年的全球平均值为 40.2（满分为 100 分）。这表明全球在应对卫生安全方面普遍存在能力不足的问题。尤其是有 83 个 "一带一路" 国家（57.2%）的得分低于全球平均值，其中包括绝大部分的非洲（38/43）、大洋洲（10/11）和南亚（6/8）国家。值得注意的是，除了经济较发达的欧洲国家的该得分相对较高外，东亚和东南亚国家的该指标普遍得分也高于全球平均水平（见表 13）。

表 13　"一带一路"国家的全球卫生安全保障指数评分情况　（单位：个）

地区	<20	20—40.2	40.3—60	>60	总计
东亚	0	0	2	1	3
东南亚	0	3	6	2	11
南亚	0	6	2	0	8
中亚	0	3	2	0	5
西亚	2	4	11	0	17
独联体	0	3	4	0	7
中东欧	0	1	14	2	17
南欧	0	1	1	0	2
西欧	0	0	1	1	2
非洲	2	36	5	0	43
大洋洲	1	9	1	0	11
南美洲	0	4	4	0	8
北美洲	0	8	3	0	11
合计	5	78	56	6	145

资料来源：世界卫生组织。

注：巴勒斯坦数据缺失。

2. 传染病控制

截至 2021 年 4 月 23 日的数据显示，在新冠肺炎疫情期间，146 个"一带一路"国家的累计确诊病例数为 10 686.14/百万人口，病死率为 1.89%。该指标低于全球 18 375.60/百万人口的发病率和 2.13%的病死率。

13 个地区的发病率和病死率，见图 3。发病率最高的地区是西欧，其次是中东欧和南欧。病死率最高的前三位为南美洲、南欧和东亚。其中，南美洲的病死率高主要是由于厄尔多瓜和玻利维亚病死率高，分别为 4.91%和

4.35%；南欧主要是由于意大利的病死率高，为3.02%。而东亚是由于中国病死率较高，为4.70%。这些国家直接影响了所在地区的整体病死率水平。

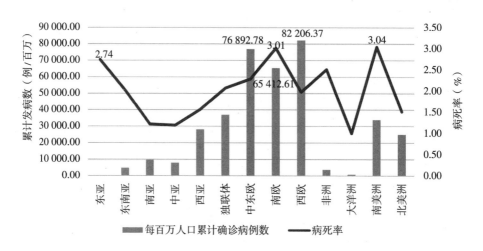

资料来源：世卫组织新冠病毒疾病统计表。

注：每百万人口累计确诊病例数=累计确诊病例数/人口数；病死率=累计死亡病例数/累计确诊病例数。

图3 "一带一路"国家的新冠肺炎疫情情况

在新增艾滋病毒（HIV）感染率方面，2018年，全球水平为0.24/千未感染人口。同期，在可获得数据的110个国家中，有41个国家该指标高于全球水平，其中主要是非洲国家（28/42）、北美洲国家（6/9）及南美洲国家（4/7）（见表14）。

表14 2018年"一带一路"国家的新增HIV感染率（每千未感染人口）情况

（单位：个）

地区	≤0.10	0.11—0.24	0.25—1.0	≥1.0	总计
东亚	1	0	0	0	1
东南亚	5	4	0	0	9

地区	≤0.10	0.11—0.24	0.25—1.0	≥1.0	总计
南亚	4	2	0	0	6
中亚	2	2	0	0	4
西亚	9	0	0	0	9
独联体	1	2	2	0	5
中东欧	11	2	0	0	13
南欧	1	0	0	0	1
西欧	2	0	0	0	2
非洲	9	5	12	16	42
大洋洲	1	0	1	0	2
南美洲	1	2	4	0	7
北美洲	0	3	6	0	9
合计	47	22	25	16	110

资料来源：世界卫生统计年鉴2020。

注：中国、韩国、文莱、东帝汶、马尔代夫、印度、土库曼斯坦、塞浦路斯、希腊、卡塔尔、巴林、沙特阿拉伯、土耳其、巴勒斯坦、伊拉克、阿联酋、俄罗斯、阿塞拜疆、斯洛文尼亚、立陶宛、阿尔巴尼亚、奥地利、马耳他、塞舌尔、萨摩亚、纽埃、斐济、密克罗尼西亚联邦、库克群岛、汤加、瓦努阿图、所罗门群岛、基里巴斯、委内瑞拉、特立尼达和多巴哥、牙买加数据缺失；非洲地区新增 HIV 感染率最高的是科摩罗（7.80）和莫桑比克（5.25）。

在结核病发病率方面，2018 年，全球水平为 132/10 万人口，中国该指标为 61/10 万人口。"一带一路"国家中，有 44 个国家该指标高于全球水平，其中主要为非洲国家（27/43），东南亚国家（8/11），南亚国家（6/8）（见表 15）。

表15　2018年"一带一路"国家的结核病发病率（每10万人口）情况

（单位：个）

地区	<50.0	50.0—132.0	132.1—199.9	≥200.0	总计
东亚	0	2	0	1	3
东南亚	1	2	3	5	11
南亚	1	1	4	2	8
中亚	1	4	0	0	5
西亚	17	0	0	0	17
独联体	2	5	0	0	7
中东欧	16	1	0	0	17
南欧	2	0	0	0	2
西欧	2	0	0	0	2
非洲	6	10	8	19	43
大洋洲	5	4	0	2	11
南美洲	5	3	0	0	8
北美洲	9	2	0	0	11
合计	67	34	15	29	145

资料来源：世界卫生统计年鉴2020。

注：巴勒斯坦数据缺失；东南亚地区结核病发病率最高的国家是菲律宾（554），非洲地区结核病发病率最高的国家是莱索托（611）和莫桑比克（551）。

3. 妇幼保健

（1）孕产妇保健

在住院分娩率方面，全球平均水平为77.5%，中国的该指标已达到99.9%。各国最新数据显示，34个"一带一路"国家的该指标低于全球平均水平。这些国家主要包括23个非洲国家，5个南亚国家和3个东南亚国家（见表16），其中最低值是非洲区域的南苏丹。住院分娩率偏低，意味着孕妇面临更大的分娩风险，是造成孕产妇死亡率高的重要原因之一。因此提高住院分娩率是各国都普遍采取的用于降低孕产妇死亡率的重要干预手段。

表16 "一带一路"国家的住院分娩率情况 （单位：个）

地区	0%—77.5%	77.6%—90.0%	≥90.1%	总计
东亚	0	0	3	3
东南亚	3	3	5	11
南亚	5	1	2	8
中亚	0	1	4	5
西亚	1	3	12	16
独联体	0	0	7	7
中东欧	0	0	13	13
南欧	0	0	2	2
西欧	0	0	2	2
非洲	23	12	7	42
大洋洲	2	4	4	10
南美洲	0	1	7	8
北美洲	0	0	8	8
合计	34	25	76	135

资料来源：联合国儿童基金会（UNICEF）。

注：均为各国最新数据；克罗地亚、匈牙利、斯洛伐克、立陶宛、希腊、以色列、塞舌尔、纽埃、安提瓜和巴布达、多米尼克、格林纳达数据缺失；东南亚地区住院分娩率最低的是缅甸（37.1%），南亚地区住院分娩率最低的是孟加拉国（53.4%），西亚地区住院分娩率最低的是也门（29.8%），非洲地区住院分娩率最低的是南苏丹（11.5%），大洋洲地区住院分娩率最低的是巴布亚新几内亚（54.7%）。

（2）儿童保健

5 岁及以下儿童发育迟缓率是反映儿童生长发育的重要综合性指标。2015 年，全球该指标的平均值为 28.70%，中国的该指标为 10.76%（2017年）。该指标的可持续发展目标值为≤0.5%。2017 年的统计数据显示，所有可获得数据的"一带一路"国家都未达标。144 个国家中，尚有 99 个国家的该指标高于 10%，包括几乎所有的非洲（42/43）国家（见表 17）。

表 17　2017 年"一带一路"国家 5 岁及以下儿童发育迟缓率情况　（单位：个）

地区	<10%	10%—30%	≥30%	总计
东亚	1	2	0	3
东南亚	1	4	6	11
南亚	0	2	6	8
中亚	0	4	1	5
西亚	7	10	1	18
独联体	2	5	0	7
中东欧	15	2	0	17
南欧	2	0	0	2
西欧	2	0	0	2
非洲	1	16	26	43
大洋洲	2	6	1	9
南美洲	3	5	0	8
北美洲	9	2	0	11
合计	45	58	41	144

资料来源：美国华盛顿大学健康测量与评估研究所（IHME）。

注：纽埃、库克群岛数据缺失；东南亚地区 5 岁及以下儿童发育迟缓率最高的是东帝汶（49.63%），南亚地区 5 岁及以下儿童发育迟缓率最高的是阿富汗（49.01%），非洲地区 5 岁及以下儿童发育迟缓率最高的是布隆迪（54.16%）。

在儿童超重率方面，2015 年全球该指标的平均值为 15.90%，中国的该指标为 17.40%（2017 年）。该指标的可持续发展目标值为≤0.5%。2017 年的统计数据显示，所有可获得数据的"一带一路"国家都未达标。在 144 个国家中，有 95 个国家该指标高于全球水平，包括全部中亚国家和中东欧国家，以及大部分西亚国家（17/18）和独联体国家（6/7）（见表18）。

表 18　2017 年"一带一路"国家 2—4 岁儿童超重率情况　　（单位：个）

地区	≤15.90%	15.91%—30.00%	>30.00%	总计
东亚	0	3	0	3
东南亚	7	4	0	11
南亚	7	1	0	8
中亚	0	4	1	5
西亚	1	11	6	18
独联体	1	3	3	7
中东欧	0	11	6	17
南欧	0	1	1	2
西欧	0	1	1	2
非洲	24	16	3	43
大洋洲	5	3	1	9
南美洲	2	6	0	8
北美洲	2	9	0	11
合计	49	73	22	144

资料来源：美国华盛顿大学健康测量与评估研究所（IHME）。

注：纽埃、库克群岛数据缺失；西亚地区 2—4 岁儿童超重率最高的国家是科威特（44.54%）、卡塔尔（41.88%）、沙特阿拉伯（41.37%），非洲地区 2—4 岁儿童超重率最高的国家是赤道几内亚（42.77%）。

（3）青少年保健

在青少年生育率（每千名 15—19 岁女性生育数）方面，2018 年全球的平均值为 42.04，中国的该指标为 7.64。同期，63 个"一带一路"国家的该指标超过 50，主要是非洲国家（37/43），其中有 17 个非洲国家的该指标超过 100（见表 19）。该指标较高主要和当地国家的文化有直接相关性，尤其是因为不少欠发达国家的婚育年龄普遍偏早。

表 19　2018 年"一带一路"国家的青少年生育率（每千名 15—19 岁女性）情况

（单位：个）

地区	<10	10—50	50—100	≥100	总计
东亚	2	1	0	0	3
东南亚	2	6	3	0	11
南亚	1	4	3	0	8
中亚	0	4	1	0	5
西亚	7	7	3	0	17
独联体	0	6	1	0	7
中东欧	6	11	0	0	17
南欧	1	1	0	0	2
西欧	2	0	0	0	2
非洲	3	3	20	17	43
大洋洲	0	7	2	0	9
南美洲	0	1	7	0	8
北美洲	0	4	6	0	10
合计	24	55	46	17	142

资料来源：世界银行。

注：巴勒斯坦、纽埃、库克群岛、多米尼克数据缺失；东南亚地区青少年生育率最高的国家是老挝（64.94），南亚地区青少年生育率最高的国家是阿富汗（65.14），西亚地区青少年生育率最高的国家是伊拉克（71.74），非洲地区青少年生育率最高的国家是尼日尔（183.51）。

在 15 岁以上女性遭受亲密伴侣暴力方面，2015 年，全球的平均比率为 13.40%，中国的该指标为 12.01%（2017 年）。该指标的可持续发展目标值为 ≤0.5%。截至 2017 年，可获得数据的所有"一带一路"国家均未达标。其中有 84 个国家的该指标超过 10%，主要是非洲（40/43）、大洋洲（8/9）、西亚（15/18）和南亚（7/8）国家（见表 20）。

表 20　2017 年"一带一路"国家 15 岁以上女性遭受亲密伴侣暴力占比情况

（单位：个）

地区	<10%	10%—20%	≥20%	总计
东亚	2	1	0	3
东南亚	6	4	1	11
南亚	1	4	3	8
中亚	3	2	0	5
西亚	3	13	2	18
独联体	6	1	0	7
中东欧	17	0	0	17
南欧	2	0	0	2
西欧	2	0	0	2
非洲	3	15	25	43
大洋洲	1	8	0	9
南美洲	5	3	0	8
北美洲	9	2	0	11
合计	60	53	31	144

资料来源：美国华盛顿大学健康测量与评估研究所（IHME）。

注：纽埃、库克群岛数据缺失；东南亚地区该指标最高的国家是东帝汶（20.13%），南亚地区该指标最高的国家是阿富汗（39.06%），西亚地区该指标最高的国家是伊拉克（28.07%），非洲地区该指标最高的国家是乌干达（30.24%）和埃塞俄比亚（29.34%）。

（四）海外卫生援助状况

研究人均卫生发展援助（DAH per capital）可反映各国接收海外援助的水平。2017 年，所有"一带一路"国家获得的卫生发展援助总额为 186.23 亿美元，是 1990 年所获得总额（37.36 亿美元）的 5 倍。其中非洲是获得援助最多的地区，为 122.51 亿美元（占总量的 65.8%），其次为南亚地区，为 25.36 亿美元（占总量的 13.6%）；东南亚地区，为 14.77 亿美元（占总量的 7.9%）；西亚地区，为 9.89 亿美元（占总量的 5.3%）（见图 4）。这 4 个地区获得援助最多，占了援助总量的 93%。

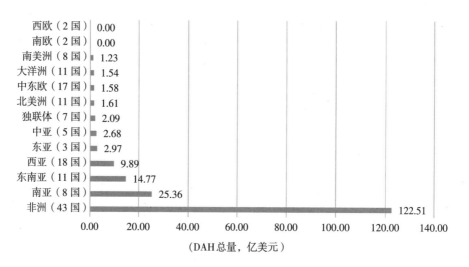

资料来源：美国华盛顿大学健康测量与评估研究所（IHME）。

图 4 2017 年"一带一路"国家的海外援助状况

在各国的人均卫生发展援助（DAH）方面，146 个"一带一路"国家中，有 54 个国家（37%）基本没有获得卫生发展援助（人均援助额在 1 美元以下），主要是南欧、西欧、中东欧国家，以及大部分的西亚国家（13/18）。有 32 个国家完全没有获得卫生发展援助（见表 21）。

有 40 个国家的人均卫生发展援助额大于 10 美元，主要包括 24 个非洲国家，8 个大洋洲国家。尤其是大洋洲国家，该区域国家的人口数相对较少，因此人均卫生发展援助值普遍较高。非洲国家依旧是受援助的重点，人均卫生发展援助超过 50 美元的国家较多。

表21 2017 年"一带一路"国家的人均卫生发展援助状况 （单位：个）

地区	0 美元	0—1 美元	1—5 美元	5—10 美元	≥10 美元	总计
东亚	1	1	0	0	1	3
东南亚	2	2	3	2	2	11
南亚	0	2	4	2	0	8
中亚	0	0	3	2	0	5
西亚	10	3	2	1	2	18
独联体	1	0	3	3	0	7
中东欧	10	3	3	1	0	17
南欧	2	0	0	0	0	2
西欧	2	0	0	0	0	2
非洲	0	3	8	8	24	43
大洋洲	2	0	0	1	8	11
南美洲	0	5	0	1	2	8
北美洲	2	3	1	4	1	11
合计	32	22	27	25	40	146

资料来源：美国华盛顿大学健康测量与评估研究所（IHME）。

注：东亚地区该指标最高的国家是蒙古国（21.6 美元），东南亚地区该指标最高的国家是东帝汶（17.6 美元），西亚地区该指标最高的国家是巴勒斯坦（19.2 美元），非洲地区该指标最高的国家是莱索托（59.0 美元）和纳米比亚（52.5 美元），大洋洲地区该指标最高的国家是纽埃（386.3 美元）和汤加（55.2 美元），北美洲地区该指标最高的国家是格林纳达（19.5 美元）。

三、讨论与政策建议

（一）人群健康状况的地区间差异较大，地区特点明显

按地理分布，目前 146 个"一带一路"国家涉及 13 个地区。健康状况总体呈现为从北向南逐渐下降的趋势。但是各地区的自身特点比较明显，地区间差异较大。

欧洲地区总体健康状况较好，区域内各国家出生预期寿命都在 70 岁以上，5 岁及以下儿童死亡率和孕产妇死亡率都已达到可持续发展目标。在疾病负担方面，主要以心血管疾病和肿瘤为主，其中不少国家的疾病负担第一顺位是肿瘤。

亚洲地区（包括东亚、东南亚、南亚、中亚和西亚）的地区内差异性较大，即每个地区内的国家间差异性比较明显。南亚地区，整体健康状况都有待改善。东南亚地区和西亚地区内部存在两极分化，其中东南亚地区的缅甸、老挝、柬埔寨等国家，以及西亚地区的也门，这些国家的人群健康状况相对偏差。

非洲地区是所有 13 个地区中状况最差的，尤其是在孕产妇死亡率方面。非洲地区的孕产妇死亡率比较高，直接造成全球该指标平均值的居高不下。从疾病负担看，与全球以心血管疾病为第一顺位不同，非洲地区有 40% 的国家是以孕产妇和新生儿疾病为第一疾病负担，同时还有 20% 的国家是以艾滋病或性传播疾病为第一疾病负担。

（二）卫生资源投入与健康水平呈现明显正相关性

在 15 个出生预期寿命超过 80 岁的国家中，有 13 个国家的人均当前卫生费用都超过 1600 美元。只有智利（80.1 岁）和哥斯达黎加（80.1 岁）的该指标低于 1600 美元，分别为 1382 和 869 美元。而人均预期寿命低于 60 岁的 10 个非洲国家中，8 个国家的人均当前卫生费用低于 80 美元，只有赤道

几内亚和莱索托的该指标高于 80 美元，分别为 301 美元和 105 美元。研究对
人均预期寿命和人均当前卫生费用做的散点图也显示，这两个指标之间呈现
明显正相关性（见图 5）。尤其在 2000 美元以下时，随着人均卫生费用的上
升，人均预期寿命也会上升。但是超过 2000 美元后，这种相关性就消失了。
即：即便人均卫生费用有大幅增加，但是人均预期寿命也不会出现无限制的
正向增长。鉴于目前大部分"一带一路"国家的人均卫生费用都在 2000 美
元以下，因此增加卫生投入是可以有效提高人均预期寿命，即达到改善人群
健康的目的。尤其对于人均卫生费用在 100 美元以下的国家，更需要通过各
种途径增加其卫生投入。

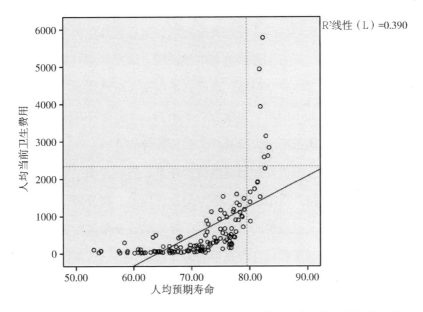

图 5   "一带一路"国家人均预期寿命与人均当前卫生费用的相关性分析结果

海外卫生援助目前主要投入在非洲、南亚、西亚地区。这些地区中的多
数国家普遍健康状况较差、卫生投入不足。非洲地区依旧是卫生援助的重
点；南亚的卫生援助总额在 13 个地区中排第二位，但是由于该地区的国家

基本都是属于需要援助的对象，因此人均卫生援助额普遍不高；而西亚地区的情况刚好相反，西亚地区的卫生援助集中在少数国家（如巴勒斯坦、也门等），因此这些国家的人均卫生援助额相对较高。此外，大洋洲地区的人均卫生援助额都普遍较高，这可能与这些国家人口数偏少相关。鉴于卫生投入与健康之间的相关性，结合目前的卫生援助状况，建议除了非洲地区外，应重点关注南亚国家，以期达到进一步改善该地区整体健康状况的目的。

（三）卫生应急能力是各地区的普遍薄弱环节

无论是根据《国际卫生条例（2005）》的卫生应急能力评估，还是全球卫生安全指数，全球的卫生安全与卫生应急能力都有待提高，尤其是近一半的"一带一路"国家的应对能力偏差。传染病引发的全球和地区卫生安全问题已成为跨国界、跨地区的非传统安全问题，单靠某几个国家无法达到有效应对和控制的目的，只有加强和提高区域内所有国家的应对能力，才能形成有效的地区和全球卫生安全网络。新冠肺炎疫情在全球快速传播已向人类证明了这一特点。正如中国国家主席习近平所言："病毒没有国界，疫情不分种族。……任何国家都不能置身其外，独善其身。"[1]

卫生应急工作，一方面要加强基本治理体系，另一方面也要加强防控意识。此次新冠肺炎疫情严重的国家，不少是发达国家。部分国家对自身卫生体系的过度信任，以及对疫情的估计不足，导致错过疫情防控窗口期，造成疫情严重暴发。虽然基于其自身较完善的医疗服务体系，这些国家总体表现为发病率高、病死率不高。但是由于人员流动等因素，这些国家会对周边国家会产生负面影响，尤其是当这些周边国家的应对能力不足时，就会出现高病死率的严重后果。世界卫生组织助理总干事任明辉也指出，在所有人都安全之前，没有一个人是安全的；在每个国家都安全之前，没有一个国家是安

---

[1] 习近平：《团结合作是国际社会战胜疫情最有力武器》，载《求是》，2020年第8期，第1—4页。

全的。因此，每个国家都要加强防控意识及疫情预测能力，才能将负面影响程度降到最低。这是对本国人民的国家责任，也是对周边国家的国际责任。

事实上，除了非洲地区和南亚地区外，大部分地区内部都有两极分化的现状，即有部分国家的应对能力和健康水平优于本地区的其他国家。建议鼓励这些国家成为本地区的支点国家，为周边国家提供必要的区域公共产品，允许周边能力较差的国家"搭便车"，从而通过溢出效应形成区域安全屏障。

同样重要的是，国际社会的关注重点不应只局限在那些新冠肺炎发病率高的国家，而更应关注病死率高的国家，比如，西亚的也门（19.25%），非洲地区的苏丹（6.81%）、索马里（5.12%）。这些国家中的绝大部分都存在应对能力不足的问题。

参考文献：

［1］陈霞. 区域公共产品与东亚卫生合作（2002—2009）［D］. 上海：复旦大学，2010.

［2］CHINA GO ABROAD. "一带一路"沿线 65 个国家和地区名单及概况［EB/OL］. http：//www. chinagoabroad. com/zh/article/23525.

［3］《我国已与 138 个国家、31 个国际组织签署 201 份共建"一带一路"合作文件》［EB/OL］. http：//www. gov. cn/xinwen/2020-11/17/content_5562132. htm.

［4］A System of Health Accounts 2011［R］. OECD，European Union，World Health Organization，2016.

［5］习近平. 团结合作是国际社会战胜疫情最有力武器［J］. 求是，2020（8）：1—4.

［6］任明辉. 增加卫生健康投资，这笔钱花得值［EB/OL］.（2020-10-22）. https：//mp. weixin. qq. com/s/leRfZCRdhgkcpxcNR4GJhg，.

"一带一路"国家人口趋势及人口红利开发

张　震　王铭琪　章　颖*

摘要：人口红利主要衡量一个国家的人口年龄结构是否有利于经济发展。中国的人口红利曾对中国乃至世界的经济增长作出贡献。近年来，随着中国人口老龄化程度的加深，中国人口红利已经消失殆尽，人口负债阶段如何发展成为热点议题。与此同时，"一带一路"沿线许多国家正在经历人口转变，蕴含诸多发展机会，存在互利共赢的空间。本文研究了包括中国在内的 139 个"一带一路"国家，分析其人口发展的趋势和阶段、人口红利状况，以及人口红利开发的社会经济环境。研究发现，"一带一路"国家人口与发展情况各异且互补性强。同时，人口剩余红利与人类发展指数的分析表明，人口潜力巨大的国家大多是社会经济发展水平较低的国家，要想促进人口年龄结构到人口红利的顺利转变，这些国家在健康和教育等领域都需要进一步的发展。

关键词："一带一路"；人口发展趋势；人口红利

---

* 张震，复旦大学社会发展与公共政策学院副教授；王铭琪，复旦大学社会发展与公共政策学院硕士研究生；章颖，复旦大学社会发展与公共政策学院硕士研究生。

19 世纪以来，世界各国都相继经历由死亡率和生育率下降带来的人口转变。人口转变过程中会出现一个阶段：劳动年龄人口比重上升且增速超过老年人口和少儿人口，这意味着劳动力资源相对丰富、抚养负担轻，这样的年龄结构有利于经济发展，被称为"人口红利"。

许多工业化国家都从人口红利中获利，比如二战后的日本、韩国、新加坡等。20 世纪 80 年代以来，人口红利也同样促进了中国经济的快速增长。研究发现，过去 30 多年中国经济的高速增长有 15%—25% 可以归功于人口红利，20 世纪的人均 GDP 的增长有 46% 来自人口转变的贡献。近年来，随着中国人口老龄化程度的加深，研究发现中国人口红利窗口已经关闭。与许多完成人口转变的发达国家类似，中国也进入劳动年龄人口减少、老年人口无论是规模还是比重都持续上升的时期。过去以包括劳动力在内的资源投入驱动的发展模式已经不再具有可持续性。党的十八大中提出并在党的十九大再次强调的创新驱动发展战略可以视为对这种人口及社会经济形势变化的一种科学和客观的回应。

虽然中国的人口红利窗口已经关闭，但目前仍然有许多国家正在经历着人口转变，其人口年龄结构也在呈现出有利于经济增长的变化，有些国家的人口红利窗口期甚至还未开启。就像过去 30 多年间，中国人口红利在促进自身经济发展的同时也惠及全球一样，中国也可以在利用和开发其他国家的人口红利中实现互惠互利，而"一带一路"正好为此提供了一个广阔的实践平台。

自 2013 年中国国家主席习近平提出"一带一路"后，先后有 100 多个国家积极响应中国的倡议。截至 2020 年 11 月，中国已经与 138 个国家和 31 个国际组织签署了 201 份共建"一带一路"合作文件，地理上广泛分布于非洲、亚洲、欧洲、大洋洲、南美洲、北美洲等各大洲。本文的分析对象为与中国签订"一带一路"合作文件的 138 个国家及中国自身。"一带一路"沿线各国的经济发展水平不同，资源禀赋各有特点，再加上各有差异的人口规模、结构及所处的人口转变阶段，因此人口红利的开发条件和策略也不尽相同。我们需要对各国人口发展状况、人口红利现状与趋势有清晰的了解和认识，为未来区域人口红利开发提供基础性的信息。

为此，本文将集中考察以下几方面的问题：

首先，对"一带一路"沿线各国人口发展情况的分析，包括生育率、死亡率（预期寿命）及迁移等，概括各国所处人口发展阶段的特点。

其次，以人口年龄结构测算的人口红利趋势分析。人口红利的实质是具有一定特征且有利于经济增长的人口年龄结构，这种年龄结构是人口动态变化的一个阶段性产物，会随着人口转变进程的逐渐展开而逐渐减弱直至消失。由于各国处在不同的人口发展阶段，人口红利的机会窗口也不尽相同。

最后，探讨"一带一路"国家人口的受教育状况。人口红利只是衡量了潜在的人口年龄结构优势，但是这种优势并不会自动转化为真正促进经济增长的红利。受教育程度、社会制度、政府行为等若干因素共同决定了一个国家能在多大程度上兑现人口转变带来的人口红利，而这其中受教育程度的作用最大，甚至有研究认为，人口红利实质上是教育红利，没有起码的教育投资或受教育程度，年龄结构的经济优势将无从谈起。

本研究报告将对上述几个方面进行考察，以期深化我们对"一带一路"区域人口红利的认识和理解。

一、"一带一路"沿线国家人口发展趋势

"一带一路"各国在人口发展的现状和趋势上存在较大差别。这里我们主要基于联合国《世界人口展望2019》（World Population Prospects, United Nation 2019，以下简称"WPP 2019"）的相关数据进行分析，其中2019年数据为WPP 2019整理的实际数据，2020年及之后的数据均为WPP 2019的预测数据。

（一）人口规模

根据 WPP 2019，包括中国在内的 139 个"一带一路"国家拥有 47.6 亿人口，约占全球人口的 61.7%，其中共有 9 个国家人口过亿（见表 1）。人口规模在前 20 的国家人口合计达到 34.6 亿，占"一带一路"总人口的72%，其他 119 个国家人口占 28%。预计到 2050 年，人口过亿的国家将新增坦桑尼亚、越南和伊朗，不过由于中国人口下降，这前 20 个国家的人口占比将略微下降至 70%（见图 1）。

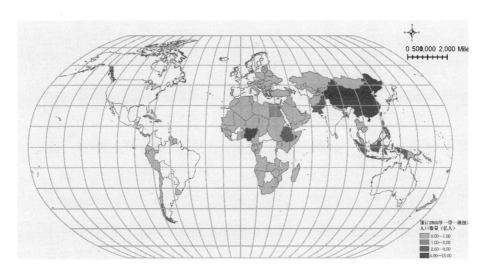

资料来源：联合国《世界人口展望 2019》。

图 1　2050 年"一带一路"国家总人口（亿人）

如表 1 所示，人口排名前 20 国家中有一半在亚洲，7 个在非洲，只有俄罗斯和意大利来自欧洲。2019—2050 年间，只有中国、俄罗斯、泰国、意大利和韩国将经历人口下降，其他国家人口均为正增长，且增速较快的国家主要来自非洲；几个人口大国的年均增长率都在 2% 左右，如尼日利亚年均增长 2.33%，坦桑尼亚 2.71%，埃塞俄比亚 2.04%。亚洲国家也有增长，不过速度稍逊于非洲，其中最快的是巴基斯坦，为1.50%。可以说，在未来30年中，"一带一路"区域的人口增长主要来自非洲，这与全球人口增长的区域特征是吻合的。

表1　"一带一路"国家人口数及增长率

洲别	国别	2019年人口数（亿）	2050年人口数（亿）	2019—2050年均增长率（%）
人口排名前20				
亚洲（1国）	中国	14.34	14.02	-0.07
亚洲（1国）	印度尼西亚	2.71	3.31	0.67
亚洲（1国）	巴基斯坦	2.17	3.38	1.50
非洲（1国）	尼日利亚	2.01	4.01	2.33
亚洲（1国）	孟加拉国	1.63	1.93	0.56
欧洲（1国）	俄罗斯	1.46	1.36	-0.24
非洲（1国）	埃塞俄比亚	1.12	2.05	2.04
亚洲（1国）	菲律宾	1.08	1.44	0.97
非洲（1国）	埃及	1.00	1.60	1.56
亚洲（1国）	越南	0.96	1.10	0.43
亚洲（1国）	土耳其	0.83	0.97	0.51
亚洲（1国）	伊朗	0.83	1.03	0.73
亚洲（1国）	泰国	0.70	0.66	-0.18
欧洲（1国）	意大利	0.61	0.54	-0.36
非洲（1国）	南非	0.59	0.76	0.85
非洲（1国）	坦桑尼亚	0.58	1.29	2.71
亚洲（1国）	缅甸	0.54	0.62	0.47
非洲（1国）	肯尼亚	0.53	0.92	1.87

洲别	国别	2019 年人口数（亿）	2050 年人口数（亿）	2019—2050 年均增长率（%）
亚洲（1 国）	韩国	0.51	0.47	-0.30
非洲（1 国）	乌干达	0.44	0.89	2.37
小计	20	34.64	42.35	0.67
人口排名后 20				
非洲（37 国）	-	5.39	10.33	2.20
亚洲（27 国）	-	3.72	5.16	1.10
欧洲（25 国）	-	2.09	1.81	-0.49
南美洲（8 国）	-	1.14	1.42	0.74
北美洲（11 国）	-	0.43	0.46	0.27
大洋洲（11 国）	-	0.16	0.23	1.29
小计	119	12.93	19.41	1.37
合计	139	47.57	61.76	0.88

资料来源：联合国《世界人口展望 2019》。

注：2050 年的增长率数据为预测中位数。

　　人口排名后 20 的国家中，非洲、亚洲、欧洲 3 个区域人口在 2019 年合计为 11.2 亿（占 86.6%）。在 2019—2050 年间，人口增长最多依然是非洲国家，37 个国家的人口从 5.4 亿增至 10.3 亿；欧洲人口略有下降，但仍然有 1.8 亿的规模；亚洲国家人口将增长 1.1 亿；南美洲国家人口在 2019 年有 1.1 亿，到 2050 年增至 1.4 亿，增速低于亚洲国家的增速；北美洲和大洋洲的"一带一路"国家数量比南美洲多，但人口总规模合计只有 0.59 亿。

　　可以说，"一带一路"国家中，人口规模较大的国家大都位于亚洲和非洲，而且这两个地区的人口在 2050 年之前均会有所增长，尤其是非洲的增长速度更加迅猛，东亚各国的增长速度相对较慢，甚至像中国会出现人口减少的现象。人口规模较小的国家基本都是太平洋、大西洋等大洋中的岛国。人口密度与各国的自然地理条件关系密切，各国之间差异较大，未呈现明显规律。

（二）人口结构

人口结构是人口状况的重要维度之一，人口状况的判断很大程度上基于人口结构，而人口规模则通常起到"放大器"的作用——人口结构有利时，人口规模往往会进一步扩大这种优势，反之亦然。而人口红利的定义本身就基于人口结构。为窥知更多细节，我们对"一带一路"国家人口的性别比和年龄结构进行考察。

1. 性别比[1]

平衡的性别比是人口稳定发展的一个重要前提。但是，20世纪90年代以来，东亚、东南亚、东欧等地都相继出现出生婴儿性别比急剧增高的现象，主要原因是人口转变进程中的生育率下降提高了家庭中无男性后裔的风险，再加之产前性别检查技术的普及，在有着强烈男孩偏好习俗的国家都出现利用选择性流产来实现生育理想数量男孩的现象。

在一些有强烈男孩偏好的国家，不仅有在妊娠时的选择性人工流产导致的出生性别比失衡，还有出生后女性受到各种虐待导致异常死亡带来的性别比失衡。这种失衡甚至导致整体人口性别构成的男多女少。

在"一带一路"国家中，性别构成存在显著的地域差异。从表2中可以看出，在139个国家中，有9个国家的性别比超过110，其中阿联酋的性别比在2020年达到224（如上文所述，该数据为WPP 2019在2019年对2020年的情况作出的预测，2020年实际数据尚不可知，下同）；而卡塔尔的性别

---

[1] 性别比通常是指每100名女性对应的男性数量。正常情况下，男女比例基本持平，大约是100左右。出生时一般男婴略多于女婴（出生性别比大约为106男婴对应100个女婴），但是因为男性的死亡率高于女性，男性各年龄段的死亡数会多于女性，所以出生时男性略多的情况就会逐渐减弱，到老年时，女性则大多反超过男性。因此在总体上，人口性别比基本持平。

比甚至达到302，远远超过大多数国家的水平。据联合国预计，到2050年，两国的性别比均有显著下降，但仍然达到了167和235。其他性别比超过110的国家中，最严重的5个均位于亚洲，分别是阿曼、巴林、马尔代夫、科威特和沙特阿拉伯（除了胎儿性别选择，还有部分原因是人口迁移）；位于非洲的赤道几内亚和吉布提，性别比水平分别略微超过125和110。到2050年，除吉布提的性别比降到104以外，其他8个国家性别比仍然超过110。除了马尔代夫位于南亚、赤道几内亚位于非洲以外，其余各国均为西亚国家。

性别较低的国家集中在欧洲，主要是前苏联加盟共和国，包括拉脱维亚、立陶宛、乌克兰、俄罗斯、白俄罗斯等，这些国家的性别比都低于90，呈现出男少女多的情况，其中性别比最低的拉脱维亚，每100名女性对应的男性数量不足86人。在所有"一带一路"国家中，性别比最低是尼泊尔，每100名女性对应的男性数量不足85人。

0—1岁性别比则呈现出与整体人口性别比不同的特征。从表3中可以看出，虽然前苏联加盟共和国出现了男少女多的情况，但从0—1岁的人口性别比来看，低于102的17个国家中，有14个国家是非洲国家，前苏联加盟共和国并不在其中；而0—1岁人口性别比高于108的11个国家中，有6个位于亚洲。预计到2050年，所有国家0—1岁人口性别比均低于108；低于102的国家数也有所减少，但仍然有14个，其中13个位于非洲。表3所示是0—1岁性别比高于110或低于90的国家，可见在性别结构上，极端值的地理集中情况较明显，呈现出性别偏好的文化圈特征。

表2 过高、过低性别比的国家

洲别	国别	2020 年	2050 年
高于 110			
亚洲	卡塔尔	302.4	235.1
亚洲	阿联酋	223.8	166.9
亚洲	阿曼	194.1	161.0
亚洲	巴林	183.1	163.2
亚洲	马尔代夫	173.5	132.1
亚洲	科威特	157.9	134.6
亚洲	沙特阿拉伯	137.1	122.4
非洲	赤道几内亚	125.3	116.5
非洲	吉布提	110.7	103.8
低于 90			
欧洲	葡萄牙	89.8	93.0
亚洲	亚美尼亚	88.8	89.5
北美洲	萨尔瓦多	88.0	88.0
欧洲	白俄罗斯	87.1	90.1
欧洲	俄罗斯	86.4	88.6
欧洲	乌克兰	86.3	88.1
欧洲	立陶宛	86.2	88.8
欧洲	拉脱维亚	85.5	90.1
亚洲	尼泊尔	84.5	92.1

资料来源：联合国《世界人口展望 2019》。

表3 过高、过低 0—1 岁性别比国家

洲别	国别	2020 年	2050 年
高于 110			
亚洲	中国	112.3	107.0
亚洲	越南	111.7	104.8
欧洲	爱沙尼亚	110.0	106.1
亚洲	亚美尼亚	110.0	105.8
低于 90			
亚洲	巴林	89.1	103.9

资料来源：联合国《世界人口展望 2019》。

异常升高的出生性别比会扭曲人口结构。其中，最直接的问题是性别失衡，包括"失踪女孩/妇女"和"婚姻挤压"等。除了性别失衡，出生性别比升高还会加速人口老龄化。从对人口老龄化的效果来看，死亡率下降的作用最为显著，出生性别比升高的作用略低于生育率下降。可以说，对于有出生性别比升高的人口来说，出生性别比和生育率、死亡率一样都是人口动态过程尤其是人口老龄化的驱动要素。

2. 年龄构成

在测量年龄结构时，可供使用的指标也非常之多，一个较便利的指标是人口年龄中位数，可以衡量人口的年轻程度。在"一带一路"区域，人口最年轻的是非洲，最年老的是欧洲。同时，部分亚洲国家呈现较快的老龄化速度。

首先，2019 年年龄中位数低于 20 的国家有 28 个，其中有 26 个为非洲国家，年龄中位数最低的国家是尼日尔，该国的年龄中位数只有 15.2。到 2050 年时，所有国家的年龄中位数均有所提高，但在低于 25 岁的 25 个国家中，有 24 个为非洲国家，非洲国家的人口年轻性特征非常显著。

其次，处在年龄中位数区域分布的另一端则是欧洲国家。在 2020 年年龄中位数高于 40 岁的 25 个国家中，有 20 个位于欧洲，其中年龄中位数最大的国家是意大利，其年龄中位数超过 47 岁，这个数字超过非洲尼日尔的 3 倍。到 2050 年，年龄中位数超过 45 岁的国家增至 30 个，其中 25 个国家位于欧洲，欧洲国家的老龄化困扰可见一斑。

最后，值得一提的是亚洲的韩国和新加坡可能会经历比欧洲国家更严重的老龄化进程，两国的年龄中位数会从 2020 年的 43.7 和 42.2 增长到 2050 年的 54.9 和 52.1，在 2050 年所有国家中分别位列第一和第四。

表 4　"一带一路"国家年龄中位数

洲别	国别	2020 年	2050 年
低于 20 岁			
非洲	尼日尔	15.2	18.2
非洲	马里	16.3	20.4
非洲	乍得	16.6	20.9
非洲	安哥拉	16.7	19.9
非洲	索马里	16.7	19.6
非洲	乌干达	16.7	23.3
非洲	布隆迪	17.3	21.8
非洲	赞比亚	17.6	21.8
非洲	莫桑比克	17.6	21.8
非洲	冈比亚	17.8	22.3
非洲	坦桑尼亚	18.0	21.5
非洲	几内亚	18.0	22.9
非洲	尼日利亚	18.1	21.5
亚洲	阿富汗	18.4	26.6

洲别	国别	2020 年	2050 年
非洲	塞内加尔	18.5	23.2
非洲	津巴布韦	18.7	25.7
非洲	喀麦隆	18.7	23.1
非洲	贝宁	18.8	22.5
非洲	科特迪瓦	18.9	22.3
非洲	南苏丹	19.0	23.4
非洲	刚果布	19.2	23.0
非洲	多哥	19.4	23.6
非洲	塞拉利昂	19.4	25.2
非洲	利比里亚	19.4	23.9
非洲	埃塞俄比亚	19.5	25.8
非洲	马达加斯加	19.6	23.8
非洲	苏丹	19.7	24.2
大洋洲	所罗门群岛	19.9	23.8
高于 40 岁			
亚洲	泰国	40.1	48.3
欧洲	白俄罗斯	40.3	45.2
北美洲	巴巴多斯	40.5	46.3
欧洲	乌克兰	41.2	47.3
欧洲	斯洛伐克	41.2	49.1
欧洲	塞尔维亚	41.6	47.8
欧洲	波兰	41.7	50.8
北美洲	古巴	42.2	49.3
亚洲	新加坡	42.2	52.1

洲别	国别	2020 年	2050 年
欧洲	爱沙尼亚	42.4	49.1
欧洲	马耳他	42.6	50.3
欧洲	波黑	43.1	50.1
欧洲	罗马尼亚	43.2	47.5
欧洲	捷克	43.2	47.7
欧洲	匈牙利	43.3	48.0
欧洲	奥地利	43.5	49.0
亚洲	韩国	43.7	54.9
欧洲	拉脱维亚	43.9	48.3
欧洲	克罗地亚	44.3	50.1
欧洲	斯洛文尼亚	44.5	50.4
欧洲	保加利亚	44.6	49.1
欧洲	立陶宛	45.1	49.5
欧洲	希腊	45.6	53.2
欧洲	葡萄牙	46.2	51.9
欧洲	意大利	47.3	53.2

资料来源：联合国《世界人口展望 2019》。

  衡量年龄结构的指标还有不同年龄组人口占总人口的比重，这些指标与测算人口红利的指标也息息相关。在此，仅简要说明少儿人口比重（14 岁及以下人口占总人口的比重）和老龄人口比重（65 岁及以上人口占总人口的比重）的情况。这些指标提供的信息比年龄中位数要丰富很多（个别信息大致相同）。

  首先，非洲国家的少儿人口比重非常高，这也是非洲人口年轻的重要原因。在 2020 年超过 40% 的 26 个国家中，有 24 个是非洲国家，虽然随着时间的推移，各国的少儿人口比重会减少，但在 2050 年超过 30% 的 28 个国家中，非洲国家占 25 个。

其次，虽然少儿人口比重较低的国家仍然以欧洲国家为主，但一些亚洲国家也饱受少子化的困扰，在 2020 年少儿人口比重低于 15% 的 13 个国家中，阿联酋、卡塔尔、韩国和新加坡 4 个国家位于亚洲，其中，新加坡和韩国是最低的两个国家，分别只有 12.3% 和 12.6%。到 2050 年，少儿人口比重低于 15% 的国家将增至 34 个，最低的 15 个国家少儿人口比重低于 13%，4 个来自亚洲，10 个来自欧洲，1 个来自北美洲，最低的 5 个国家分别为意大利、希腊、卡塔尔、新加坡、韩国，除意大利和希腊外均为亚洲国家。可以看出，随着时间的推移，部分亚洲国家的少子化问题更加严峻。

最后，欧洲的老年人口比重较高与少儿人口比重较低相伴相生，在"一带一路"国家中，2020 年老年人口比重超过 20% 的 12 个国家均为欧洲国家，而到了 2050 年，老年人口比重超过 25% 的就有 28 个国家，其中 22 个国家是欧洲国家。亚洲各国在老年人口比重问题上呈现的情况并不一致，2020 年老年人口比重最低的两个国家位于亚洲，其他低于 2.5% 的 7 个国家均位于非洲。老年人口比重较低的国家几乎全是亚洲和非洲国家，而亚洲国家主要是西亚国家，包括韩国、新加坡、泰国和中国在内的亚洲国家的老龄化问题也不容小觑。

如图 2 所示，预计到 2050 年，"一带一路"国家中欧洲人口老龄化将进一步加深，65 岁及以上老年人比重基本上都在 25% 以上，其次是中国和少数东南亚国家，老年人比重都在 15%—25% 之间。非洲和中东地区的人口老龄化程度最轻，预计到 2050 年，全球老年人口比重低于 5% 的 19 个国家均为非洲国家。可以说，非洲是未来几十年内人口最年轻的大陆。

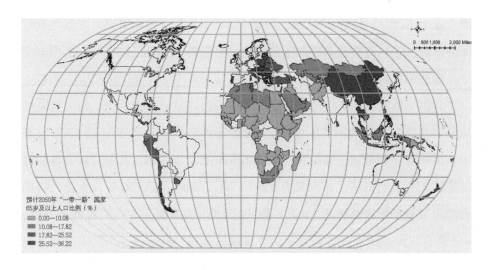

资料来源：联合国《世界人口展望 2019》。

图 2　2050 年"一带一路"国家 65 岁及以上老年人占比（%）

通过考察各国的年龄结构可以发现，非洲国家较为年轻，其年龄中位数较低、少儿人口比重较高、老年人口比重较低。随着时间的推移，相对于其他地区而言，非洲依旧是年轻的地区；欧洲国家饱受少子化和老龄化的双重困扰，其年龄中位数较高、少儿人口比重较低、老年人口比重较高；而亚洲国家内部则出现了不同的形态，新加坡、泰国等发达国家更接近欧洲国家的模式，而西亚国家却拥有较低的老年人口比重。

3. 人口动态变化

如果说人口的规模和结构是用以描述人口的静态特征的，那么人口的动态特征则包括了出生、死亡和迁移三大过程。描述这三大过程的指标非常之多，考虑到出生率、死亡率等指标受到人口年龄结构的影响较大，这里采用总和生育率、婴儿死亡率和人均预期寿命来描述人口的出生和死亡情况，并考虑部分国家的迁移率情况。总和生育率，通常是指如果一位女性按照观察期的年龄别生育率完成其生育历程（从 15—49 岁），平均会生育的孩子数。

人口学中将2.1的总和生育率称为生育的更替水平，即如果每位女性平均生育2.1个孩子，就能保证下一代有相同数量的女性生育后代，也就是下一代女性能接替其母亲那一代人的生育任务。如果低于这个值，女性人口会逐渐减少，出生数也相应减少，从而导致人口萎缩；反之亦然。

"一带一路"各国之间的总和生育率差异较大，如前文所述欧洲国家和一小部分亚洲国家饱受少子化的困扰，在2015—2020年预测时间段，总和生育率低于1.5的国家中，除了排在前两位的新加坡、韩国和排在第9位的阿联酋，其余13个国家均为欧洲国家；在2045—2050年，这些国家总和生育率会略有提高，但南亚和西亚的一些国家却会在这段时间内出现总和生育率的下降，甚至会低于同期的欧洲国家的总和生育率水平。总和生育率最低的16个国家里，亚洲国家占了6个，是2015—2020年3个的两倍。如上文年龄结构中所描述的，非洲国家少儿人口比重较高，总和生育率最高的国家也是非洲国家，尼日尔和索马里的总和生育率在2015—2020年超过了6，还有其他7个国家超过了5，随着时间的推移，非洲各国的总和生育率会下降，但即使到2045—2050年预测时间段，在总和生育率超过3的22个国家中，21个国家位于非洲。

非洲国家人口有着较高的婴儿死亡率。在2019年17个婴儿死亡率超过50‰的国家中，有16个国家来自非洲，其中塞拉利昂和乍得的婴儿死亡率超过了70‰，虽然随着时间的推移，非洲的婴儿死亡率应该会大幅度降低，但即使到了2050年，婴儿死亡率超过25‰的15个国家中，仍然有14个国家是非洲国家。非洲国家的人均预期寿命较低，2019年塞拉利昂的女性人均预期寿命仅为55岁，虽然随着时间的推移，非洲人口的人均预期寿命有所提高，但与发达国家之间仍然有较大的差距。

婴儿死亡率较低的国家基本都是欧洲国家，以及新加坡、韩国、新西兰等发达国家，亚洲国家紧随其后。2019年，女性人均预期寿命排在前5的分别是韩国、新加坡、意大利、葡萄牙、希腊。预计到2050年，这些国家的预期寿命进一步提高，韩国依旧位列第一，女性人均预期寿命将达到 90 岁。

在 139 个国家中，2015—2020 年净迁移率最高的国家是西亚的巴林，其净迁移率达到了 31.11/每千人。除马尔代夫和卢森堡等国以外，西亚是净迁移率最高的地区，这可能是因为该地区的能源行业需要大量国际劳工。根据联合国的预测，这一趋势到 2045—2050 年会有所减弱，国家之间的迁移更多地成为宜居宜商的发达国家之间吸引力的角逐。2045—2050 年净迁移率排在前面的有卢森堡、新加坡、塞浦路斯、卡塔尔、新西兰、奥地利、捷克等国，净迁移率大于 2/每千人，最高的卢森堡也只有 5.29/每千人。而人口净迁移率为负（即迁出人口较多）的国家则大多为一些资源匮乏的岛国和经济较差的国家。

总体而言，"一带一路"国家的人口发展现状差异较大，部分非洲国家的出生率较高，死亡率刚刚开始下降，人口增长率显著高于其他地区，在人口转变的进程中还有很长的路要走。而欧洲国家大多早已完成了人口转变，出现了低出生率、低死亡率和低自然增长率的局面，同时也饱受少子化和老龄化的困扰。人口的发展现状和趋势与各国的自然地理条件、社会经济条件和历史发展进程有着千丝万缕的关系，加之"一带一路"国家数量众多、情况各异，上文的简要概述难免挂一漏万。

二、"一带一路"国家人口红利的变化趋势

本部分使用的人口红利数据来自联合国 2017 年所作的研究。[1] 根据介绍，人口红利这一指标是由联合国人口预测（中等变量预测）和国家转移账户（National Transfer Accounts，NTA）按年龄划分的消费和劳动收入估算而构建的。在研究之时，已有 60 个国家的 NTA 数据可供使用；研究者估计了

---

〔1〕 https：//ntaccounts.org/web/nta/show/Documents/UNPD%20Project%202016.

另外 106 个国家的年龄概况，基于此对 166 个国家的抚养和第一次人口红利[1]（First Demographic Dividend）进行估算。具体来看，本文使用的是该研究中关于不同国家在 1950—2100 年第一次人口红利的数据，选取了 166 个国家中的"一带一路"沿线国家；第一次人口红利变为正值时视为人口红利窗口期"打开"，变为负值时视为"关闭"。

2017 年以来，"一带一路"新增的国家主要集中在非洲，已经从当初的 3 个国家（埃及、南非和埃塞俄比亚）扩展到 44 个国家，图 3 为截止到 2020 年 1 月"一带一路"国家的人口红利变化情况及未来人口红利预测，可以看出非洲国家拥有丰富的潜在人口红利资源。由于非洲各个区域情况差异悬殊，后文将非洲分为几个部分进行研究。

首先，从图 3 可以看出，"一带一路"国家中有约 40% 的国家人口红利在 2020 年已经消失殆尽，而且这些国家大多是经济发展水平较高的国家。中国在 2013 年人口红利的窗口期已经关闭。一些亚洲国家如越南、泰国等的人口红利也相继结束。在 2020 年以后，还有近一半的"一带一路"国家仍然享有人口红利，包括亚洲的孟加拉国、印度尼西亚等人口大国，以及非洲的南非。得益于持续多年的高生育率，中亚的一些国家，如阿富汗、乌兹别克斯坦等国在 2000 年左右才进入人口红利的窗口期，而且像伊拉克这样的国家，其人口红利期甚至可以持续到 2080—2090 年左右。人口红利最丰富的国家集中在非洲，有 17 个非洲国家的人口红利期剩余年数高于伊拉克，西非的毛里塔尼亚人口红利期预期可持续到 2121 年。

---

[1] 第一次人口红利指劳动年龄人口占比大对经济增长带来的有利影响，其中经济增长用每个有效消费者的收入增长率来衡量。本文所述"人口红利"均指第一次人口红利。

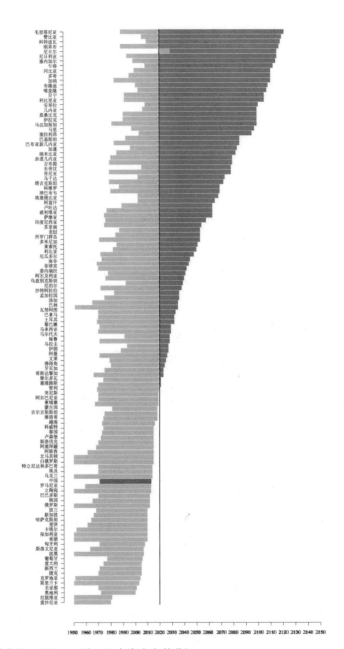

资料来源：《人口红利、人力资本和储蓄》。

注：黑色竖线是 2020 年，左边的灰色是已经流逝的人口红利，右边黑色是未来还有的人口红利。

图 3 "一带一路"国家的人口红利窗口

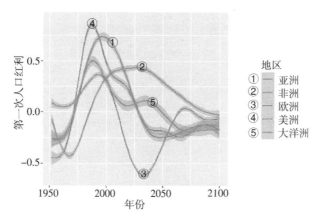

资料来源:《人口红利、人力资本和储蓄》。

图4 各大洲"一带一路"国家人口红利变化趋势

图4总结了不同大洲"一带一路"国家人口红利随时间的演进情况。图中曲线高于0的区间就是人口红利期。从中可以看出,非洲人口红利窗口期最长,虽然打开的时间略晚,但在未来一个世纪都可能持续;窗口期最短的是欧洲。欧洲、大洋洲、亚洲和美洲的"一带一路"国家人口红利窗口打开的时间相近:美洲和亚洲的时间类似,大洋洲和欧洲的时间类似,但欧洲展示了未来50年更严重的人口负债状况。

除了人口红利的窗口期,我们还对人口红利的规模感兴趣。如图4所示,亚洲和美洲人口红利最高值接近;非洲、大洋洲和欧洲的人口红利最高值更加接近。图中的阴影表示了方差的大小,可以看出大洋洲的"一带一路"国家展示了最大的人口红利差异程度;亚洲国家的差异程度也较大。大多数大洲的人口红利差异程度都呈现出先减小再增大的趋势。

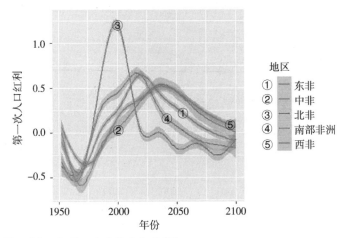

资料来源：《人口红利、人力资本和储蓄》。

图5　非洲"一带一路"国家人口红利变化趋势

　　因为非洲的人口红利最为丰厚，同时非洲内部有很大的区域差异，所以我们对非洲各区域做了进一步的考察。如图5所示，非洲不同地区的人口红利窗口时间有一些区别。北非虽然地理位置属于非洲，但是在历史上与地中海周边更为融合，社会发展和人口进程也更接近南欧，因此其人口红利期结束得最早。其他区域的人口红利窗口则相继展开，依次是南部非洲、东非、中非和西非。因为在21世纪，非洲人口仍将保持增长，所以其人口红利期也将延续到本世纪末，西非甚至能延续至下个世纪。

　　北美洲和南美洲的"一带一路"国家显示出不同的情形。从图6中可以看出美洲地区大多数"一带一路"国家在21世纪二三十年代至2050年间相继退出人口红利期。结合图3可以看出，截至目前，圭亚那、巴巴多斯及特立尼达和多巴哥等3个国家的人口红利窗口已经关闭。

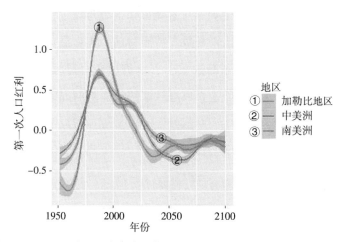

资料来源：《人口红利、人力资本和储蓄》。

图6 美洲"一带一路"国家人口红利变化趋势

大洋洲有11个国家加入了"一带一路"协议，图7中的澳大利亚及新西兰地区的图线展示的是新西兰的人口红利状况，结合图3可看出，新西兰在21世纪初就退出了人口红利窗口期；目前已退出的还有斐济；在其他有数据的5个国家中，2个国家将在2035年前后退出，3个国家将在2050年之后退出，人口红利持续最久的是巴布亚新几内亚，人口红利会持续到2085年左右。

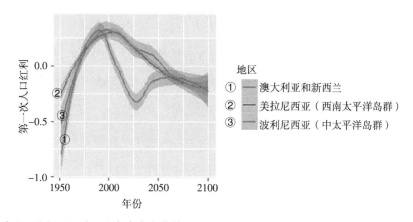

资料来源：《人口红利、人力资本和储蓄》。

图7 大洋洲"一带一路"国家人口红利变化趋势

欧洲"一带一路"国家主要集中在南欧、北欧地区，结合图3和图8可以看出，欧洲人口红利变化比较一致。截至目前，大多数国家都已经退出了人口红利期，随着老龄化的不断加重，人口负担比将持续上升，在2050年前后达到较高水平。现在仍处于人口红利期的塞浦路斯和摩尔多瓦也于2021年退出。

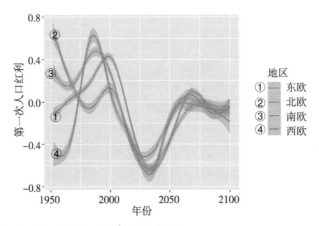

资料来源：《人口红利、人力资本和储蓄》。

图8 欧洲"一带一路"国家人口红利变化趋势

总的来看，"一带一路"国家人口红利变化大致可分为两种情况。香港大学学者Chen和维也纳大学学者Yip依据2010—2014年各个国家的人口增长率、总和生育率和人均预期寿命，将"一带一路"65个国家进行聚类，分别比较各国人口红利窗口开放的时间。研究发现，这些国家被分为两组，大多位于西亚、中亚、南亚和非洲的国家被分为一组，他们拥有高人口增长率、高总和生育率水平和相对低的人均预期寿命；另一组主要为东亚和东欧国家，他们拥有更稳定的人口规模和更长的人均预期寿命。此外，两组国家在城市化率、女性劳动力参与率、男性劳动力参与率的表现不尽相同。这一研究在"一带一路"拓展了合作国家之后仍然有借鉴意义。

针对这两组人口红利窗口，夏威夷马诺大学学者 Mason 等在研究中模拟了 1960—2050 年的情况。在第 1 组中，有 8 个国家（埃及、伊拉克、以色列、约旦、吉尔吉斯共和国、菲律宾、塔吉克斯坦和东帝汶）在 2018—2050 年期间不会出现人口红利期；有 11 个国家（孟加拉国、印度、尼泊尔、老挝、蒙古国、柬埔寨、土库曼斯坦、叙利亚、也门、阿富汗和巴基斯坦）会在接下来的 30 年中相继打开人口红利窗口；还有一些国家的人口红利窗口正在开放（如阿拉伯联合酋长国、卡塔尔、巴林、科威特、文莱达鲁萨兰国、伊朗、阿塞拜疆、阿曼、越南、马尔代夫、黎巴嫩、马来西亚、沙特阿拉伯、乌兹别克斯坦、不丹、印度尼西亚、缅甸和土耳其）；而斯里兰卡和哈萨克斯坦的人口红利窗口已经在 2018 年前后关闭。相比而言，第 2 组的大多数国家，在 2000 年之前就达到人口红利期，有 11 个国家人口红利窗口已经关闭，还有 15 个国家将很快失去人口红利。本文的研究恰好印证了 Mason 等人的这个观点，在 2020 年的 139 个国家的数据中，也可以大致分为这两类国家。新加入"一带一路"的非洲、北美洲的国家属于第 1 类；欧洲、大洋洲的国家可归为第 2 类。

学者 Chen 和 Yip 的团队在研究中选取了 5 个国家（尼泊尔、菲律宾、马来西亚、中国和捷克）的数据，进一步用人口抚养比去解释人口红利窗口期的存在。研究发现，在第 1 组中，尽管菲律宾的劳动人口比重一直在增长，但到 2050 年依旧达不到 67%（对应的人口抚养比为 50%）的水平，所以在 2050 年之前不会存在人口红利；而 2018 年，尼泊尔的劳动人口比重达到 64%，并且会在 2025 年前后达到 67%，从而打开人口红利窗口期；当前马来西亚的劳动人口比重已经达到顶峰，意味着其人口红利窗口已被最大程度打开。在第 2 组中，中国的劳动人口比重在 2010 年达到顶峰并且逐渐下降；捷克的人口红利窗口期已经结束，因为在 2015 年该国的劳动人口比重已经小于 50%。

该研究将预测的年份限制为 2050 年，并且看出到 2050 年，有一些国家的人口红利窗口仍然开放（阿联酋、卡塔尔、巴林、科威特等）。如果将预测的年份延续至21世纪末，可以从图3发现，伊拉克、巴基斯坦、东帝汶等国家仍会在很长一段时间处于人口红利窗口期。

这些研究都表明了"一带一路"沿线国家人口红利的差异性，而作者指出这种人口机遇期转变成人口红利依赖于劳动力可以被吸收到劳动力市场中并且转化为就业，这就要求好的基础设施的存在。如果"一带一路"沿线国家可以通过经济合作增加就业机会，那么两组国家便可以优势互补，实现双赢。

三、"一带一路"国家人口红利开发的社会经济环境

如前所述，人口红利是否可以被兑现以及能在多大程度上被兑现，还取决于一些别的因素，主要包括健康状况、受教育程度及经济发展程度等，而这3方面也是衡量一个社会综合发展水平的最具有代表性的指标。正是基于这3个指标，联合国提出了"人类发展指数"（Human Development Index，HDI）。

（一）社会综合发展水平

人类发展指数从动态上对人类发展状况进行了反映，揭示了一个国家的优先发展项，为世界各国尤其是发展中国家制定发展政策提供了一定依据，从而有助于挖掘一国经济发展的潜力。通过分解人类发展指数，可以发现社会发展中的薄弱环节，为经济与社会发展提供预警。人类发展指数采用较易获得的数据，认为对一个国家福利的全面评价应着眼于人类发展而不仅仅是经济状况；适用于不同的群体，可反映收入分配、性别差异、地域分布、少数民族之间的差异。人类发展指数从衡量人文发展水平入手，反映一个社会的进步程度，为人们评价社会发展提供了一种新的思路。

在人口红利开放前景的考察中，我们结合人类发展指数的原因在于，该指数所包含的几项内容与劳动力是否能充分实现其内在价值有着密切的关

系。首先，人均预期寿命是一个综合衡量人口健康水平的指标，被世界各国广泛使用。人均预期寿命指标相比于通常的婴儿死亡率、成年人死亡率或老年人死亡率指标，具有非常突出的优势，不会受到人口年龄结构的影响。因此，人均预期寿命也能反映出劳动力群体健康水平。国内外研究表明，劳动力健康状况对劳动生产率具有显著的影响，即使是同等规模的劳动力，健康状况好的群体明显有着更高的劳动生产率。新中国成立以来，在健康改善方面取得长足的进步，尤其是改革开放以来，人均预期寿命在发展中国家中长期处于领先地位，并且近年已经超过部分发达国家。其次是受教育程度。劳动力的知识技能和学习能力等都与受教育程度密切相关，文盲、半文盲的劳动力难以适应现代工业技术生产活动，也无法伴随产业升级不断提高技能水平。再次是经济发展程度。人均 GDP 在一定程度上刻画了一个国家的经济发展水平，从一定程度上反映了劳动力所处的经济环境。劳动力如果不能与生产资料相结合，将不能创造财富。这对很多处在较低发展水平，缺少资金和技术的国家来说，人口红利的开放前景不会很大。从一定意义上说，人类发展指数综合表征了人口红利能否高质量地得到兑现的条件。

除了影响人口红利发挥的质量因素，还有一个重要的因素就是规模，既包括人口规模，也包括劳动力规模。人口规模不仅意味着市场规模，也是一个工业体系复杂性的重要决定因素，劳动力规模的大小直接影响到工业体系建设中是否能有足够的劳动力和人才满足各工业部门的发展需要。因此，我们会从人类发展指数和人口规模两方面对人口红利进行考察。本节使用的人类发展指数数据来源于联合国《人类发展报告 2020》（Human Development Report，2020）中人类发展指数的最新数据[1]；人口红利数据与前一部分来源一致，即联合国 2017 年所作的研究；人口规模数据来源于 WPP 2019 发布的最新实际数据。

---

[1] http://hdr.undp.org/en/content/human-development-index-hdi.

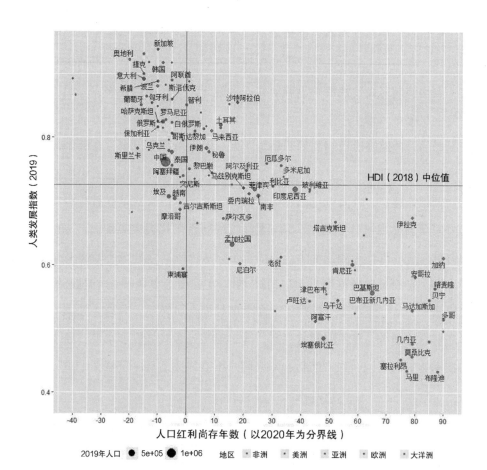

资料来源：联合国《人类发展报告2020》、《人口红利、人力资本和储蓄》。

图9 "一带一路"国家人口红利开发的前景

如图9所示，横坐标是人口红利窗口的时间，数值为正表明窗口仍然开启，数值为负则说明人口红利期已经结束，0对应的垂直线是2020年分界线。纵坐标是2019年人类发展指数，水平线是2018年全部"一带一路"国家人类发展指数的平均值，高于这根线说明发展程度高于平均水平，反之亦然。这两根直线把该图中的国家划分到4个区域，这4个区域分别对应着人口红利发展的4个阶段。图中只标注了人口数在500万以上的国家名称，圆圈大小表示人口规模。

值得指出的是，图9中散点从左上到右下的分布形态，表明人类发展指数与人口红利窗口有负相关关系。这是复合历史发展进程的，因为很多国家在人口转变中也逐渐完成了工业革命，并实现社会经济的大踏步进步，这类国家往往在左上角的区域内，人口红利已经消失，但是社会发展程度高。如图8所示，这些国家主要是欧洲国家，此外还有新加坡、韩国等已经进入工业化社会的亚洲发达经济体。中国2018年的人类发展指数高于"一带一路"国家的中位数水平，也位于左上角区域内，成为左上角区域内人口最多的国家，其实，中国2018年的人类发展指数在全球189个参与测算的国家中位列85位，比2013年刚提出"一带一路"倡议时前进7个名次，同样高于全球中位数水平。

与之相对的是右下区域，这个区域的国家还有大量的时间可以享受人口红利。不过，正是因为一度处于高生育率的社会发展阶段，经济发展水平相对较低，其人类发展指数低于平均水平。这个区域的国家数量众多，还包括人口大国印度尼西亚、孟加拉国及巴基斯坦等。这些国家虽然社会经济总体发展水平较低，但是由于还有较长的人口红利期，所以是未来中国可以重点关注的人口红利对象。

在图9的右上方还有一些国家，不仅人类发展指数高于平均水平，而且还处在人口红利窗口期，大多都在20年以内。这些国家主要来自亚洲，尤其是中亚，但这些地区的政治稳定是未来人口红利开发不得不考虑的一个因素。

还有一些国家位于图9中的左下方，这个区域的国家不多，这个区域最大的特点是：虽然人口红利期已经结束，但是社会经济的发展还处在相对较低的水平。从某种意义上说，这个区域是前景非常不被看好的。这部分国家包括埃及、越南等。

在人类发展指数的3个要素中，健康改善和受教育水平的提高都能对人口红利带来显著的积极作用。随着发展阶段上的跃升，中国将比以往任何时候都更依赖科技进步。因此，中国在"一带一路"开发中对教育要有足够的重视，这不只是针对国内，也需要与沿线国家进行教育投资方面的合作。

（二）教育状况

如前所述，"一带一路"沿线至少还有一半的国家还有巨大的人口红利有待开发。同时，这些国家在健康、教育等方面都有进一步改善的空间，其中，最为关键的变量就是教育。

从最初提出人口红利开始，教育就与人口红利联系在一起。改善教育可以通过各种渠道影响经济增长，劳动力技能水平的提高可以更快更好地利用新技术，进而转化为更高的生产率。Mankiw 研究团队等通过增加人力资本作为额外的生产要素拓展了索洛经济增长模型（Solow Grouth Model），并且发现这种增加的人力资本可以更好地解释国家之间的收入差异。

Cuaresma 研究团队认为，人口红利本质上就是教育红利。他们的研究发现，人口红利的窗口期往往伴随着教育水平的提高以及生育率的下降，劳动生产率提高是教育改善的结果，同时，生育率下降也部分源自教育水平的提高。不过，生育率下降导致的未成年人口抚养比下降，以及年龄结构的变化对经济增长的影响并不显著。因此，需要在伴随着年龄结构变化而来的教育提高的背景下来理解人口红利，人力资本积累才是收入增长率的关键因素之一。

与人口发展所处的不同阶段类似，"一带一路"国家的教育状况也呈现明显的区域特点。从图 10 可以看出，在 2015—2019 年间，欧洲（包括西欧、东欧等）的教育情况最好，受中等教育及以上的比例为 85%以上；中国、新西兰及东南亚、南美等国家在 65%—85%之间。相比而言，非洲尤其是撒哈拉以南非洲国家的教育状况则较差，受中等教育及以上的比例都在 40%以下。如前所述，这些国家也是人口增长的地区，且主要是年轻劳动力增长的地区。所以，从人口红利的角度来看，这些地区在未来几十年中有非常大的教育改善需求。

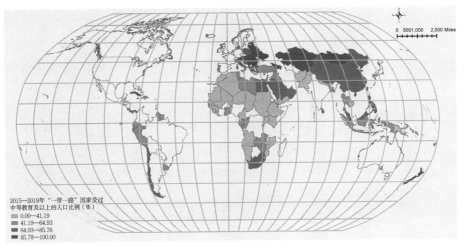

资料来源：联合国《人类发展报告 2020》。

图 10　"一带一路"国家受过中等教育及以上的人口比例（%）

　　不同的经济发展阶段对劳动力的受教育程度有不尽相同的要求。未来经济发展越来越依赖于科技领域的创新，这对高等教育提出了非常高的需求。中等教育能够满足熟练产业工人，但是高等级人才培养则更依赖于高等教育。尤其是对于已经完成了人口转变的国家来说，劳动力快速增长的时代已经结束，在劳动力相对丰富的优势已经丧失的情况下，经济增长更加源自创新驱动。

　　图 11 所示是 2015—2019 年"一带一路"国家高等教育的普及程度。从中可以看出，欧洲国家高等教育最为发达，中国、新西兰、埃及及东南亚国家等属于第二梯队，非洲以及中亚部分国家的高等教育还有很大的改善空间。结合上面的中等教育状况，可以看出，非洲虽然拥有人口和劳动力快速增长的有利条件，但缺乏使其得以充分发挥潜力的教育。即：如果这些国家教育没得到长足的发展，他们的人口优势将很难兑现为明显的人口红利。

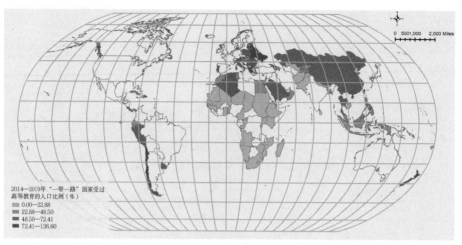

资料来源：联合国《人类发展报告 2020》。

图 11　"一带一路"国家受过高等教育的人口比例（%）

为了综合评价"一带一路"国家教育与就业相关的整体状况，我们依据人类发展指数、人口红利期、受中等教育人口比重、劳动力参与率和服务业就业比重进行聚类分析。劳动力参与率可以代表一个国家经济对劳动力的利用程度，也从另一个侧面反映出还有多少剩余的就业提升空间，而就业者从事服务业的比重代表一个国家经济所处的大致阶段。

结果显示，"一带一路"沿线国家可以分成 6 类（见图 12），各类的特征如表 3 所示。第 2 类的国家数量最多，包括中国在内有 59 个国家，这些国家人口红利期已经结束，平均人口红利期为负 5 年，表示在 2020 前 5 年人口红利窗口已经关闭。这些国家中具有中等教育程度的人口比重较高，平均达到 80%，劳动力参与率和服务业就业比重达到 60%。第 6 类国家人口红利也为负。

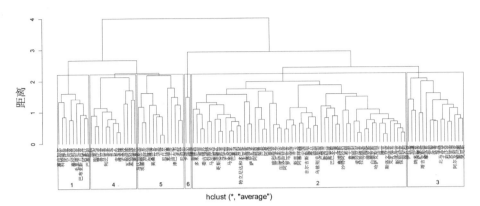

资料来源：联合国《人类发展报告2020》、《人口红利、人力资本和储蓄》。

注：科摩罗、吉布提、赤道几内亚、尼日利亚和所罗门群岛由于缺乏受中等教育人口比重的数据，故未进入聚类分析。

图12 根据人类发展指数、人口红利期、受中等教育人口比重等聚类分析结果

表3 聚类分析

类别	人类发展指数	人口红利期（年）	受中等教育人口比重（%）	劳动力参与率（%）	服务业就业比重（%）
1	0.512	79	26.1	52.6	38.6
2	0.814	−5	79.6	61.6	63.8
3	0.731	17	58.2	46.4	54.9
4	0.581	85	35.2	70.9	42.4
5	0.528	53	16.9	79.2	23.7
6	0.776	−7	69.0	82.1	39.7

资料来源：联合国《人类发展报告2020》。

如表3所示，第1、4、5类国家的平均人口红利期分别还有79、85和53年，但是这些国家人口的受教育程度较低，其中第4类为35%，第5类仅为17%。人口受教育程度不高的结果之一是劳动生产率低下，其应对措施就是提高劳动力参与率，所以第4、5类劳动力参与率分别达到70%和80%。

第 1 类国家人口受教育程度不高，但是劳动力参与率也不高，可能与这些地方的社会治安和天然资源禀赋有关。

第 3 类国家平均还有 17 年人口红利期，而且受中等教育人口比重接近 60%，劳动力参与率不到一半，服务业就业比重 55%。在还有人口红利的国家中，这类国家处在中等发展水平。

综合来说，有近三分之二的"一带一路"沿线国家还处在人口红利窗口期，而且有半个多世纪的时间有待发挥其潜力，但是，我们也能清晰地看到，这些国家的人口受教育程度都处在较低水平，这无疑会成为未来人力资源开发的一个制约因素。由于教育投资具有周期长的特点，所以在中期内，可以着眼于将第 3 类国家作为过渡。但是，从长远来看，教育始终是"一带一路"沿线国家人口红利开发的关键难题。

四、小结

工业革命以来崛起的国家无不经历了人口转变，并有效利用了人口转变过程中产生的人口红利。中国自 20 世纪 80 年代的改革开放集中释放了新中国成立后生育率下降、健康改善带来的巨大红利，加之各级政府引导下的市场创新，中国在短短 40 多年间就完成了西方国家上百年的工业革命道路。正如当初各国崛起受益于市场规模一样，中国的进一步繁荣与发展需要与世界建立更为广阔和深入的联系。"一带一路"倡议联系了欧亚大陆和非洲百余个国家，为中国与世界的共同发展建立了一个世界级的发展与合作平台。

中国人口红利的释放，以及未来的技术红利、创新红利等等的释放，都需要在更大的视野下看待人口红利。这也是"一带一路"国家人口红利开发的内在逻辑和需要。

我们的分析表明，包括中国在内的"一带一路"国家人口互补性强。一方面，大部分欧洲和东亚的国家，人口老龄化、少子化严重，并且这种趋势不断加强；另一方面，非洲和西亚的许多国家人口依旧非常年轻，呈现出年龄中位数低、14 岁以下少儿人口比重大的特点，且总和生育率高企，死亡率刚刚开始下降，人口增长率显著高于其他地区。这些人口增长速度快的国家还有着较大的人口规模，人均预期寿命也在持续增加，与其他国家之间的差距不断缩小，因此，无论是从规模上还是从增长上，都展现出较强的人口发展潜力。

与年轻化人口对应的是巨大待开发的人口红利。在 2020 年，有近三分之二的"一带一路"国家还有巨大的待开发的人口红利。其中，人口红利最丰富的国家集中在非洲，虽然打开的时间略晚，但在未来一个世纪都可能持续。与之相反，欧洲的国家呈现出越来越严重的人口负债状况；中国的人口红利窗口期也已于 2013 年关闭。

如果将人口红利剩余年数与该国的人类发展指数进行比较，可以看出二者大致呈现负相关的关系。大多数人口红利窗口还未关闭的国家，其人类发展指数都在所有"一带一路"国家的中位数之下，换句话说，人口红利巨大的这些国家主要是社会经济发展水平较低的国家。要想促进人口年龄结构到人口红利的顺利转变，这些国家在健康和教育等领域还需要进一步的发展。

参考文献：

［1］BLOOM D E, KUHN M, PRETTNER K. Africa's prospects for enjoying a demographic dividend［J］. Journal of Demographic Economics，2017，83（1）63-76.

［2］BLOOM, DAVID E, CANNING, D, SEVILLA J, et al. The demographic dividend：a new perspective on the economic consequences of population change［J］. Rard，2003.

［3］BLOOM, DAVID E, KUHN, M, PRETTNER, K. The contribution of female health to economic development［J］. The Economic Journal，2020，130（630），1650-1677.

［4］BLOOM, DAVID E, WILLIAMSON, J G. Demographic transitions and economic miracles in emerging Asia［J］. The World Bank Economic Review，1998，12（3），419-455.

［5］CAI F. Demographic transition, demographic dividend, and Lewis turning point in China ［J］. China Economic Journal, 2010, 3 (2), 107-119.

［6］CHEN M, YIP P S F. A study on population dynamics in "belt & road" countries and their implications ［J］. China PopulationDevelopment Study, 2018, 2, 158-172.

［7］CHOUDHRY M T, ELHORST J P. Demographic transition and economic growth in China, India and Pakistan ［J］. Economic Systems, 2010, 34 (3), 218-236.

［8］CUARESMA J C, LUTZ W, SANDERSON W. Is the demographic dividend an education dividend? ［J］ Demography, 2014, 51 (1), 299-315.

［9］GUILMOTO C Z. The sex ratio transition in Asia ［J］. Population and Development Review, 2009, 35 (3).

［10］GUILMOTO C Z. Missing girls: A globalizing issue ［M］//International Encyclopedia of the Social and Behavioral Sciences. Rotterdam: Elsevier, c2015: 608-613.

［11］JIANG Q, FELDMAN M W, LI S. Marriage squeeze, never-married proportion, and mean age at first marriage in China ［J］. Population Research and Policy Review, 2014, 33 (2): 189-204.

［12］LI S. Imbalanced sex ratio at birth and comprehensive intervention in China, October 29-31, 2007 ［C］. Hyderabad, India.

［13］MASON A, LEE R, JIANG J X. Demographic dividends, human capital, and saving ［J］. The Journal of the Economics of Aging, 2016, 7, 106-122.

［14］MASON ANDREW LEE R, et al. Support ratios and demographic dividends: estimates for the World ［N］. Technical Paper, 2017-01.

［15］MASON A, WANG F. The demographic factor in china's transition ［J］. Chinese Journal of Population Science, 2006, 3.

［16］MANKIW N G, ROMER D, WEIL D W. A contribution to the empirics of economic growth ［J］. Quarterly Journal of Economics, 1992, 107, 407-437.

［17］SEN A. More than 100 million women are missing ［J］. The New York Review of Books, 1990, 37 (20): 61-66.

［18］UNFPA. Sex imbalances at birth: trends, consequences and policy implications

［R］. UN Population Fund Asia Pacific Regional Office，2012.

［19］United Nations. World population prospects：the 2019 revision ［EB/OL］. ht-tps：//population. un. org/wpp2019.

［20］ZHANG Z，LI Q. Population aging caused a rise in the sex ration at birth ［J］. De-mographic Research，2020，43（32）：969-992.

［21］ United Nations. Human development report，2020 ［EB/OL］. http：//hdr. undp. org/en.

［22］张震. 1950 年代以来中国人口寿命不均等的变化历程 ［J］. 人口研究，2016，40（1）：8—21.

国别报告

孟加拉国人口与发展状况报告

李　孜　唐晓平　姜春云　赵雪琴

唐重刚　王　露　钱思汶　文贝童*

摘要　本文从人口、经济、社会3个维度深入探讨了孟加拉国的人口与发展状况，并与南亚7国的人口与发展状况进行了比较研究，利用联合国等国际组织的数据对孟加拉国未来人口发展趋势进行了预测。孟加拉国作为一个发展中国家，其人口发展与其他大多数发展中国家具有共性，如少儿人口较多、劳动力资源丰富、老龄化程度低等，但也有其独特性，如人口密度特别高、在经济比较落后的情况下实现了人口转变等。为了推进"一带一路"倡议，中孟两国可以在贸易投资、基础设施建设、医疗卫生事业、减贫和环境治理方面深入合作，打造南南合作的新样板。

关键词　孟加拉国；人口与发展；"一带一路"；南南合作

孟加拉国全称为孟加拉人民共和国（People's Republic of Bangladesh），

＊李孜，重庆工商大学公共管理学院院长，教授；唐晓平，重庆工商大学公共管理学院副教授；姜春云、赵雪琴、唐重刚、王露、钱思汶、文贝童，重庆工商大学人口学硕士研究生。

处于北纬 20°34′—26°38′、东经 88°01′—92°41′之间。国土总面积达 147 570 平方千米，其中农业用地约占土地总面积的 70.1%，森林用地面积占土地总面积的 10%。孟加拉国位于孟加拉湾以北，地处南亚次大陆的恒河-布拉马普特拉河三角洲，东、西、北 3 面与印度毗邻，东南部与缅甸相接壤。[1] 孟加拉国 85% 的地区为平原，大部分地区海拔低于 12 米，东南部和东北部为丘陵地带，全境大部分地区属亚热带季风型气候，湿热多雨。

孟加拉国属于中低等收入国家，其 2018 年的 GDP 约为 3026 亿美元（现价美元），人均国内生产总值约 1698 美元，GDP 年均增长率约为 7.9%[2]。孟加拉全国划分为达卡、吉大港、库尔纳、拉吉沙希、巴里萨尔、锡莱特、郎布尔和迈门辛 8 个行政区，下设 64 个市、489 个县和 4550 个乡。其中，达卡市作为首都，是全国政治、经济、文化中心，也是全国最大城市，人口密度达到了 44 500 人/平方千米；吉大港市是全国最大的港口城市，孟加拉国 80% 的国际贸易及 40% 的工业产值均产生于吉大港。

据世界银行数据，孟加拉国是世界人口密度最高的国家之一，截至 2019 年总人口数约 1.63 亿，人口密度高达 1239.58 人/平方千米。孟加拉国的主体民族是孟加拉族，约占人口总数的 98%，此外还有查拉尔玛、山塔尔、加诺等 20 多个少数民族。伊斯兰教是国内第一大宗教，约占总人口数的 88.3%，其次是印度教、佛教和基督教，分别占总人口数的 10.5%、0.6% 和 0.3%。孟加拉国的官方语言为孟加拉语和英语。目前全球孟加拉语的使用者约 2.3 亿人，是世界上使用人口第 7 多的语言。[2]

孟加拉国原为东巴基斯坦，1971 年宣布独立，成立孟加拉人民共和国。孟加拉国是议会制共和制，其主要党派包括孟加拉国人民联盟、孟加拉国民族主义党、民族党、伊斯兰大会党等。现行宪法于 1972 年通过，截至 2013

---

〔1〕 戴利、张淑兰、刘淼：《孟加拉国》，大连：大连海事大学出版社，2019 年版，第 8 页。
〔2〕 张汝德：《当代孟加拉国》，成都：四川人民出版社，1999 年版，第 115 页。

年共经历了 16 次修改，第 16 次宪法修正案主要内容是取消看守政府制度。现任孟加拉国的总统哈米德于 2018 年 2 月 7 日上台，内阁总理由第 4 次出任的人民联盟主席哈西娜担任。

一、人口发展现状

（一）人口基本状况

1. 人口发展的历史回顾

由图 1 可见，孟加拉国的人口历史发展呈现出持续快速增长的趋势[1]，已成为世界上人口最稠密的国家之一。在 1650 年，孟加拉国人口约为 1000 万；210 年后的 1860 年，人口增长了 1 倍，达到 2000 万；又经过 80 年，1940 年时人口达 4000 万，是前一时期的两倍；到 20 世纪 70 年代时，孟加

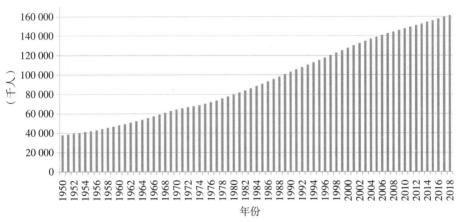

资料来源：联合国《世界人口展望 2019》。

图 1　孟加拉国人口发展的历史（1950—2018 年）

---

〔1〕 林梁光：《略论孟加拉国的人口问题》，载《南亚研究》，1981 年第 1 期。

拉国人口进入快速发展期，1971年脱离巴基斯坦独立时，人口约有7100万，1976年时达到8000万（与1940相比，人口增长又翻了一番）；2012—2018年间，孟加拉国总人口从1.5亿增长到1.6亿，是1976年人口总量的两倍。

2. 人口出生率、死亡率、自然增长率和生育率

（1）人口出生率、死亡率和自然增长率在20世纪80年代后均呈下降趋势

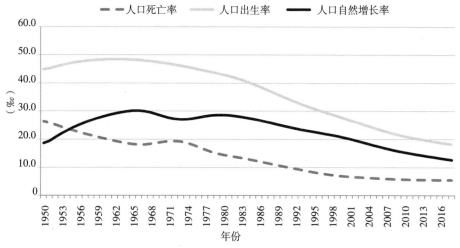

资料来源：联合国《世界人口展望2019》。

图2　孟加拉国人口出生率、死亡率与自然增长率（1950—2018年）

由图2和表1可见，从1950—2018年的近70年期间，孟加拉国人口出生率（CBR）呈现了从高平稳到快速下降的趋势。20世纪60年代和70年代，孟加拉国一直是世界上人口出生率最高的国家，出生率从1950年44.87‰的高位，一路上升到1962年48.43‰的最高值。20世纪60年代后，孟加拉国人口出生率开始下降，到1985年下降到39.71‰，1997年下降到29.49‰，2002年下降到19.56‰，2018年继续下降到18.18‰，短短40年左右时间，孟加拉国人口出生率从40‰左右降至20‰左右，且每10个千分

点的下降间隔时段亦在缩短，表明孟加拉国的人口出生率下降速度在加快。

孟加拉国人口死亡率（CDR）除了 1967—1972 年间有短暂的小幅回升（这正是由 1972 年孟加拉国建国之前的"东巴基斯坦时期"的内战所致）外，总体上也呈下降趋势。从 1950 年的 26.26‰，下降到 1961 年的 19.84‰，再到 1991 年的 9.93‰，直到 2018 年的 5.53‰。与世界平均水平相比，孟加拉国的人口死亡率从 1950 年高出世界平均水平（19.99‰）6.27 个千分点，到 1994 年与世界平均水平（9.00‰）基本持平，到 2018 年已远低于世界平均水平（7.55‰）2.02 个千分点。

伴随着人口死亡率的降低，孟加拉国的人均预期寿命呈明显上升趋势。孟加拉国 1950 年预期寿命为 39.05 岁（比世界平均水平 45.73 岁还低 6.68 岁），到 2018 年已经达到 72.32 岁，与世界有水平 72.39 岁相差无几。当然中间有一些年份（如 1972 年孟加拉国建国前后）曾经出现过人均预期寿命与世界平均水平差距拉大，但总体来说，孟加拉国人均预期寿命有显著提升。

随着人口出生率和死亡率的阶段性变化，孟加拉国的人口自然增长率（RNI）在 1980 年出现分水岭，1950—1980 年人口自然增长率从 18.61‰上升到 28.60‰（除 1972 年建国前后有过微下降），1980 年以后，孟加拉国的人口自增率则平滑下降，2018 年人口自然增长率为 12.65‰，相比 1965 年的最高值下降了 17.43 个千分点。

表 1　主要年份的孟加拉国人口指标（1950—2018 年）

年份	总人口（千人）	人口死亡率（‰）	人口出生率（‰）	人口自然增长率（‰）	总人口增长率（‰）	婴儿死亡率（‰）	总和生育率	人均预期寿命（岁）
1950	37 895	26.26	44.87	18.61	21.19	2.58	6.23	39.05
1955	42 086	23.07	47.22	24.16	23.31	−0.85	6.50	42.30

年份	总人口（千人）	人口死亡率（‰）	人口出生率（‰）	人口自然增长率（‰）	总人口增长率（‰）	婴儿死亡率（‰）	总和生育率	人均预期寿命（岁）
1960	48 014	20.32	48.34	28.02	27.72	-0.3	6.73	45.38
1965	55 385	18.2	48.28	30.08	30.81	0.73	6.88	48.05
1970	64 232	19	47.22	28.22	22.25	-5.97	6.95	46.94
1975	70 066	17.96	45.28	27.32	20.73	-6.59	6.82	48.31
1980	79 639	14.44	43.04	28.60	26.61	-1.99	6.36	52.90
1985	90 764	12.55	39.71	27.17	26.28	-0.88	5.50	55.21
1990	103 172	10.35	35.1	24.75	23.77	-0.98	4.50	58.21
1995	115 170	8.29	30.9	22.61	21.32	-1.29	3.71	62.00
2000	127 658	6.88	27.49	20.61	19.19	-1.42	3.17	65.45
2005	139 036	6.21	24.05	17.85	14.16	-3.69	2.69	67.77
2010	147 575	5.73	21.11	15.37	11.34	-4.03	2.32	69.88
2011	149 273	5.67	20.66	14.98	11.49	-3.49	2.27	70.26
2012	151 006	5.63	20.25	14.62	11.55	-3.07	2.23	70.61
2013	152 761	5.59	19.86	14.27	11.49	-2.78	2.19	70.93
2014	154 517	5.57	19.5	13.94	11.31	-2.63	2.15	71.23
2015	156 256	5.55	19.16	13.61	11.07	-2.54	2.12	71.51
2016	157 977	5.54	18.82	13.29	10.85	-2.44	2.09	71.79
2017	159 685	5.53	18.5	12.97	10.65	-2.32	2.06	72.05
2018	161 377	5.53	18.18	12.65	10.41	-2.24	2.04	72.32

资料来源：联合国《世界人口展望2019》。

（2）生育率以 1980 年为分水岭呈现从高到低的转变，但青少年母亲问题依然严峻

由表 1 可见，20 世纪 80 年代前，孟加拉国的总和生育率（TFR）持续在 6.0 以上，从 1950 年 6.23 的高位，一直增长到 1970 年的最高峰 6.95。1980 年以前孟加拉国持续高生育率的原因主要有三个：一是孟加拉国是伊斯兰国家，伊斯兰教鼓励生育并禁止堕胎；二是孟加拉国人口众多且土地资源不足，是一个长期经济欠发达的国家，而贫穷国家的生育率一般会远远高出发达国家；三是受伊斯兰教传统思想影响，孟加拉国女性的家庭和社会地位仍然较低，导致女性在教育、婚姻及生育选择上自主性较低。此外，1985 年孟加拉国总和生育率下降到 5.5，2018 年下降到 2.04，已经低于 2.1 的更替水平。这与 20 世纪 80 年代艾尔沙德总统开始重视人口增长问题、实行计划生育关系密切。随着计划生育政策的实施，孟加拉国总和生育率持续下降。

尽管孟加拉国的总和生育率大幅下降，但该国青少年母亲仍然非常普遍，已成为一个重大的全球问题。根据联合国人口基金（UNFPA）公布的数据，在 2014 年对孟加拉国 20—24 岁已婚妇女的调查中，22% 的受访者是在 15 岁前结婚，36% 的受访者是在 15—18 岁结婚。孟加拉国的青少年生育水平在东南亚国家里是最高的。考虑到女性在青春期生育会对自身发展和子女后期健康产生不利影响，孟加拉国出台了一系列社会政策，包括提高女性受教育水平、更加重视妇女安全教育，尤其是重点关注农村地区青少年的生育现象。[1]

3. 人口的性别和年龄结构

（1）人口性别分布较为均衡

从图 3 可知，孟加拉国人口性别比一直较为均衡，男性人口占比总体稳

---

[1] Mohammad Mainul Islam, "Adolescent motherhood in Bangladesh: Trends and determinants", *PLoS ONE*, Vol. 12, No. 11, 2017, pp. 1-14.

定，1960—2019 年期间均超过 50%。2019 年该国出生性别比为 104.9，处于正常范围（103—107）。

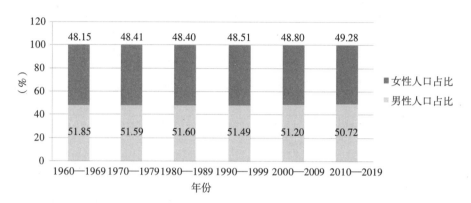

资料来源：联合国《世界人口展望 2019》。

图 3 孟加拉国性别结构（1960—2019 年）

（2）人口结构总体属于年轻型，人口红利依然充足

从年龄结构来看，孟加拉国历年来一直拥有相当年轻的人口（见表 2）。少儿人口（0—14 岁）在 1975 年以前呈上升趋势，高达 44.95%，1975—1995 年少儿人口开始下降，但下降幅度有限，20 年仅下降了 5.19 个百分点，总体仍属于年轻型人口（少儿人口占总人口的 40% 以上）。从 1995 年开始，随着出生率和生育率的下降，该国少儿人口比重呈下降趋势，至 2018 年下降至 27.71%，下降幅度达到 12.25 个百分点。

与上述相反，随着死亡率的逐步降低和预期寿命的提高，孟加拉国老年人口（65 岁及以上人口）占比呈持续上升态势。20 世纪六七十年代，该国 65 岁及以上老年人口占比不到 3%，而从 1975 年开始，65 岁及以上人口逐渐上升，2018 年达到 5.16%。但尽管如此，该国仍未达到 7% 的国际老龄社会的标准。

总体上来看，孟加拉国人口自 1995 年后转为成年型人口，15—64 岁的

劳动年龄人口比重呈上升趋势，2018 年达到 67.14%，该国人口红利依然充足。由图 4 可见，2018 年该国人口金字塔呈现"蒙古包"形状，表明其人口依然处于相当年轻化的状态。此外，如果相对年轻化的人口得不到很好的开发，有可能转变成一种人口负担，成为加剧孟加拉国贫困的因素之一。

表 2　孟加拉国人口年龄结构　　　　　　　　　　（单位:%）

年份	0—14 岁	15—64 岁	65 岁及以上
1960	42.05	55.25	2.69
1965	43.37	53.96	2.67
1970	44.78	52.45	2.77
1975	44.95	51.99	3.05
1980	44.71	52.2	3.09
1985	43.71	53.26	3.03
1990	42.09	54.76	3.14
1995	39.76	56.86	3.38
2000	39.96	59.19	3.85
2005	34.36	61.33	4.3
2010	31.99	63.24	4.77
2015	29.28	65.62	5.10
2018	27.71	67.14	5.16

资料来源：联合国《世界人口展望 2019》。

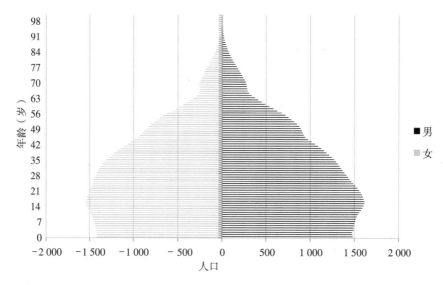

资料来源：联合国《世界人口展望 2019》。

图 4　孟加拉国人口金字塔（2018 年）

4. 人口分布与迁移

（1）国内人口分布呈现不均衡特点

孟加拉国全国总面积 147 570 平方千米，共有 8 个行政区和 64 个市，其土地状况、经济运行、交通设施、就业机会和其他设施情况各不相同。《世界人口展望 2019》的数据显示，2020 年该国总人口达到 1.64 亿人，世界发展指标数据库的数据显示，孟加拉国的城市面积为 1.1 万平方千米，仅占总面积的 13%，但城市人口数量却达到 5900 万，约占总人口的 36%，其最大的城市（首都达卡）人口数量约占城市人口的 33%，而该国农村人口约占总人口的 63%。数据表明，孟加拉国受制于庞大的人口基数和城乡显著差异，各区、市内人口分布也呈现不均衡特点，导致其呈现城市人口高度密集分布、农村人口相对较为稀疏的分布态势。

（2）人口内部迁移呈现农村向城市集聚的趋势

孟加拉国人口的内部迁移方向主要为：农村流向城市。根据世界银行数据，孟加拉国的城市人口在1960—2019年的将近60年间里持续快速增长，而农村人口则呈现持续快速下滑的趋势，两条上升和下降的曲线呈现出一种极其"和谐"的对称感（见图5）。而早在10年前，联合国人口司就预测，从2000年到2020年，孟加拉国的城市人口将增加93%，这主要是由农村人口向城市迁移造成的。[1] 孟加拉国人口流动的原因复杂多样，从推-拉模型来看，推力因素主要是贫困、人口和气候环境压力等，拉力因素则是城市地区制造业、服务业提供的就业机会及更好的公共服务等。[2]

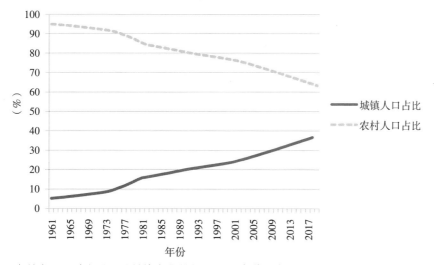

资料来源：联合国《世界城市化展望（2018年修订版）》。

图5 孟加拉国城市/农村人口增减趋势（1961—2017年）

（3）人口国际迁移呈现时期性，印度移民数量列居首位

总人口增长是自然增长或机械增长或二者综合作用的结果。通过总人口

---

〔1〕 Mohammad Mainul Islam and Anita J. Gagnon, "Use of reproductive health care services among urban migrant women in Bangladesh", Vol. 16, No. 1, 2016.

〔2〕 陈松涛：《孟加拉国的人口流动问题》，载《东南亚南亚研究》，2015年第2期，第89—94、110页。

增长率（TR）和自然增长率（RNI）可计算得到净迁移率（Net Migration Rate，NMR），从而了解孟加拉国人口的增长机制。[1]

从图6可知，孟加拉国人口的国际迁移对其总人口的增长产生了一定的影响。总体来看，孟加拉国在1950—2018年漫长的历史发展过程中，除了1956—1959年和1964—1968年这7年时间的净迁移率为正值，即迁入大于迁出，其余时间净迁移率均为负值，即迁出大于迁入，特别是1970—1975年孟加拉国建国前后，其人口的外流特别严重，1972年净迁移率达到最高的−11.37‰，从而导致当期的孟加拉国人口的总增长率呈现巨大的"V型"缺口。

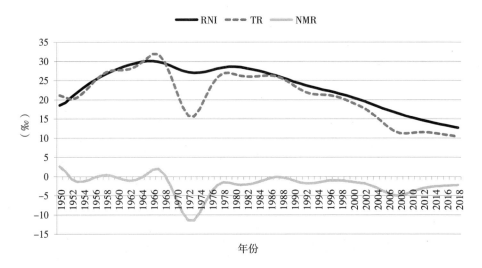

资料来源：联合国《世界人口展望2019》。

图6 孟加拉国人口自然增长率（RNI）、总人口增长率（TR）和净迁移率（NMR）（1950—2018年）

孟加拉国的海外移民呈现出一定的时期性。由图7可见，孟加拉国的移

---

〔1〕 陶涛等：《世界人口负增长：特征、趋势和应对》，载《人口研究》，2020年第4期。

民数量在 1972 年和 2007 年出现了两次移民高峰：第 1 次移民高峰为 1967—1972 年，这 5 年间孟加拉国移民数量急剧上升，1972 年的净移民数量达到 300 万人，约占当年孟加拉国总人口的 4.5%。第 2 次移民高峰出现在 1997—2007 年，受国家意识形态、世俗化、独立运动中各政党冲突的影响，这次的移民时间持续更长，且最高时期的移民峰值更大，2007 年孟加拉国净移民数量达到了 320 万人，约占 2007 年总人口的 2.2%。

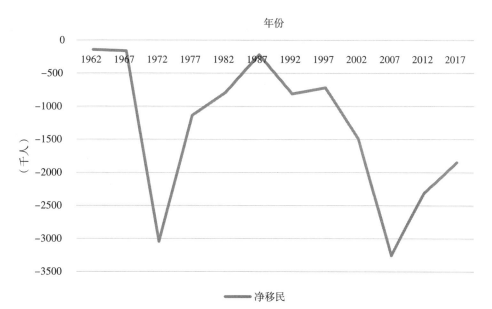

资料来源：联合国国际移民组织《2020 年世界移民报告》。

图 7　孟加拉国的海外移民情况（1962—2017 年）

图 8 显示，2013 年孟加拉国前 5 个移民输出地分别为印度、沙特阿拉伯、阿联酋、马来西亚、科威特。其中，迁往印度的移民数量居第 1 位，达到 323.00 万人，占前 5 名目的地总数 626.01 万人的 51.60%；迁往沙特阿拉伯的移民数量居第 2 位，为 130.90 万人，占 20.91%；第 3 位是阿联酋，为 108.99 万人，占 17.41%；第 4 位是马来西亚，为 35.20 万人，占 5.62%；

第5位是科威特，为27.92万人，占4.46%。

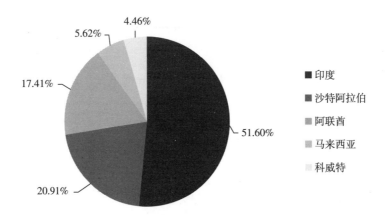

资料来源：联合国经济和社会事务部人口司及联合国儿童基金会《移民概况》——
通用指标集。

图8　2013年孟加拉国国际移民居前5名的目的地占比

（二）经济状况

1. 经济发展状况

（1）GDP总量和人均GDP整体呈上升趋势

国内生产总值（GDP）是衡量国家经济发展状况的关键指标之一，能够
综合衡量国家或地区的经济实力和市场规模。

由图9可见，1960—2018年孟加拉国GDP总量整体呈现上升趋势。
GDP总量从1960年的0.03万亿美元发展到2018年的0.27万亿美元。从
GDP增长率来看，孟加拉国的GDP年增长率呈现大起大落后的波动上升趋
势，并具有明显的阶段性，即1960—1982年的大起大落及1983—2018年的
波动上升。近5年以来，孟加拉国的GDP增长率基本稳定在6%以上，据孟
加拉国《金融快报》报道，该国2018—2019年的经济增长速度达到8.15%。

资料来源：世界银行。

图 9　孟加拉国 GDP 总量及 GDP 增长率变化趋势（1960—2018 年）

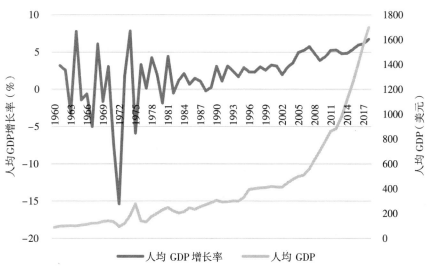

资料来源：世界银行。

图 10　孟加拉国人均 GDP 及人均 GDP 增长率变化趋势（1960—2018 年）

　　如图 10 显示，1960—2018 年孟加拉国人均 GDP 及其增长率的变化趋势与 GDP 总量及其增长率的变化趋势相近，孟加拉国的人均 GDP 从 1960 年的

89 美元稳步上升到 2018 年的 1698 美元。同时，孟加拉国的人均 GDP 增长率也在 1960—1982 年之间大起大落，在 1983—2018 年之间呈现波动上升趋势。

孟加拉国的人均 GDP 和人均 GDP 增长率在 1960—1982 年之间大起大落的主要原因是国内政治局势不稳定殃及经济。一方面当时的东巴基斯坦（今孟加拉国）谋求独立并于 1971 年爆发战争,[1] 导致其 GDP 和人均 GDP 增长率陷入历史最低水平；另一方面政权初建带来的政局不稳和经济恢复，也使得独立之初的孟加拉国的经济发展水平出现波动。而 1983—2018 年之间波动上升主要是政权和平更替下以经济发展为主的发展政策使然，在 1983 年的"十八点纲领"、80 年代后期的"第二个五年计划"及 2016 的"第七个五年计划"等宏观经济政策的作用下，孟加拉国的经济在波动中缓慢上升。[2] 近 5 年以来，孟加拉国的人均 GDP 增长率基本稳定在 5% 以上。图 10 和图 11 所反映的变动趋势，尤其是近 5 年的变动趋势表明，孟加拉国经济发展总体水平呈现良好的运行状态。

（2）三次产业结构在波动中趋于合理

图 11 反映的是 1960—2018 年三次产业占国内生产总值比重的变化情况。结果显示，该国农业增加值占国内生产总值的比重整体呈现下降的趋势，到 2018 年占比达到 13.1%；工业增加值占国内生产总值的比重整体呈现上升趋势，到 2018 年占比达到 28.5%；服务业增加值占国内生产总值的比重整体也呈现上升趋势，到 2018 年占比达到 53.0%。

孟加拉国三次产业结构的变化过程可以分为三个阶段，从 1960—1980 年的"一三二"产业结构，过渡到 1980—2001 年的"三一二"产业结构，再过渡到 2001—2018 年的"三二一"产业结构。数据表明，孟加拉国的三

---

〔1〕 梁军：《孟加拉国经济改革的历史与现状》，载《东南亚南亚信息》，1997 年第 2 期。

〔2〕 李建军、杜宏：《浅析近年来孟加拉国经济发展及前景》，载《南亚研究季刊》，2017 年第 4 期。

次产业结构正在趋向于合理，但仍然需要优化。

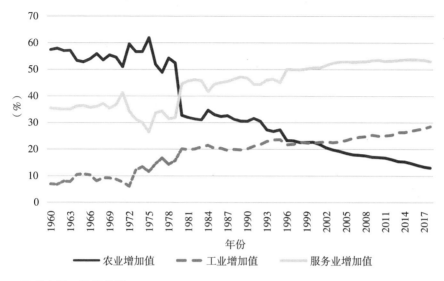

资料来源：世界银行。

图 11　孟加拉国三次产业增加值占国内生产总值比重的变化趋势（1960—2018 年）

2. 劳动力与就业

（1）总体劳动力参与率稳定上升，性别差异明显但在逐渐缩小

图 12 反映的是 1991—2019 年孟加拉国的总体劳动力参与率及其性别差异的变化趋势。孟加拉国自 1991 年到 2019 年的总体劳动力参与率变化不甚明显，从 1991 年的 58.7% 缓慢上升至 2019 年的 61.4%。其中，总体劳动力参与率在 1991—2016 年之间平稳发展，在 2016—2017 年出现短暂上升后继续平稳发展。著名的"奥肯定律"论证了就业率与经济增长速度之间存在相互促进的关系。[1] 以此视角审视孟加拉国的总体劳动力参与率变化会发现，孟加拉国这种过于平稳的劳动力参与率增长趋势并不足以持续助力孟加拉国的经济增长。

---

〔1〕　李碧花：《"奥肯定律"中国悖论的再解释——基于中美劳动力变动差异视角》，载《经济问题》，2010 年第 6 期。

从分性别劳动力参与率的结果来看：一方面，从1991年到2019年，孟加拉国男性劳动力参与率始终高于女性。具体来看，1991年孟加拉国男性劳动力参与率高达89.5%，同年女性仅有25.5%，而2019年的男性劳动力参与率为84.1%，同年女性为38.4%。另一方面，图12还反映出孟加拉国劳动力参与率的性别差异逐渐缩小，劳动力参与率性别差距从1991年的64%，缩小到2019年的45.7%。然而，即使孟加拉国男女劳动力参与率的差异正在逐渐缩小，但是女性劳动力参与率仍然较低，不足40%，虽比2018年同处南亚的印度（19.6%）和巴基斯坦（20.9%）略高，但是相较于发达国家及发展状况较好的发展中国家仍然偏低，这说明孟加拉国的女性群体仍具有巨大的就业潜能，其充分就业对社会经济发展所带来的积极影响，即"性别红利"效应未得到充分挖掘。[1]

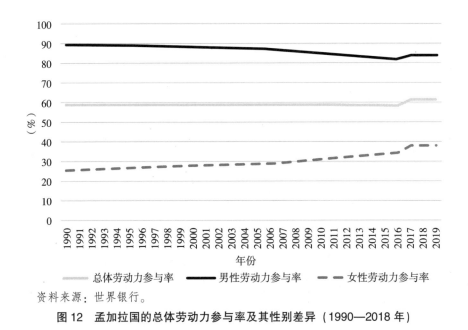

资料来源：世界银行。

图12 孟加拉国的总体劳动力参与率及其性别差异（1990—2018年）

---

〔1〕 杨云彦、石智雷、张婷皮美：《从人口红利到性别红利》，载《人口与健康》，2019年第1期。

（2）青年劳动力参与率总体下降，男性青年的整体下降和女性青年的增长乏力尤其值得关注

图 13 反映的是 1991—2019 年孟加拉国青年[1]劳动力参与率及其性别差异的变化情况。整体来看，孟加拉国青年劳动力参与率呈现下降趋势，从 1991 年的 47.6% 下降到 2019 年的 36.9%。

从分性别青年劳动力参与率的结果来看，一方面，从 1991 年到 2019 年，孟加拉国男性青年劳动力参与率始终高于女性。具体来看，1991 年孟加拉国男性劳动力参与率高达 73.4%，同年女性仅有 20.6%，而 2019 年的男性劳动力参与率为 51.1%，同年女性仅为 22.3%，其他年份的情况亦是如此。另一方面，图 13 还反映出孟加拉国劳动力参与率性别差异逐渐缩小，劳动力参与率性别差距从 1991 年的 52.8% 缩小到 2019 年的 28.8%。但是，

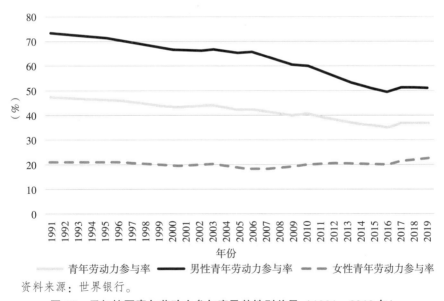

资料来源：世界银行。

图 13 孟加拉国青年劳动力参与率及其性别差异（1991—2019 年）

---

[1] 世界银行关于"青年"的年龄划分为 15—24 岁。

需要关注的是，孟加拉国青年劳动力参与率性别差距缩小是一种"被动状态"，主要是由1991—2019年男性青年劳动力参与率整体下降和女性青年劳动力参与率增长乏力双向叠加所导致的不良发展状态。

（3）三次产业中服务业和农业就业比例较高，男女就业比例差距明显

图14反映的是2019年孟加拉国三次产业就业人口占总就业人口的比例及其性别差异。整体来看，2019年孟加拉国农业就业人口比例达到38.6%，工业就业人口比例达到21.3%，服务业就业人口比例达到40.2%。从各个产业就业人员的性别差异角度来看，在农业就业人口中，女性比例远高于男性，达到57.5%；在工业就业人口中，男性比例略高于女性，达到22.7%；在服务业就业人口中，男性比例远高于女性，达到46.7%。

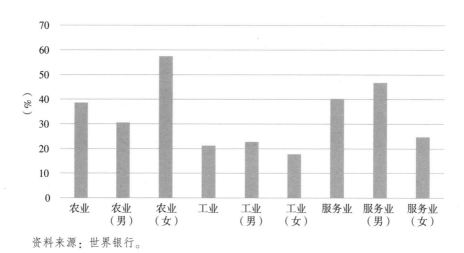

资料来源：世界银行。

图14　2019年孟加拉国三次产业的就业比例及其性别差异

在孟加拉国的三次产业的就业比例中，服务业和农业处于较高水平，工业处于较低水平。虽然前述孟加拉国的三次产业呈现出"三二一"的结构特点，但农业人口就业比例较高和工业人口就业比例较低，表明孟加拉国的产业结构还不甚合理，这可能抑制孟加拉国经济的快速发展。而在不同产业中

的性别分布也存在不合理性，主要表现为在农业中女性比例过高和服务业中女性比例过少。这两个方面可以反映出孟加拉国女性多被限制在农业生产中，现代劳动力参与程度较低。服务业在国民经济中具有重要的战略地位，而本应作为服务业就业主力军的女性却多从事农业生产，尚未充分发挥其对社会经济发展的重要作用。

（4）孟加拉国是海外劳务输出大国，劳务输出创造的巨额外汇收入成为该国经济发展的重要推动力

孟加拉国是世界上重要的劳务输出大国，其劳务输出地区主要在亚洲，输出的劳务量约占亚洲劳务输出总量的 60%，涉及的主要亚洲国家有：印度、巴基斯坦、斯里兰卡、孟加拉国、泰国、菲律宾、韩国及中国等。劳务输出人员中，工人（主要是技术工人）占 70%，专业技术和管理人员占 30%。据孟加拉国劳工部统计，在 1996—1997 财年，不计社会自由外出人员，由政府统一组织的劳务输出人员为 22.8 万人，带来的外汇收入达到 14.92 亿美元。在 2010—2011 财年，海外劳工人数达到 54 万人，劳工外汇收入高达 116.5 亿美元（见表 3）。因此，海外劳务收入和成衣出口、外国援助，成为推动孟加拉国经济发展的"三驾马车"。

表 3　孟加拉国海外劳务输出情况（2006—2011 年）

财年	海外劳工人数（万人）	劳工外汇收入（亿美元）
2006—2007	56.4	59.78
2007—2008	98.1	79.15
2008—2009	65.0	96.80
2009—2010	42.7	109.87
2010—2011	54.0	116.50

资料来源：孟加拉国人力就业和培训局、孟加拉国银行。

（三）社会状况

1. 卫生与健康

（1）国家医疗卫生支出费用占比和人均医疗健康支出水平均低

由表4可知，孟加拉国的医疗卫生支出费用较低。在2000年至2017年，孟加拉国全国医疗卫生总支出占GDP的比重范围为1.99%—2.57%。联合国人口基金的统计数据显示，2014年该国医疗卫生支出占GDP的比重为2.5%，远低于低收入国家5.7%的平均水平，与高收入国家12.3%的占比更有着巨大差距。2000年孟加拉国人均医疗健康支出仅为8.11美元，2017年上升到36.28美元。

表4　孟加拉国医疗卫生条件情况（2000—2017年）

年份	卫生支出占GDP比重（%）	人均卫生支出（美元）	医院床位数（张/每千人）	护士和助产士数（人/每千人）	医生数（人/每千人）
2000	2.00	8.31	—	—	—
2001	1.99	8.11	0.3	—	0.25
2002	2.15	9.06	0.34	—	—
2003	2.19	9.96	—	0.28	0.27
2004	2.21	10.75	—	—	0.28
2005	2.28	11.25	0.3	0.28	0.31
2006	2.32	11.96	—	0.28	0.32
2007	2.39	13.88	—	0.16	0.33
2008	2.35	15.33	—	0.16	0.34
2009	2.40	17.38	—	0.17	0.35
2010	2.50	20.18	—	0.18	0.36
2011	2.57	22.16	0.6	0.19	0.38
2012	2.57	22.75	—	0.21	0.40
2013	2.50	25.86	—	0.21	0.42

年份	卫生支出占 GDP比重（%）	人均卫生支出 （美元）	医院床位数 （张/每千人）	护士和助产士数 （人/每千人）	医生数 （人/每千人）
2014	2.50	28.83	0.6	0.26	0.49
2015	2.46	31.84	0.8	0.28	0.49
2016	2.31	33.53	—	0.26	0.50
2017	2.27	36.28	—	0.32	0.54

资料来源：世界银行2020年《健康营养和人口统计》。

（2）医疗卫生资源配置和服务供给能力偏低

表4显示，孟加拉国的人均医疗卫生资源配置水平偏低。从2000年至2017年，孟加拉国平均每千人拥有医生人数由0.25人上升至0.54人，每千人拥有护士和助产士人数在0.16—0.32人之间波动，每千人拥有医院床位数从0.3张上升到0.8张，虽然各指标均有所提高，但相比中国2017年每千人拥有执业医师数2.57人，每千人拥有医院床位数5.72张，孟加拉国依然显示出医疗卫生资源总量低的特点。

（3）国民健康水平相对较低

受限于经济社会发展总体水平，孟加拉国无强制购买社会医疗保险的规定，亦没有公费医疗，仅部分保险公司从事医疗保险业务，缺乏基本医疗保障导致该国国民的健康水平相对较低。《柳叶刀》在2018年发布的《2016年全球疾病、伤害和风险因素负担研究报告》显示，孟加拉国2016年的医疗可及性和质量指数（HAQ指数）的得分仅为47.6分。[1] 此外，婴幼儿的健康状况、孕产妇的生产环境等指标也能够反映出该国卫生健康条件。2000—2015年，孟加拉国出生婴儿体重偏低的比例从36.2%下降到26.8%，

---

〔1〕 Kyu and Hmwe Hrwe, et al., "Global, regional, and national burden of tuberculosis, 1990—2016", *The Global Burden of Diseases, Injuries, and Risk Factors* 2016 *Study*, Vol. 18, Issue 12, pp. 1329-1349.

虽然比例在逐年降低，但仍然处于相对较高的水平（见图 15）。

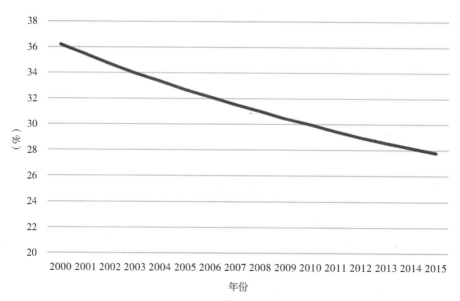

资料来源：世界银行 2020 年《健康营养和人口统计》。

图15　孟加拉国出生婴儿体重偏低比例（2000—2015 年）

2. 收入分配与贫困

（1）国民收入水平逐步增长和贫富差距逐步拉大，低收入群体较为固化

孟加拉国《2010 年家庭收入与支出调查》和《2016 年家庭收入与支出调查》报告的数据显示，按照收入水平的十分位数统计，不同组的收入水平及城乡之间收入分布差异大。其中，低收入组的收入水平相对固化，2005—2010 年间占总人口 50% 的低收入组群体，其 2005 年收入只占总收入的 20.33%，2010 年收入占总收入的 22.11%，2016 年收入也仅占总收入的 20.51%。数据表明，低收入群体在整个社会收入分布中的位置较为固化。

由表 5 可知，最高的 5% 收入组其年收入占总收入的比重从 2005 年的 26.93% 上升到 2016 年的 27.82%，而最低的 5% 收入组其年收入占总收入的

比重却从 2005 年的 0.77% 下降到 2016 年的 0.23%，这一升一降表明孟加拉国贫富阶层的收入差距正在逐步加大。同时，该基尼系数从 2005 年的 0.467 上升到了 2016 年的 0.482，也表明贫富差距在一定程度上表现出扩大的趋势。此外，从城乡差异来看，孟加拉国的城乡收入呈现出中低收入组中城市高于农村，而较高及以上收入组则相反的特点。

表5　2005—2016 年按十分位数群体和基尼系数划分的家庭收入百分比　（单位:%）

收入分组	2005			2016			2010		
	全国	城市	农村	全国	城市	农村	全国	城市	农村
最低的 5%	0.77	0.88	0.67	0.23	0.25	0.27	0.78	0.88	0.76
十分之一	2	2.25	1.8	1.02	1.06	1.17	2	2.23	1.98
十分之二	3.26	3.63	3.02	2.83	2.99	3.04	3.22	3.53	3.09
十分之三	4.1	4.54	3.87	4.05	4.36	4.1	4.1	4.49	3.95
十分之四	5	5.42	4.61	5.13	5.52	5	5	5.43	5.01
十分之五	5.96	6.43	5.66	6.24	6.58	6.15	6.01	6.43	6.31
十分之六	7.17	7.63	6.78	7.48	7.89	6.88	7.32	7.65	7.64
十分之七	8.73	9.27	8.53	9.06	9.52	8.44	9.06	9.31	9.3
十分之八	11.06	11.49	10.18	11.25	11.8	10.4	11.5	11.5	11.87
十分之九	15.07	15.43	14.48	14.86	15.51	13.47	15.94	15.54	16.08
十分之十	33.92	33.92	41.08	38.09	34.78	41.37	35.85	33.89	34.77
最高的 5%	26.93	23.03	30.37	27.82	24.19	32.09	24.61	22.93	23.39
基尼系数	0.467	0.428	0.497	0.482	0.454	0.498	0.458	0.431	0.452

资料来源：孟加拉国《2005 年家庭收入与支出调查》、《2010 年家庭收入与支出调查》、《2016 年家庭收入与支出调查》。

（2）贫困人口规模较大，贫困程度虽有所缓解但依然严峻

孟加拉国建立之初，90% 的孟加拉国人生活在乡村，80% 的人口生活在

贫困线以下（按每人每天消耗低于 2150 卡路里标准衡量）。据国际货币基金组织统计，2010 年该国约 40% 的居民每天收入不到 1 美元。[1] 世界银行的统计数据显示，2016 年孟加拉国贫困人口比例仍高达 24.6%（按每人每天 1.90 美元的标准衡量）。2017 年，作为 21 个人口大国之一，孟加拉国的经济总量仅排列在世界第 59 位，有超过 7000 万人口生活在贫困线以下（按每人每天 3.20 美元的标准衡量），其中 3000 万多为极度贫困人口（按每人每天 1.90 美元的标准衡量）。孟加拉国《2010 年家庭收入与支出调查》数据显示，孟加拉国接受过高等教育的人口只占全国人口的 12.68%，5 岁以上国民的识字率为 55.08%，人口总体素质偏低等问题仍然是孟加拉国贫困的根源之一。

3. 人口与资源、环境问题

（1）人口与资源矛盾突出，环境问题严峻

随着孟加拉国总人口不断增长以及人口从农村向城市不断聚集，该国人口与资源矛盾日益突出，人口对环境造成的压力也越来越大，加之受地理、自然环境等诸多因素影响，孟加拉国正面临大气环境、水资源、土地和森林等诸多环境污染与治理问题。以该国首都达卡为例，孟加拉国刚建立时，首都达卡约有 100 万居民，到 2007 年是 1400 万，而 2020 年已达到 2099 万人，成为世界上人口增长最快的城市之一，预计到 2025 年这座城市的人口将达到 2400 万（见图 16）。达卡正面临的"人口爆炸"已经成为该国首要社会和经济问题。人口增长速度超过自然资源、经济实力、教育和其他服务设施，以及创造就业能力的水平，就极易导致城市发展资金和粮食短缺、资源滥用、环境污染、社会治安等问题。同时，孟加拉国的粗放型工业生产方式和不合理的生活方式导致了严重的生态环境污染问题。因此，环境治理已成为孟加拉国在经济发展过程中面临的巨大挑战。

---

[1]《孟加拉国：人口之困》，载《森林与人类》，2010 年第 10 期。

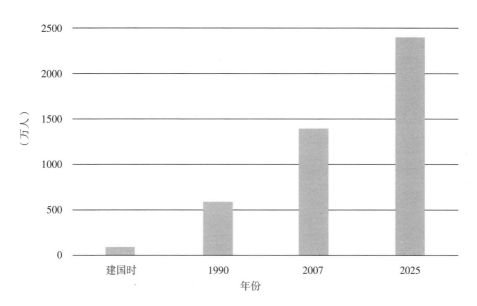

资料来源：荷兰威廉·冯·申德尔《孟加拉国史》。

图16　达卡人口发展历史及未来趋势（1971—2025年）

（2）政府将环境治理列入政府重要议程

随着经济社会发展水平的提高及新发展理念的转变，孟加拉国在追求发展的同时，也逐渐强化了对环境问题的治理。20世纪90年代，孟加拉国开始聚焦空气和水污染对健康的威胁，以及土地退化和气候变化等问题。目前，孟加拉国制定了较为健全的环境保护法律法规。比如，按照法案规定，孟加拉国不允许使用塑料购物袋，机动车必须安装尾气净化器，任何经济主体都有责任消除对环境的有害影响。若企业违背环境保护法律，孟加拉国环保法院可根据情况判处最高5年刑期和/或处以1470美元以下罚款等处罚，但由于人为的因素，法律执行效率不高。[1]

[1]　https：//www.yidaiyilu.gov.cn/zchj/zcfg/117403.htm.

4. 教育事业发展

（1）建国后国家教育体系得到了长足发展，成功消除教育性别不平等

独立后，孟加拉国教育体系得到了长足的发展，全国的所有学校中共有12 724 所是在孟加拉国独立之后新建的，占比 63.54%（见表 6）。同时，孟加拉国的基础教育得到了长足发展。2019 年，小学和中等教育机构总数为20 660 所，高等教育机构总数为 4551 所；小学毛入学率为 109.49%，净入学率为 97.34%；中等教育毛入学率为 75.62%，净入学率为 67.30%。

表 6　孟加拉国不同时期新建学校

年份	政府		非政府		总计	
	数量（个）	比例（%）	数量（个）	比例（%）	数量（个）	比例（%）
1947 年以前	299	44.29	1769	9.14	2068	10.33
1947—1971	227	33.63	5009	25.88	5236	26.14
1972—1990	96	14.22	4340	22.43	4436	22.15
1991—2000	24	3.56	5993	30.97	6017	30.04
2001—2019	29	4.30	2242	11.58	2271	11.34
合计	675	100	19 353	100	20 028	100

资料来源：孟加拉国教育局《孟加拉国教育数据 2019》。

经过多年努力，孟加拉国成功消除了教育性别不平等。学龄前教育入学人数为 3 786 241 人，其中 1 892 507 人（约占 49.98%）为女性。在 2018 年和 2019 年，孟加拉国女性的小学净入学率分别达到了 98.16% 和 98.01%，超过了男性的 97.55% 和 97.65%。小学期间的女性辍学率快速下降，从 2010 年的 39.3% 下降到 2019 年的 15.7%，比男性低 3.5 个百分点（见表 7）。2019 年高等教育总入学人数的 438.5 万人中有 212.3 万人（约占 48.42%）为女性。

表 7　孟加拉国各项核心教育指标（2010—2019 年）

指标		2010 年	2016 年	2017 年	2018 年	2019 年
总入学人数（人）	男生	8 473 961	9 227 580	8 508 038	8 539 067	8 075 892
	女生	8 563 133	9 375 408	8 743 312	8 799 033	8 260 204
	全部	17 037 094	18 602 988	17 251 350	17 338 100	16 336 096
毛入学率（%）	男生	103.2	109.32	108.1	110.32	106.15
	女生	112.4	115.02	115.4	118.3	113.2
	全部	107.7	112.12	111.7	114.23	109.7
净入学率（%）	男生	92.2	97.1	97.66	97.55	97.65
	女生	97.6	98.82	98.29	98.16	98.01
	全部	94.8	97.96	97.97	97.85	97.74
全周期辍学比例（%）	男生	40.3	22.3	21.7	21.44	19.2
	女生	39.3	16.1	15.9	15.69	15.7
	全部	39.8	19.2	18.8	18.6	17.9
未辍学比例（%）	男生	65.9	78.6	81.3	80.93	84.1
	女生	68:6	85.4	85.4	87.73	86.1
	全部	67.2	82.1	83.3	83.53	85.2

资料来源：孟加拉国教育局《孟加拉国教育数据 2019》。

（2）教育体系依然面临教育投入不足和城乡教育发展不均衡的问题

虽然孟加拉国的教育体系在建国后得到了长足发展，但依然面临教育质量低下、教育不公平等诸多问题。一方面，孟加拉国教育体系主要问题是教育投入少。2018—2019 年政府财政对教育投入仅占 GDP 的 3.02%（见表8），教师技能培训、教师人数、教材和教学设施、教师工资等投入都严重不足，教育经费不足成为导致教育质量低下的主要原因。另一方面，孟加拉国的城乡教育发展不公平的现象凸显。首都达卡的教育投入和教学资源远远高于农村。同时城市的贫民窟也出现了教育服务严重薄弱的现象，目前城市贫民区的入学率比全国水平低 10%，相当于全国 1995 年的水平。

表8　孟加拉国教育预算及占总财政预算、GDP 的比例（2011—2020 年）

年份	总财政预算 （元）	教育预算 （元）	占总财政预算比例 （％）	占 GDP 比例 （％）
2011—2012	163 589	19 806	12. 11	-
2012—2013	191 738	21 408	11. 17	-
2013—2014	222 491	25 093	11. 28	-
2014—2015	250 506	29 213	11. 66	-
2015—2016	295 100	31 618	10. 71	2. 82
2016—2017	340 604	49 019	14. 39	3. 04
2017—2018	400 266	50 440	12. 60	3. 03
2018—2019	464 573	53 549	11. 53	3. 02
2019—2020	523 190	53 821	10. 29	-

资料来源：孟加拉国教育局《孟加拉国教育数据 2019》。

二、区域人口比较与人口未来发展

（一）孟加拉国与南亚人口比较

1. 南亚地区人口总量呈现 4 级梯度分布

南亚地区共有 7 个国家，分别是：印度、孟加拉国、巴基斯坦、斯里兰卡、尼泊尔、马尔代夫、不丹。根据世界银行的数据，孟加拉国在南亚国家中的人口数量排名第 3，仅次于印度和巴基斯坦（见表 10）。

表 10 显示，整个南亚地区的人口梯度大致可以分为 4 级：第 1 级是超级人口大国印度，世界人口排名第二，与中国并列为人口超过 10 亿的国家；第 2 级是人口大国孟加拉国和巴基斯坦，人口在 2 亿左右；第 3 级则是人口小国尼泊尔和斯里兰卡，人口数量不足 3000 万；第 4 级是人口极少的国家马尔代夫和不丹，人口数量不足 100 万。

表 10　南亚 7 国人口比较（2018 年）

指标	孟加拉国	印度	巴基斯坦	斯里兰卡	尼泊尔	马尔代夫	不丹
人口（万人）	16 137.7	135 264.2	21 222.8	2122.9	2809.6	51.6	75.4
总和生育率	2.04	2.22	3.51	2.20	1.92	1.87	1.98
人均预期寿命（岁）	72.32	69.42	67.11	76.81	70.48	78.63	71.12
婴儿死亡率（‰）	26.1	31.3	60.8	7.4	27.3	6.5	23.5
自然增长率（‰）	12.7	10.6	21.3	9.2	13.5	11.4	11.0

资料来源：联合国《世界人口展望 2019》。

2. 南亚地区各国生育率均呈下降趋势，但人口转变时期不同

在生育率转变（或人口转变）方面，截至 2018 年，南亚 7 国除了巴基斯坦以外，马尔代夫、尼泊尔、不丹、孟加拉国的总和生育率（TFR）都下降到更替水平以下，斯里兰卡、印度已经接近更替水平。

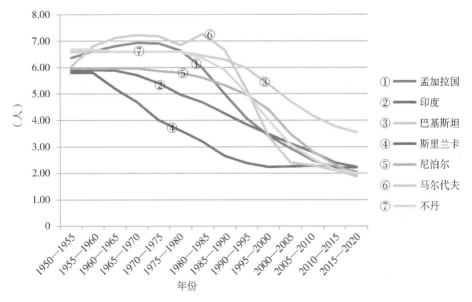

① —— 孟加拉国
② —— 印度
③ —— 巴基斯坦
④ —— 斯里兰卡
⑤ —— 尼泊尔
⑥ —— 马尔代夫
⑦ —— 不丹

资料来源：联合国《世界人口展望 2019》。

图 17　南亚 7 国妇女总和生育率变动情况（1950—2020 年）

图 17 显示了南亚 7 国 1950—2020 年的妇女总和生育率的变动情况。可以看出，南亚小国斯里兰卡在 2000 年左右就较早实现了人口转变，人口超级大国印度的生育率下降也非常明显，而孟加拉国和马尔代夫的生育水平却经历了一个先升后降的过程，当然马尔代夫的生育水平近年下降得很多，已经远低于更替水平。不丹和尼泊尔的生育水平则相对下降慢一点。巴基斯坦是一个例外，尽管其总和生育率也在下降，但至今仍处于高位，未能完成人口转变。

图 18 至图 24 分别展示了南亚 7 国百年来人口增长及其生育水平的变动趋势。

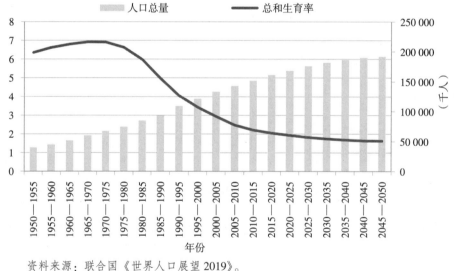

资料来源：联合国《世界人口展望 2019》。

图 18　孟加拉国人口增长及其生育水平的变动趋势（1950—2050）

如图 18 所示，孟加拉国人口从 1950 年的 3790 万人开始，一直以很高的速度增长，1989 年超过 1 亿人（10 070 万人），2020 年达到 16 469 万人，预计 2050 年达到 19 257 万人。与此同时，孟加拉国经历了剧烈的人口转变，总和生育率从 1950—1970 年的 6 以上，下降到 1990—1995 年继续下降到 4.06，2000—2005 年持续下降到 2.94，2015—2020 年进一步下降到低于更替水平的 2.05，根据联合国中方案预测，孟加拉国总和生育率在 2045—2050 年将低至 1.63。

资料来源：联合国《世界人口展望 2019》。

图 19 印度人口增长及其生育水平的变动趋势（1950—2050）

图 19 显示，印度人口的增长与孟加拉国相似，但其人口转变的速度要慢一些。根据联合国中方案预测，印度的总和生育率从 1950—1970 年的 5—6，下降到 2025—2030 年低于更替水平的 2.05 用了 45 年，而孟加拉国的总和生育率从 1985—1990 年的 4.98 下降到 2015—2020 年的 2.05，只用了 30 年。预计到 2045—2050 年，印度的总和生育率也将低至 1.82。

巴基斯坦与孟加拉国虽同为伊斯兰国家（1971 年前曾同为一国），但其人口增长更快，人口转变要比孟加拉国慢得多。图 20 显示，直到 1990—1995 年，巴基斯坦仍有接近 6 个孩子的极高生育水平（5.96），2015—2020 年总和生育率为 3.55，预计 2045—2050 年预测为 2.37，仍未达到更替水平。

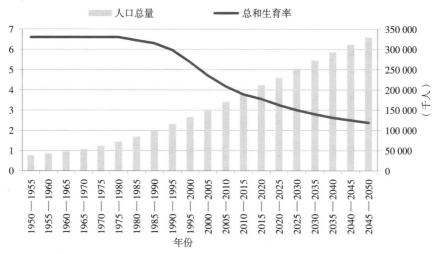

资料来源：联合国《世界人口展望 2019》。

图 20　巴基斯坦人口增长及其生育水平的变动趋势（1950—2050 年）

资料来源：联合国《世界人口展望 2019》。

图 21　斯里兰卡人口增长及其生育水平的变动趋势（1950—2050 年）

巴基斯坦的总人口也从 1950 年低于孟加拉国（3754 万人），到 1983 年实现反超（8629 万人），再到 2020 年孟加拉国人口只占巴基斯坦的 74.56%（巴孟人口比为 2.2089 亿人：1.6469 亿人）。

图 21 显示，斯里兰卡的人口增速较缓慢，人口转变介于印度与孟加拉国之间，即：快于印度但慢于孟加拉国。

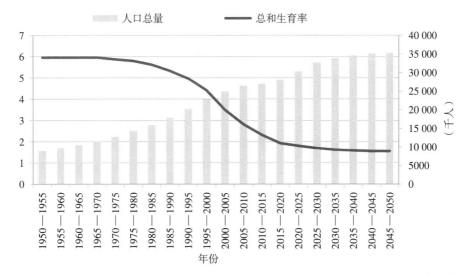

资料来源：联合国《世界人口展望 2019》。

图 22　尼泊尔人口增长及其生育水平的变动趋势（1950—2050 年）

图 22 显示，尼泊尔的人口增长趋势和人口转变的过程，与孟加拉国的相似度高。相比较，尼泊尔 1950 年的生育水平（TFR5.96）略低于孟加拉国（TFR6.23），2015 年低于更替水平（TFR2.09）。根据联合国中方案预测，未来尼泊尔的生育水平将比孟加拉国更低，预计 2050 年总和生育率为 1.55。

图 23 显示，马尔代夫作为一个人口规模很小的岛国，其人口增长的起伏较大，同样经历一个快速的人口转变过程，其总和生育率从 1950—1990 年

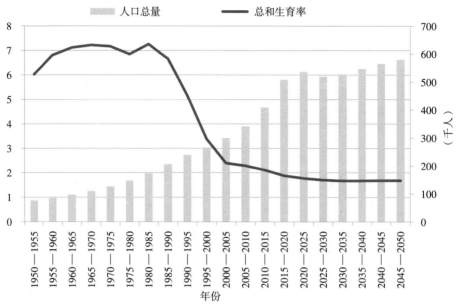

资料来源：联合国《世界人口展望 2019》。

图 23　马尔代夫人口增长及其生育水平的变动趋势（1950—2050 年）

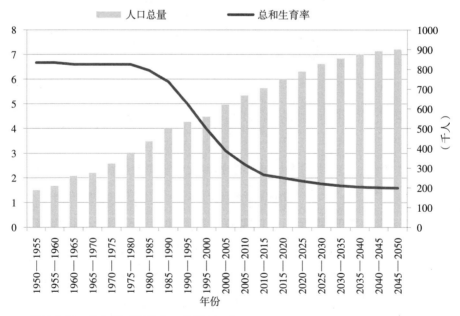

资料来源：联合国《世界人口展望 2019》。

图 24　不丹人口增长及其生育水平的变动趋势（1950—2050 年）

长达 40 多年的 5 以上的高水平降至 2013 年的更替水平 (TFR2.08), 仅仅用了 23 年。

图 24 显示, 不丹是一个佛教国家, 其人口转变也很迅速, 从 1950—1985 年总和生育率在 6 以上的水平, 下降到 2013 年的更替水平 (TFR2.11), 仅用了 30 年左右的时间。

3. 南亚地区各国人口质量水平参差不齐

在人口结构方面, 南亚 7 国除斯里兰卡外, 其余 6 国都呈现人口年轻化状态, 孟加拉国在南亚国家中的表现较为突出, 其人口组成主要为青壮年劳动力 (见表 11、表 12、表 13), 2017 年少儿人口占比和劳动年龄人口占比分别达到 28.37% 和 66.53%, 在南亚 7 国中处于中上水平。斯里兰卡在人口结构方面是一个例外, 它是南亚地区唯一进入老龄社会的国家, 2008 年 65 岁及以上的老年人口已经超过 7%, 2017 年已达到 10.1%。

表 11　南亚 7 国少儿人口 (0—14 岁) 比重　　　　(单位:%)

年份	孟加拉国	印度	巴基斯坦	斯里兰卡	尼泊尔	马尔代夫	不丹
2017	28.37	27.78	34.78	24.01	30.89	23.41	26.55
2016	28.9	28.2	34.89	24.29	31.68	23.43	26.94
2015	29.42	28.66	35.02	24.58	32.55	23.41	27.42
2014	29.96	29.11	35.2	24.79	33.41	23.63	27.96
2013	30.48	29.58	35.44	24.99	34.33	23.89	28.58
2012	31.01	30.05	35.72	25.16	35.27	24.25	29.25
2011	31.55	30.49	35.98	25.3	36.18	24.77	29.93
2010	32.11	30.89	36.18	25.43	37.02	25.47	30.57
2009	32.59	31.31	36.53	25.49	37.59	26.36	31.38
2008	33.06	31.7	36.87	25.54	38.11	27.44	32.19

资料来源: 中国国家统计局。

表 12 南亚 7 国劳动年龄人口（15—64 岁）比重　（单位:%）

年份	孟加拉国	印度	巴基斯坦	斯里兰卡	尼泊尔	马尔代夫	不丹
2017	66.53	66.23	60.73	65.92	63.3	72.47	68.57
2016	66.02	66	60.62	66.02	62.68	72.46	68.28
2015	65.54	65.71	60.5	66.13	61.97	72.49	67.9
2014	65.04	65.39	60.31	66.31	61.28	72.21	67.46
2013	64.56	65.03	60.08	66.53	60.49	71.87	66.94
2012	64.11	64.66	59.82	66.78	59.65	71.42	66.38
2011	63.66	64.3	59.58	67.03	58.83	70.82	65.8
2010	63.2	63.99	59.4	67.25	58.08	70.06	65.25
2009	62.79	63.64	59.07	67.35	57.63	69.16	64.53
2008	62.39	63.32	58.76	67.4	57.23	68.1	63.79

资料来源：中国国家统计局。

表 13 南亚 7 国 65 岁及以上老年人口比重　（单位:%）

年份	孟加拉国	印度	巴基斯坦	斯里兰卡	尼泊尔	马尔代夫	不丹
2017	5.1	5.99	4.49	10.1	5.81	4.12	4.88
2016	5.08	5.81	4.49	9.7	5.64	4.1	4.79
2015	5.04	5.64	4.48	9.3	5.48	4.1	4.68
2014	5.01	5.5	4.48	8.9	5.31	4.16	4.58
2013	4.95	5.39	4.47	8.48	5.18	4.24	4.48
2012	4.88	5.3	4.46	8.06	5.08	4.32	4.37
2011	4.79	5.21	4.44	7.67	4.99	4.41	4.27
2010	4.69	5.11	4.42	7.31	4.9	4.47	4.17
2009	4.63	5.05	4.4	7.17	4.78	4.48	4.09
2008	4.55	4.98	4.37	7.06	4.66	4.46	4.01

资料来源：中国国家统计局。

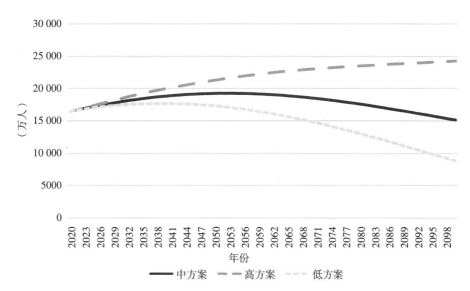

资料来源：联合国《世界人口展望 2019》。

图 25　联合国人口基金对孟加拉国人口的预测

（二）孟加拉国人口的未来发展趋势

1. 联合国对孟加拉国人口的预测

根据联合国《世界人口展望 2019》公布的数据，2018 年孟加拉国的人口数量为 16 137.67 万人，其中男性人数为 8167.71 万人，女性人数为 7969.96 万人。根据孟加拉国以往的人口数据并结合其经济社会的发展情况，联合国对孟加拉国 2019—2100 年的人口数据进行了预测（见图 25）。

按联合国中方案预测孟加拉国未来主要年份的人口指标（年度指标）和未来人口的主要指标（时期指标）（见表 14、表 15）。

表 14　孟加拉国未来主要年份的人口指标（2020—2050 年）（联合国中方案预测）

年度指标	2020 年	2025 年	2030 年	2035 年	2040 年	2045 年	2050 年
总人口（千人）	164 689	172 399	178 994	184 374	188 417	191 142	192 568
男（千人）	83 259	86 944	90 056	92 542	94 340	95 476	95 981

年度指标	2020 年	2025 年	2030 年	2035 年	2040 年	2045 年	2050 年
女（千人）	81 430	85 456	88 938	91 832	94 076	95 666	96 587
性别比（人）	102.25	101.74	101.26	100.77	100.28	99.80	99.37
年龄中位数（岁）	27.57	29.50	31.61	33.76	35.94	38.02	39.99
总抚养比（%）	47.02	44.31	43.47	43.40	43.76	45.48	48.42
少儿抚养比（%）	39.33	35.68	32.79	30.14	27.77	26.06	24.96
老年抚养比（%）	7.68	8.63	10.69	13.26	15.98	19.42	23.47

资料来源：联合国《世界人口展望 2019》。

表 15 孟加拉国未来人口的主要指标（2020—2050 年）（联合国中方案预测）

时期指标	2020— 2025 年	2025— 2030 年	2030— 2035 年	2035— 2040 年	2040— 2045 年	2045— 2050 年
人口出生率（‰）	16.74	15.05	13.59	12.40	11.50	10.82
人口死亡率（‰）	24.78	21.63	19.29	17.76	19.84	15.51
人口自然增长率（‰）	-8.04	-6.59	-5.70	-5.35	-8.34	-4.68
总和生育率	1.93	1.82	1.74	1.68	1.64	1.63
婴儿死亡率（‰）	21.56	17.55	14.61	12.36	10.63	9.25
5 岁及以下儿童死亡率（‰）	26.13	21.35	17.81	15.09	12.98	11.30
人均预期寿命（岁）	73.57	74.83	75.95	76.98	77.96	78.88
男性人均预期寿命（岁）	71.80	73.01	74.10	75.14	76.15	77.13
女性人均预期寿命（岁）	75.60	76.87	77.98	78.97	79.86	80.68
净国际迁移率（‰）	-2.07	-1.88	-1.72	-1.67	-1.64	-1.62

资料来源：联合国《世界人口展望 2019》。

根据联合国中方案预测，孟加拉国的人口将在 2018 年 1.6138 亿人的基础上持续增长，在 2050 年达到 1.9257 亿人，并在 2053 年达到 1.9278 亿人的峰值，其中男性人口为 9598.03 万人，女性人口为 9679.51 万人。到 2100 年时，预测孟加拉国总人口数量降至 15 139.30 万人，为 2053 年人口峰值的 78.62%。

根据联合国低方案预测，孟加拉国人口总量会在 2039 年达到峰值后开始逐年下降。预测 2039 年孟加拉国总人口为 1.7683 亿人，其中男性人口为 8847.54 万人，女性人口为 8835.96 万人。预计到 2100 年，孟加拉国总人口将降至 8853.87 万人，其中男性人数为 4350.92 万人，女性人数为 4502.95 万人，总人口数较 2018 年将减少 45.14%。

根据联合国高方案预测，孟加拉国总人口从 2020 年开始呈递增趋势，到 2100 年孟加拉国总人口将为 2.4269 亿人，其中男性人数为 1.2224 亿，女性人数为 1.2045 亿，总人口较 2018 年增加 50.39%。

2. 城镇化水平与城镇体系发展

《世界城市化展望（2018 年修订版）》的数据显示，整体而言，孟加拉国的城镇化水平处于加速阶段的初期，城镇化水平总体偏低，2018 年孟加拉国的城镇化率 36.6%。但在后续年份的预测中，孟加拉国的城镇化率将逐年上升，截至 2050 年孟加拉国的城镇化率预期提升至 58.4%，但仍然尚未进入城镇化发展的后期阶段。因此，孟加拉国在此后的很长一段时期内，都将处于城镇化发展的加速阶段。

图 26 反映的是 2015—2035 年孟加拉国人口 30 万及以上城市的城镇人口百分比情况。孟加拉国人口超过 30 万的城市主要有巴里萨尔、博格达、吉大港、科米利亚、达卡、库尔纳、迈门辛格、拉杰沙希、朗布尔、鲁普加尼和锡尔赫特。这些城市的城镇化水平差异反映出孟加拉国的整体城镇化体系的不均衡状态。首先，达卡作为首都，其城镇人口百分比在 2015 年达到 31.8%，预计在 2035 年达到 33.2%。其次，吉大港作为重要的港口城市，其城镇人口百分比仅次于达卡，在 2015 年达到 8.2%，预计 2035 年下降至 7.6%。其余 9 个城市的城镇人口百分比均不足 2%，处于较低水平。

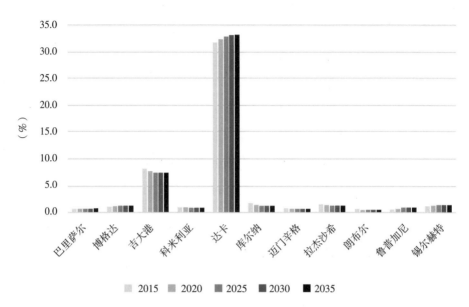

资料来源：联合国《世界城市化展望（2018年修订版）》。

图26　孟加拉国人口30万及以上城市的城镇人口百分比（2015—2035年）

（三）中孟经贸与人员往来

1. "一带一路"倡议下中孟两国贸易总额整体快速上升

自1975年中孟两国建交以来，中孟两国的经济贸易关系在两国的共同努力下不断增长。两国的进出口贸易额从建交当年的306万美元，到2005年突破24亿美元，2010年达到70.6亿。

2013年孟加拉国加入"一带一路"倡议，随后相继签订了《关于加强投资和产能合作的谅解备忘录》及《关于启动中国-孟加拉国自由贸易协定联合可行性研究谅解备忘录》，进一步推动了中孟两国的经济贸易关系的发展。2016年10月14日至15日，中国国家主席习近平对孟加拉国进行的国事访问更是开启了中孟传统友好关系的新篇章，2018年两国进出口贸易额增加到187.4亿美元，是建交之初的6124.2倍。

从表16可见，"一带一路"合作促使中孟进出口贸易总额整体快速上升，但双边贸易的不稳定性和不平衡性依旧存在。2010—2018 年，中孟两国的进出口贸易总额从 70.6 亿美元增加到 187.4 亿美元，增加了 1.65 倍；贸易顺差总额也从 65.2 亿美元增加到 167.7 亿美元。但是 2018 年到 2019 年期间，两国进出口贸易出现了轻微波动，进出口贸易总额的增幅下降 2.0%，主要表现为中国对孟加拉国出口额增幅下降了 2.4%。

有两点值得注意：其一，中孟进出口贸易总额的增幅存在波动性。比如，2010 年、2011 年、2013 年、2014 年、2015 年、2018 年等两国进出口贸易总额增幅都达到 15%以上，最高达到 54.0%，但在 2012 年和 2016 年增幅却仅有 2.3%和 3.1%，甚至在 2019 年出现负增长。其二，中孟两国双边贸易长期存在不平衡性。2010 年到 2019 年中国对孟加拉国始终存在巨额的贸易顺差，在 2014 年后顺差总额均保持在 100 亿美元以上。

表 16　中国和孟加拉国进出口情况（2010—2019 年）

年份	进出口总额		中对孟出口		中从孟进口		贸易顺差总额（亿美元）
	金额（亿美元）	增幅（%）	金额（亿美元）	增幅（%）	金额（亿美元）	增幅（%）	
2010	70.6	54.0	67.9	53	2.7	91	65.2
2011	82.6	17.0	78.1	15.0	4.5	66.7	73.6
2012	84.5	2.3	79.7	2.0	4.8	6.7	74.9
2013	103.1	22.0	97.1	21.8	6.0	25.0	91.1
2014	125.4	21.6	117.8	21.3	7.6	26.7	110.2
2015	147.1	17.3	139.0	18.0	8.1	6.6	130.9
2016	151.7	3.1	143.0	2.9	8.7	7.4	134.3
2017	160.5	5.8	151.7	6.1	8.7	0	143
2018	187.4	16.8	177.5	17.0	9.8	12.6	167.7
2019	183.6	-2.0	173.3	-2.4	10.3	5.1	163

资料来源：中国"一带一路"网和中华人民共和国商务部亚洲司网站。

2."一带一路"倡议下中孟两国移民数量不断增长

由表 17 可见，1990—2019 年期间，中孟两国的移民数量整体呈现不断增长的趋势。孟加拉国迁移到中国的人口数量由 1990 年的 1858 人增加到 2019 年的 4235 人，增加了约 128%。中国迁移到孟加拉国的人口数量由 1990 年的 14.0 万人增加到 2019 年的 16.0 万人，增加了约 14.3%。数据说明，"一带一路"合作实施后，随着中孟两国的经济贸易往来日益频繁，两国人员交往的频率和数量也在不断增加。

表 17　中孟两国人口迁移状况（1990—2019 年）　（单位：人）

年份	总体		男性		女性		孟—中移民性别比	中—孟移民性别比
	孟—中	中—孟	孟—中	中—孟	孟—中	中—孟		
1990	1858	140 163	631	75 689	1227	64 474	51.4	117.4
1995	2376	131 427	896	70 971	1480	60 456	60.5	117.4
2000	2895	122 691	1161	66 254	1734	56 437	67.0	117.4
2005	3193	145 405	1482	78 519	1711	66 886	86.6	117.4
2010	3492	160 252	1803	86 537	1689	73 715	106.6	117.4
2015	4018	162 772	2163	87 897	1855	74 875	116.6	117.4
2019	4235	164 917	2280	50 290	1955	114 627	116.6	43.9

资料来源：联合国《全球移民数据报告 2019》。

从表 17 亦可见，1990—2019 年期间两国移民的性别结构存在明显差异。孟—中移民的性别结构经历了 1990—2005 年阶段的以女性为主的迁移格局，转向 2005—2019 年阶段以男性为主的迁移格局。中—孟移民的性别结构则相反，经历了 1990—2015 年阶段持续以男性为主的迁移格局后，转向 2015—2019 年阶段以女性为主的迁移格局。

孟—中移民性别结构的转变，以及中—孟移民在 1990—2015 年期间的迁移格局，符合全球范围以及亚洲国际移民的整体趋势，即男性略多于女性。就亚洲而言，男性国际移民（57.6%）明显超过女性移民。[1] 同时，孟加拉国是中国在南亚地区重要的工程承包市场，加之生产技术的制约，需要大量的男性劳动力从事铁路、通讯和城市建设等工作，因此中—孟男性移民的数量持续增加。而随着"一带一路"合作的深入，与第三产业相关的工作需求加大，而女性正是从事这类工作的关键主体。同时，生产技术的进步在某种程度上减少了对男性劳动力的需求。可能正是由于这两种因素的影响，2015—2019 年期间中—孟移民性别结构发生变化。

三、结论与建议

（一）主要研究结论

第一，在人口转变方面，孟加拉国顺利地实现了从高生育水平向低生育水平的生育率转变。此外，孟加拉国人口剧烈转变还得益于其人口出生率和人口死亡率的快速双降。

第二，在人口质量方面（主要从人均预期寿命和婴儿死亡率看），孟加拉国从落后较多的状态发展到几乎等同于世界的平均水平。1950 年，孟加拉国人均预期寿命为 39.05 岁，婴儿死亡率为 224.47‰，低于同期的世界平均水平（45.73 岁和 145.90‰）；到 2018 年，孟加拉国人均预期寿命为 72.32 岁，婴儿死亡率为 26.13‰，接近甚至高于同期的世界平均水平（72.39 岁和 28.84‰）。

第三，在人口结构方面，在发达国家（包括中国这样的中等收入国家）普遍陷入"低生育水平陷阱"和严重人口老龄化的时候，孟加拉国较为年轻的人口结构和很低的老龄化程度会为其经济发展提供源源不断的人口红利

---

〔1〕 路阳:《国际移民新趋向与中国国际移民治理浅论》，载《世界民族》，2019 年第 4 期。

机遇。

第四，在人口分布和迁移方面，孟加拉国是一个世界上人口密度最高的国家之一，并且高度集中分布在首都达卡地区。孟加拉国尽管自然资源匮乏、经济技术较为落后，但由于拥有众多的廉价劳动力，成为世界上为数不多的劳务出口大国。另外，孟加拉国还是一个重要的国际移民输出国。

第五，在经济方面，孟加拉国经济发展总体运行良好，人均 GDP 从1960 年的 89 美元稳步上升到 2018 年的 1698 美元，GDP 总量和人均 GDP 增长变化呈现相近的趋势，近 5 年 GDP 增长率基本稳定在 6% 以上。但由于国内政治格局的变化和国家对经济的促进力度的不同，经济发展呈现大起大落后波动上升的趋势。

第六，在社会发展方面，孟加拉国人口总量大、密度高、教育较落后，导致贫困人口规模较大、环境污染日益严重。虽然孟政府在减贫和环境治理方面取得较明显的成效，但贫困尤其是农村贫困问题、人口与资源矛盾尖锐化问题已成为孟加拉国政府亟待解决的棘手问题。此外，受长期医疗卫生经费投入不足、卫生资源配置较低且城乡不均衡、缺乏政府主导的全面基本医疗保障制度、国民健康意识和素养较低等诸多因素影响，孟加拉国的国民健康状况相对较差。

第七，在文化、教育与女性权力方面，孟加拉国作为南亚的文明古国，深受伊斯兰教传统思想影响，它的教育体系有着悠久和深厚的历史，虽在英国殖民时期和印巴分治时期基础教育薄弱，但独立后，孟加拉国政府致力于加强义务教育、基础教育和高等教育，并得到了长足发展。尤其是成功地消除了教育的性别不平等，女性小学的毛入学率、净入学率都超过了男性，而辍学率则低于男性。但是，受传统伊斯兰文化、贫困等影响，孟加拉国女性在家庭婚姻中依然处于相对弱势地位，社会地位仍然较低，在以男性为主导的劳动市场，女性的劳动力参与率始终偏低。

第八，在可持续发展方面，孟加拉国人口高密度聚集和经济技术落后，导致对环境造成的压力也越来越大，工业生产和生活方式变得越来越浪费和具有破坏性，空气污染、水污染、土地退化和气候变化的影响，对孟加拉国民众的健康状况、生命安全以及未来的经济发展，都会带来消极影响。

（二）几点建议

为了落实《联合国 2030 年可持续发展议程》和推进"一带一路"倡议，需要中孟两国加强合作，在贸易投资、基础设施建设、医疗卫生、消除贫困和环境治理等方面深化交流，将中孟合作打造成为南南合作的新样板。

1. 加强中孟两国的双边贸易，推动优势企业的双向投资

中国和孟加拉国的优先合作领域是经济领域，其中贸易和投资是重要方面。中孟两国需要重新审视当前的贸易和投资情况，建构"一带一路"背景下的中孟两国未来贸易和投资框架，加强两国双边贸易，推动优势企业的双向投资。

在贸易方面，根据商务部《对外投资合作国别（地区）指南：孟加拉国（2019 年版）》的统计，孟加拉国从中国进口的主要产品包括棉花及棉纱线、机械设备和零部件、钢铁、电气设备及部件塑料及其制品、机动车、船舶等，其中主要以重工业产品为主。而中国从孟加拉国进口的主要产品包括皮革及皮革制品、纺织品及相关产品等，主要以轻工业产品为主。因此，中孟两国在共建"一带一路"深入推进的过程中，需要进一步加强双边贸易，拓展贸易商品种类，建立多层次的双边贸易体系。在投资方面，目前中孟双方的投资呈现多种形式并存的局面，中国正在成为孟加拉国外商直接投资流入国和潜在来源地，且投资主要集中于农业、皮革及皮革制品方面，而孟加拉国在中国的投资规模较小。因此，中孟两国需要推动优势企业的双向投资，以优势企业来带动各自国内相关产业的联动发展和技术革新，同时避免同类产业投资带来的竞争和消耗。

2. 加大对孟加拉国基础设施的投资和建设，展现大国担当和责任

"一带一路"倡议旨在加强中国贸易路径沿线国家的基础设施建设，打

造更为高效的贸易区域网络。孟加拉国作为积极响应"一带一路"倡议的国家之一，其在基础设施建设的能力方面存在明显的劣势。而中国基础设施建设的实力在世界上居于前列，应该展现出大国担当和责任，加强对孟加拉国基础设施的投资和建设。比如，在交通设施和水利设施建设方面，中国可以在高铁建设和大坝建设等方面为孟加拉国提供技术和人才支持。通过对相关基础设施的投资和建设，也能够为孟加拉国创造大量的就业机会，从而在一定程度上缓解就业压力和带动经济增长。

3. 深化中孟两国医疗卫生领域的交流，促进建设医疗互助共同体

在全球化的时代潮流下，中国和孟加拉国的命运紧密相连、休戚与共，需要两国加强在医疗卫生领域方面的交流，共同构建医疗互助共同体。医疗卫生领域一直是中孟两国合作最为密切的领域之一，两国在降低孕产妇死亡率等项目中进行了广泛的合作。在"一带一路"倡议不断推进的背景下，中孟两国需要在医疗卫生领域开展更加广泛的合作，在传染病防控、医疗人才培养、紧急医疗援助，以及健康产业发展等方面深化合作。

其中，在传染病防控方面，需要建立中孟两国传染病信息沟通机制，强化联防联控机制，加强传染病防治技术的交流。在医疗人才培养方面，需要鼓励中孟两国医疗卫生机构和人才进行学术和实践交流活动，促进两国公共卫生管理和疾病防控能力的提升。在紧急医疗援助方面，需要中孟两国加强在卫生应急领域的交流合作，开展联合卫生应急演练，共同提升处理突发公共卫生事件的能力。在健康产业发展方面，需要中孟两国扶持有实力的医药企业"走出去"，推动本国药品和医疗器械产品"走出去"，推动两国健康产业互相发展和共同提升。

4. 促进中孟两国贫困治理经验的交流，在相互学习中共同发展

中国和孟加拉国长期以来都不同程度地面临着贫困（相对贫困或绝对贫困）问题，贫困问题是影响两国进一步推进现代化建设的主要障碍之一。中孟两国依据各自国情所制定的减贫措施和策略，能够为对方长期应对贫困问

题提供可资借鉴的经验。

孟加拉国反贫困领域中最大的特色在于非政府组织非常活跃和发达。其中，最重要的非政府组织是孟加拉国农业发展委员会（BRAC），其反贫困行动积累了许多成功的政策经验：一是合理的贫困户识别分类机制。BRAC 根据"贫困线"和"赤贫线"，将目标人群分为"绝对贫困"、"中度贫困"和"低度贫困"。其中，"绝对贫困"又分为"特殊目标群体（Special Targeted Ultra Poor，STUP）"和"一般目标群体（Other Targeted Ultra Poor，OTUP）"。二是精准的扶贫策略。对于不同贫困状态的群体，BRAC 会开展阶梯式的脱贫项目。对"绝对贫困"群体而言，其会实施旨在提升他们生存能力的项目，包括"基本技能培训"、"医疗援助"和"社区融入"。三是扶贫政策的动态调整与衔接。参加扶贫项目的人群通过两年的时间，大部分能告别"绝对贫困"而进入"中度贫困"状态，进而接受 BRAC 所提供的"小额信贷（Micro-Finance）"项目。此外，BRAC 还有涵盖医疗、教育、环境、乡民社会、妇女权利、法制建设、微小企业等领域项目，这些项目旨在为脱贫的对象提供可持续发展的机会，防止返贫。

孟加拉国对于不同类型的贫困采取阶梯式的"造血式"减贫策略和关注涵盖医疗、教育等不同维度贫困的理念，能够为中国在"后扶贫时代"建立相对贫困治理的长效机制提供经验支撑。而中国采取的"精准扶贫"政策，通过真正把财政资金用到扶贫一线、选派驻村干部扎根贫困地区、城乡结对帮扶等方式，把经济活动带到农村和偏远地区，有效激发了地方的经济活力。中国在消除绝对贫困时所采取的运动式贫困治理方式的高效率和强效果，也能够为孟加拉国减贫提供一个重要示范和思路。

5. 加快中孟两国环境治理合作，共同汲取环境保护的有效做法

中国和孟加拉国在向经济现代化迈进的过程中，和其他发展中国家一样走过许多曲折的道路，造成了严重的环境问题，治理环境污染和环境保护仍是两国面临的巨大挑战。因此，中孟两国应在注重挖掘国内环境保护资源的

同时，加强两国环境治理工作方面的交流与合作。

一方面，中孟两国可以定时开展有关环境治理工作的经验交流会或学术研讨会。通过这种方式的交流，中孟两国可以互相学习对方国内环境治理方面的优良经验，为本国内相关或相似环境问题的解决提供经验支撑。另一方面，中孟两国可以围绕雅鲁藏布江流域的环境治理达成政策协议，这对处于上游的中国和处于中下游的孟加拉国而言是双赢的。比如，中国与孟加拉国在雅鲁藏布江合作修建防洪水利工程，既解决了中国西藏雅鲁藏布江沿岸居民的水灾之苦，又缓解了因上游生态破坏和水土流失导致下游泥沙淤积给孟加拉国航运所带来的负面影响。

参考文献：

[1] 戴利，张淑兰，刘淼. 孟加拉国 [M]. 大连：大连海事大学出版社，2019.

[2] 中华人民共和国商务部. 对外投资合作国别（地区）指南：孟加拉国（2017年版）[R].

[3] 林梁光. 略论孟加拉国的人口问题 [J]. 南亚研究，1981（1）.

[4] 许美兰. 孟加拉国控制人口增长的办法 [J]. 南亚研究季刊，1987（4）.

[5] 梁军. 孟加拉国经济改革的历史与现状 [J]. 东南亚南亚信息，1997（2）.

[6] 李建军，杜宏. 浅析近年来孟加拉国经济发展及前景 [J]. 南亚研究季刊，2017（4）.

[7] 李碧花. "奥肯定律"中国悖论的再解释——基于中美劳动力变动差异视角 [J]. 经济问题，2010（6）.

[8] 杨云彦，石智雷，张婷皮美. 从人口红利到性别红利 [J]. 人口与健康，2019（1）.

[9] 世界银行. 健康营养和人口统计（2020年版）[R].

[10] 孟加拉国. 人口之困 [J]. 森林与人类，2010（10）.

[11] 鹿铖. 孟加拉国步入发展中国家行列 [N]. 光明日报，2018-04-22（8）.

[12] 威廉·冯·申德尔. 孟加拉国史 [M]. 上海：东方出版中心，2015.

［13］米赞. 孟加拉国城乡教育公平发展存在的问题及对策——基于达卡市的个案研究［D］. 重庆：西南大学，2015.

［14］丁维娟. 孟加拉国宗教教育对我国思想政治教育的启示［D］. 天津：天津师范大学，2009.

［15］张汝德. 当代孟加拉国［M］. 成都：四川人民出版社，1999.

［16］Mainul Islam M，Kamrul Islam M，Sazzad Hasan M，et al. Adolescent motherhood in Bangladesh：trends and determinants［J］. 2017，12（11）.

［17］Mainul Islam M，Gagnon A J. Use of reproductive health care services among urban migrant women in Bangladesh［J］. 2016，16（1）.

［18］Sabina Islam，Mossamet Kamrun Nesa. Fertility transition in Bangladesh：the role of education［A］. Proceedings of the 4th Session of 2009 Workshop of Pakistan Academy of Sciences［C］，2009：7.

［19］Ershadul Haque M，Mazharul Islam M. Rural to urban migration and household living conditions in Bangladesh［J］. Dhaka university ournal of science，2012，60（2）：253-257.

［20］Amal K. Halder，Emily S. Gurley，Aliya Naheed，et al. Causes of early childhood deaths in urban Dhaka，Bangladesh［J］. Plos one，2009，4（12）.

［21］Mainul Islam M. The demography of ageing in Bangladesh：prospects for the development of the industry for the elderly［A］. Abstract book of the 8th Asia/Oceania regional congress of gerontology and geriatrics［C］，2007：1.

［22］MainulIslam M，Tasmiah Nuzhath. Health risks of Rohingya refugee population in Bangladesh：a call for global attention［J］. Journal of global health，2018，8（2）.

［23］Zeeshan M，Geetilaxmi Mohapatra，Arun Kumar Giri. The effects of non-farm enterprises on farm households' income and consumption expenditure in rural India［J］，2019，19（1）：195-222.

柬埔寨人口与发展状况报告

晏月平　李忠骥　郑伊然 *

摘要： 随着"一带一路"建设的深入推进，深层次详细了解沿线各国人口概况、人口与经济社会发展状况，有利于中国与"一带一路"沿线国家间形成合力，促进合作，共同推进人文交流，实现民心相通。柬埔寨位于东盟核心位置，是东盟经济共同体成员，享受经济一体化和区域投资政策优势。作为"一带一路"重要成员国，柬埔寨通过加强与中国经贸合作为柬经济发展注入了重要动力。目前，中国已成为柬埔寨最大贸易伙伴和最大外国直接投资来源国。柬埔寨有 1600 多万人，平均年龄不到 30 岁，超过 70% 的人不到 34 岁，人口年轻化是该国突出优势。中柬将重点在双边贸易、劳务输出、农业合作、基础设施建设与投资等方面谋求共同发展。本文以柬埔寨人口与发展概况为基础，从人口、经济、社会、文化等相关维度，分析其人口、经济社会状态，以期为"一带一路"国家间合作发展提供参考。

关键词： 柬埔寨；人口与发展；合作共赢

---

* 晏月平，法学博士，云南大学教授；李忠骥，云南大学人口研究所助理研究员；郑伊然，云南大学发展研究院助理研究员。

柬埔寨王国（The Kingdom of Cambodia），通称柬埔寨，旧称高棉，首都金边，位于中南半岛西南部，占地约 18 万平方千米[1]，20% 为农业用地。东北部与老挝交界，东边的腊塔纳基里台地和川龙高地与越南中央高地相邻；南部面向泰国湾，全国最南端至西边区域地处热带气候；西部及西北部与泰国接壤，西边是狭窄的海岸平原，面对暹逻湾的西哈努克海；北方以扁担山脉与泰国柯叻交界。湄公河流贯东部，在境内长约 500 千米。柬埔寨矿藏主要有金、磷酸盐、宝石和石油，还有少量铁、煤，同时林业、渔业、果木资源丰富，盛产柚木、铁木、紫檀、黑檀、白卯等热带林木，并有多种竹类。全国森林覆盖率 61.4%，主要分布在东、北和西部山区，木材储量 11 亿多立方米。洞里萨湖是东南亚最大的天然淡水渔场，素有"鱼湖"之称，西南沿海也是重要渔场，多产鱼虾。[2]

2019 年，柬埔寨人口总量为 1648.65 万人，其中高棉族占总人口的 80%。华人华侨人口约 110 万人[3]，其中广东潮汕人占 70% 左右。2019 年，该国 GDP 总值为 270.89 亿美元，同比增长 7.054%[4]，人均 GDP 为 1643.121 美元[5]。柬埔寨是东南亚国家联盟成员国，经济以农业为主，工业基础薄弱，贫困人口占总人口的 14%[6]，1991 年年底柬埔寨开始实行自由市场经济，推行经济私有化和贸易自由化，把发展经济、消除贫困作为首要任务，同时把农业、加工业、旅游业、基础设施建设，以及人才培训作为优先发展领域，并推进行政、财经、军队和司法等改革，在提高政府工作效率、改善投资环境等方面均取得了一定成效，经济社会发展逐渐步入发展快

〔1〕 https：//www. fmprc. gov. cn/web/gjhdq_676201/gj_676203/yz_676205/1206_676572/1206x0_676574/.

〔2〕 https：//data. worldbank. org. cn/indicator/SP. POP. TOTL？locations＝KH&view＝chart.

〔3〕 http：//www. lmcchina. org/2020-12/03/content_ 41449323. htm.

〔4〕 https：//data. worldbank. org. cn/indicator/NY. GDP. MKTP. KD. ZG？locations＝KH&view＝chart.

〔5〕 https：//data. worldbank. org. cn/indicator/NY. GDP. PCAP. CD？locations＝KH&view＝chart.

〔6〕 https：//www. fmprc. gov. cn/web/gjhdq_676201/gj_676203/yz_676205/1206_676572/1206x0_676574/.

车道。2016 年 7 月 1 日，世界银行宣布柬埔寨正式成为中等偏下收入国家，不过联合国依然把柬埔寨在 2025 年以前归入最不发达国家之列。

一、柬埔寨人口发展概况

（一）人口基本状况

1. 人口总量

较长时间来，柬埔寨人口持续增长、社会稳定。1950—1970 年，全国总人口数从 443.27 万人持续增长到 699.66 万人，增长了 57.84%。1970—1980 年，柬埔寨国内受政变、战争频发等不利因素影响，国家发展进程停滞乃至倒退，人口数量急速减少，1980 年比 1970 年减少了 30.46 万人。1980 年后随着战争平息、政局稳定，经济开始复苏，社会重新走上发展轨道，又实现了人口持续增长，从 1980 年的 669.2 万人持续上升到 2020 年的 1671.6 万人，增长量超千万。据《世界人口展望 2019》预测，2040 年柬埔寨人口将突破两千万，2050 年达到 2201.9 万人（见表 1）。由此可见，柬埔寨人口发展状态与其国内政局变化和社会经济发展密不可分。

表 1　1980—2050 年柬埔寨人口总量变化　　　　（单位：万人）

年份	人口总数
1980	669.2
1990	897.3
2000	1215.2
2010	1430.9
2020	1671.6
2030	1879.8

年份	人口总数
2040	2059.2
2050	2201.9

资料来源：联合国《世界人口展望2019》。

2. 人口增长状况

从人均预期寿命看，柬埔寨人均预期寿命呈持续增长态势（见图1）。从1980年的27.53岁递增到2018年的69.5岁，增幅为152.5%，这得益于1980年后国内战乱平息、政局稳定。其中1980—1985年人均预期寿命增幅最大，从27.53岁增加到50.56岁，5年增幅累计达83.7%。从总和生育率看，柬埔寨总和生育率持续下降，从1980年的5.87下降到2018年的2.50，期间降幅为83.7%。但在1980—1985年出现短暂增加，也是由战乱平息、政局稳定后所出现的补偿性生育所致，但增幅不大，从5.87增加到6.37。

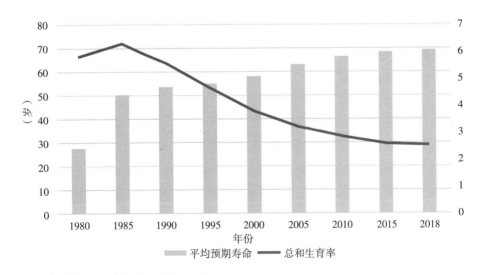

资料来源：《世界人口展望2019》。

图1　1980—2018年柬埔寨人均预期寿命和总和生育率变化情况

另从人口自然增长率看（图2），1980年之前，自然增长率呈先高后低变动状态，这是受其国内长时间战争因素影响、死亡人数大幅增加所致。1980—2050年，柬埔寨人口自然增长率呈现较为典型的"低高低"的倒"V"型发展。自20世纪80年代以来，随着该国自然增长率稳步下降，柬埔寨人口增长已逐渐步入现代型阶段。其中2005—2010年人口自然增长率止跌为升，这是由20世纪八九十年代补偿性增长的人口逐步进入婚育年龄所致，但上升幅度较小，对人口总量变化影响有限。

基于上述指标变化，对柬埔寨人口转变阶段划分结果显示：柬埔寨当前处于中期扩张阶段，实现了由高出生率、低死亡率、高自然增长率向低出生率、低死亡率、低自然增长率的人口转变。预计2030—2040年将进入后期减速阶段，该状态将持续至2050年。

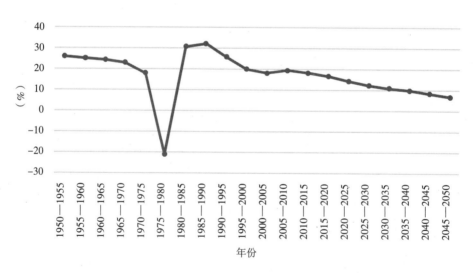

资料来源：联合国《世界人口展望2019》。

图2 1950—2050年柬埔寨人口自然增长率变化情况

3. 人口年龄结构

1990年，该国人口年龄结构几乎是一个标准的正金字塔形状（见图3），即上尖下宽的正三角形状态，该阶段人口顶部陡峭，说明该国老年人口比重较小，少年儿童比重较大。值得注意的是，10—14 岁人口比重较低，可推测出是受 10 年战争的影响。可以判定，1990 年的柬埔寨属典型的年轻型人口结构。

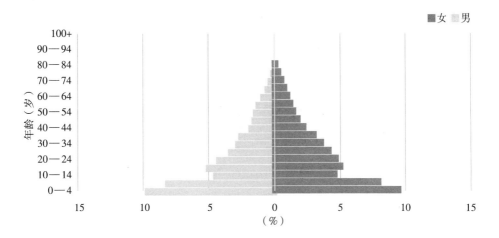

资料来源：联合国《世界人口展望 2019》。

图 3　1990 年柬埔寨人口金字塔

2020 年，柬埔寨人口金字塔底部依旧呈扩张趋势（图 4），中部凸出，尤其以 20—49 岁年龄段最明显（其中 40—44 岁人口就是 1990 年 10—14 岁年龄人口）；顶部收缩情况较 1990 年趋于平缓，说明 60—79 岁老年人口比重呈上升趋势。可以看出，2020 年柬埔寨仍保持较高出生率，并从年轻型向老年型结构过渡。伴随着几次生育高峰，青年人口数量始终保持较高水平。同时随着生活水平改善和医疗技术进步，老年人口死亡率大幅下降，且长寿老人比例也出现一定程度增加。

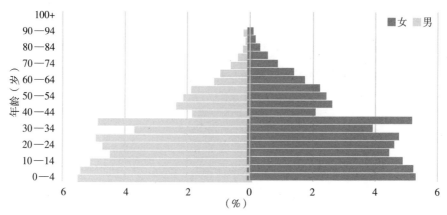

资料来源：联合国《世界人口展望2019》。

图4 2020年柬埔寨人口金字塔

预计到2050年，柬埔寨人口金字塔除了70岁以上老年人口比重较低外，其他各年龄段比重基本相当，且底部在收缩（见图5）。这说明老年人口占比不断加大，少年儿童占比不断缩小，处于低出生率、低死亡率和低自然增长率模式后期减速并逐渐进入低位静止阶段。

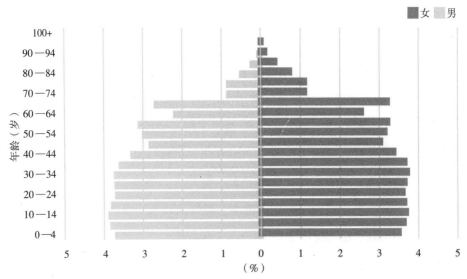

资料来源：联合国《世界人口展望2019》。

图5 2050年柬埔寨人口金字塔

4. 人口年龄构成多指标比较

图 6 显示了 1980—2050 年柬埔寨人口年龄构成的多项指标, 其中 0—14 岁人口比重呈下降趋势, 15—64 岁人口比重呈上升态势, 65 岁及以上人口比重平缓上升。

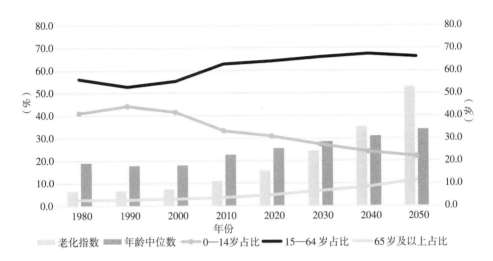

资料来源: 联合国《世界人口展望 2019》。

图 6　1980—2050 年柬埔寨人口年龄结构

0—14 岁人口比重整体呈小幅上升后又大幅下降的趋势, 从 1980 年的 41.07% 上升到 1990 年的 44.28%, 2020 年回落至 30.92%, 且持续下降, 预计 2050 年将降至 22.1%; 15—64 岁人口比重小幅下降后大幅上升, 从 1980 年的 56.22% 降至 1990 年的 52.81%, 2020 年升至 64.22%, 预计 2050 年将缓慢升至 66.22%, 其中 1990—2010 年上升最快。总体来说, 劳动年龄人口比重不断上升有利于柬埔寨经济发展, 应充分利用人口结构优势, 抓住人口红利期, 促进经济社会发展。65 岁及以上人口比重缓慢上升, 2000 年前基本稳定在 2.9% 左右的低水平, 之后上升较快, 从 2000 年的 3.08% 预计将上升到 2050 年的 11.68%。同时, 到 2030 年, 该国 65 岁及以上人口比重将接近7%，说明从2030年起，柬埔寨即将步入人口老龄化社会。

该国老化指数[1]总体也呈递增趋势，从1980年的6.6个单位值递增到2020年的15.7个单位值，40年上升了9.1个单位值。2000年之前变化幅度较小，基本稳定在6.35个单位值左右，2000—2020年上升了8.3个单位值，2020—2050年将上升37.17个单位值。老化指数的上升，说明其老年人口数量与少年人口数量比例在扩大，人口老化程度将加深。

年龄中位数和其他人口结构指标一样总体呈上升态势，每阶段又呈现典型特征。1980—2000年，基本稳定在18.0岁左右，变化幅度不大。此后随着国内局势稳定、人民生活平稳、经济社会快速发展，2000—2020年，年龄中位数从18.1岁上升到25.6岁，上升了7.5岁。2020—2050年将持续攀升，从25.6岁上升到33.97岁。在此期间，该国人口结构由成年型向老年型转变。

2020年，柬埔寨少儿人口比重为30.92%，劳动年龄人口比重为64.22%，老年人口比重为4.85%，老化指数达15.69%，年龄中位数为25.6岁。预计到2050年，柬埔寨少儿人口占比将达22.1%，劳动年龄人口占比达66.22%，老年人口占比达11.68%，老化指数达52.86%，年龄中位数达33.97岁。结合国际上通用划分人口年龄结构类型标准和参数值[2]，2020年，柬埔寨人口年龄结构类型属标准的成年型，且根据各项指标参数值预估测算，该阶段将维持较长时间。在此期间，柬埔寨劳动力资源丰富，正处于人口红利期，不过应重视教育与健康投资，提高人力资本存量，促进经济社会发展。

---

〔1〕 老化指数是指老年人口数量与少儿人口数量的比例。

〔2〕 国际上通用的划分人口年龄结构类型的标准和参数值为：少儿人口系数40%以上，老年人口系数4%以下，老化指数15%以下，年龄中位数20岁以下为年轻型；少儿人口系数30%—40%，老年人口系数4%—7%，老化指数15%—30%，年龄中位数20—30岁为成年型；少儿人口系数为30%以下，老年人口系数为7%以上，老化指数为30%以上，年龄中位数30岁以上为老年型。

5. 迁移人口

随着贸易自由化和经济全球化的深入推进，全球移民和人才流动成为当前社会经济发展的一个突出现象。高收入经济体是世界人才主要集聚地和流入地，广大中等收入和低收入经济体往往经历着智力外流。柬埔寨作为一个产业基础薄弱、经济社会发展滞后的国家，和其他很多中低收入国家一样，其人口呈持续外流状态。

从迁移率来看，柬埔寨人口总体为净流出，是典型的倒"V"型发展特征。1965—1970 年，其人口迁移率为-7.4%。随着国内政局稳定、部分海外柬埔寨公民陆续回国，人口迁移率在 1970—1975 年上涨至-3.4%。1985—1990 年，该值在-2%至-2.5%徘徊（见图 7）。

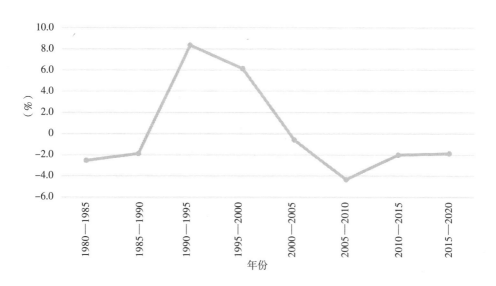

资料来源：联合国《世界人口展望 2019》。

图 7　1980—2020 年柬埔寨人口迁移率变化

1993 年起，柬埔寨新政府全面重建经济新秩序，颁布了诸如推行市场经济、确立以改善人民生活为中心的经济建设路线、实施全方位对外开放战略以增强柬埔寨的经济活力等方针政策，极大地促进了柬埔寨国内经济社会的恢复发展。

受上述因素影响，许多海外侨民、移民及部分他国公民选择到柬埔寨生活发展，由此推动了1990—2005年人口迁移率大起大落的转变，从1985—1990年-1.9%上升到1990—1995年8.3%的峰值，其人口净流入保持了15年，2005年左右又降为负值，重新开启了柬埔寨进入长时间人口净流出的时代。

特别是2008年国际金融危机后，受到本国经济严重依赖外国资本投资援助及落后的产业结构等因素影响，柬埔寨国内经济增长出现停滞甚至倒退，导致失业率增加，就业与发展机会大幅减少，因此更多柬埔寨人选择去经济相对发达的越南、马来西亚等邻国工作、生活。2019年，该国人口迁移率仍为-1.9%。另外，伴随城市化进程，柬埔寨人口由农村向城市大量迁移是一个显著现象，根据联合国教科文组织亚太办事处的数据，2013年其国内城乡迁移人口占总人口的四分之一。

从柬埔寨净迁移人口[1]变化情况来看（图8），其净迁移人口数量起伏很大。自1982年以来，除了1992年（409 414人）、1997年（348 495人）为净流入，其余各年份均为负值，净流出最高年份为2007年，达295 987人，最低为2002年，为35 156人。总体来看，柬埔寨人口向外迁移频繁，大量人口迁移去其他国家和地区，导致其国内劳动力数量下降，老龄化程度加深，从而可能影响当地社会经济活动，阻碍现代化进程推进。为此，柬埔寨政府需要尽快采取转变该国经济发展方式、加速推进产业结构转型升级、减少对境外资本过度依赖等相关措施。

---

〔1〕 净迁移人口指的是某地区一定时间内，每1000人口中迁入与迁出该地区的人数之差，主要反映因迁移而带来人口数量的增减。

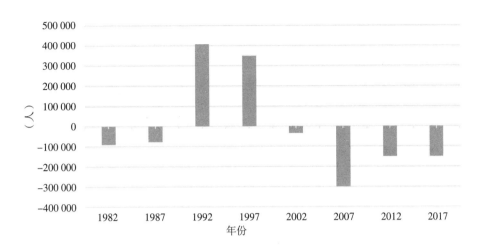

资料来源：世界银行数据库。

图 8　1982—2017 年柬埔寨净迁移人口数量

（二）经济发展状况

1. GDP 总量与人均 GDP

从柬埔寨 GDP 总量看（见表 2），1970 年该值为 7.18 亿美元，1990 年为 27.91 亿美元，20 年增长了 288.72%。1990 年大幅增长，主要受益于 20 世纪 80 年代国内局势平息后，经济社会全面复苏，发展后劲持续增强。随后，其 GDP 总量持续保持稳步增加态势，2000 年、2010 年和 2019 年 GDP 总量分别为 36.77 亿美元、112.42 亿美元和 270.89 亿美元；相较于上一个 10 年分别增加了 8.86 亿美元、75.65 亿美元和 158.47 亿美元，增长率分别为 31.74%、205.74% 和 140.96%。可以说，柬埔寨 GDP 总量虽然偏低，但能持续保持 20 多年的增长，说明其经济发展韧性良好。根据世界银行按收入划分标准，2016 年起，柬埔寨进入中低收入国家行列。

从人均 GDP 变化看（见表 2），一方面，柬埔寨人均 GDP 实现了持续增长，从 1970 年的 102.68 美元增加到 1990 年的 270.54 美元，增加了 167.86 美元，增长相对缓慢。1990 年起，柬埔寨经济全面复苏，人均 GDP 大幅增长。2000 年、2010 年和 2019 年人均 GDP 分别为 302.58 美元、785.50 美元和 1269 美元，相较于上一个 10 年分别增加了 32.04 美元、482.92 美元和 483.5 美元，增长率分别为 11.84%、159.6% 和 61.55%。另一方面，人均 GDP 始终低于世界平均水平，1970 年约占同期世界人均 GDP 的 12.77%，之后差距逐渐扩大，从 1990 年的 6.31% 下降到 2000 年的 5.50%；2010 年开始略有上升，但升幅较小，为 8.22%；2019 年也仅相当于同年世界平均值的 11.10%。

GDP 总量和人均 GDP 是衡量一个国家和地区经济发展的重要指标，从 1970 年以来的指标变化可看出，柬埔寨 GDP 总量和人均 GDP 整体呈现出了向好发展态势，很大程度上说明经济社会建设取得不小成绩，但不能忽视的是，该国经济总量仍偏低，人均 GDP 与世界平均值差距始终较大。

表 2　柬埔寨 GDP 总量与人均 GDP 变化

	1970 年	1980 年	1990 年	2000 年	2010 年	2019 年
GDP 总量（亿美元）	7.18	–	27.91	36.77	112.42	270.89
人均 GDP（美元）	102.68	–	270.54	302.58	785.50	1269
世界人均 GDP（美元）	803.95	2532.76	4285.24	5498.33	9551.34	11435.1

资料来源：世界银行数据库。

注：1980 年 GDP 总量与人均 GDP 数值暂缺失，且无邻近年份数据替代；1990 年 GDP 总量与人均 GDP 数值暂缺失，用 1994 年相应数值替代。

2. 劳动力参与率与劳动力总人数

劳动力参与率反映一个地区劳动力参与社会经济活动的程度，同时也反映经济的活跃程度和发展状况。如图 9 所示，1990—2019 年，柬埔寨劳动力参与率整体上升，其间经历了两次峰值（1995 年、2010 年）与一次低谷期（2000 年）。得益于 1990—1995 年经济发展势头强劲，劳动力参与率从 1990

年的 79%增长至 1995 年的 80.7%，随后受 1998 年亚洲金融危机影响出现下降，2000 年降为 78.8%，之后经济呈阶段性复苏，2010 年上升到 85.2%，与 2000 年相比增长了 6.4 个百分点。2008 年受全球金融危机影响，劳动力参与率止升为跌，2015 年降至 80.3%。随着以中国为主的新兴经济体对柬埔寨推行较大规模经济投资和联合国等相关国际组织持续援助，该国疲软的经济发展态势得到了一定程度改善，2019 年又回升到 82.3%。可见，柬埔寨劳动力参与率变化很大程度上依赖于该国国内经济发展与国际局势变化。总体来说，1990—2019 年其劳动力参与率均值在 80%左右，说明其劳动力参与当地社会经济活动程度高，也说明其国内经济发展效果良好，经济活力涌现。

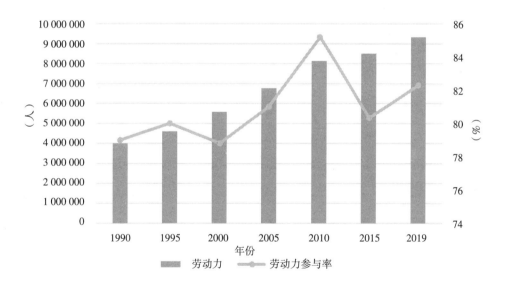

资料来源：劳动力总人数数据来自世界银行数据库，劳动力参与率数据来自国际劳工组织数据库。

图 9　1990—2019 年柬埔寨劳动力参与率与劳动力总人数

由前述可知，柬埔寨人口自然增长率一直维持在较高水平，加上战乱平息后国内补偿性生育，劳动力数量充足，从 1990 年的 395 万人增加到 2019

年的 935 万人。随着现代化进程加快，劳动力增速出现放缓，但其总量仍然庞大，为柬埔寨依靠国内丰富劳动力资源和自然资源等优势发展劳动力密集型、资源密集型产业提供了充分的条件，有利于推动实现国内经济社会快速发展与民生改善。

总的来说，柬埔寨劳动力资源数量充足，但受到国内经济发展影响，劳动力参与率起伏较大。针对劳动力总人数和劳动力参与率变化情况，需要采取相关措施，调整经济发展方式、激发社会活力，力争让潜在的人口红利发挥最大作用。

3. 城镇化发展状况

柬埔寨城镇化发展整体呈上升趋势，但升幅较小（见图 10）。1980 年以前，受国内动荡局势影响，城镇化进程缓慢，一直在 10% 左右徘徊。1980 年全国城镇人口为 66.2 万人，城镇化率 9.9%。1985 年增加到 107.4 万人，城镇化率 13.9%，5 年增加了 4 个百分点。这也是柬埔寨建国以来城镇化发展最快的 5 年，主要是由国内局势平稳、经济复苏，以及之前战乱时期流动到乡村的人口大量返回城市所推动。1985—2010 年，城镇化进程发展缓慢。2010 年，城镇人口为 290.4 万人，城镇化率 20.3%，与 1985 年相比，城镇人口与城镇化率分别增加了 183 万人和 6.4%。2010 年以后，受到经济措施改革和国际援助等因素推动，城镇化进程开始加快。根据联合国人口司预测，2020 年，城镇人口数量将达 405 万人，城镇化率将为 24.2%，相比 2010 年，城镇人口与城镇化率将分别增加 114.6 万人和 3.9%；2030 年，上述两值分别将达 545.8 万人和 29%。

近年来，柬埔寨城镇人口虽不断增加、城镇化进程加快，但城镇化率一直低于世界平均水平，城镇化率与世界平均值差距最小年份为 1985 年，差值为 27.3 个百分点，此后差距持续扩大，2010 年起始终在 31%—32%。预测到 2030 年，差值依然为 31.4%，说明其城镇化进程缓慢（见图 10）。预计未来一段时间，将会有更多人口进入城市，城市化增长潜力巨大。柬埔寨政府应做好相关配套管理与规划工作，实现本国城镇化与资源环境间协调发展，尽早赶上世界平均水平。

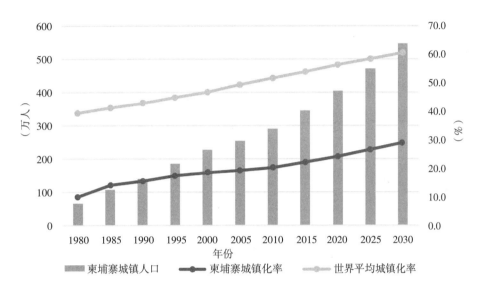

资料来源：联合国人口司。

注：2020 年及之后年份相关数据均为预测数据。

图10　1980—2030 年柬埔寨城镇人口与城镇化率

（三）社会发展状况

1. 教育基本状况

教育既是阻断贫困代际传递的治本之策，亦是脱贫可持续发展的内生动力。对于属于中等偏下收入国家的柬埔寨来说，教育在整个国民经济社会发展中尤为重要。

1990 年以来，柬埔寨小学入学率除了 1990—1998 年未超过 100%，其余年份均保持高位水平，2004 年达到峰值（131.94%）后下降。2001—2016 年均超过 110%，2019 年降至 106.48%（见表3）。该国小学入学率比重较高，且与经济发展呈现一致变动状态，一方面说明其控辍保学工作取得了很大成效，初等教育事业发展稳步推进，但另一方面也说明其存在一定量的低龄或超龄小学生入学现象。

中学入学率起伏较大，1991—1999年下降较快，从27.20%降至16.6%，降幅超10个百分点，1992年起稳步上升，2002年超过20%，2004年超过30%，2007年超过40%，此后上升加快，从2010年的60.83%上升至2019年的70.09%（见表3）。同期世界和中等偏下收入国家平均水平分别为85%左右和80%左右，均高于柬埔寨。可见，虽然柬埔寨的中学入学率稳步上升，但中学适龄人口辍学现象依然严重。

高等院校入学率1990年以来缓慢上升，但整体不高。1990年不到1%，同期世界平均值为13.62%，此后10年与世界平均值差距扩大，2000年低于世界平均值16.6个百分点，2010年仍有15.6个百分点的差值，但2011年差值又回升至16.5个百分点，2019年差值进一步扩大为24.11个百分点，这说明柬埔寨高等院校入学率尤其低。高等教育发展滞后，很大程度上对柬埔寨劳动力综合素质、产业结构转型和综合国力提升等诸多方面产生不利影响，急需该国政府采取相关措施，加快高等教育事业发展，为经济社会发展提供有力的人才支撑。

表3　2000—2019年柬埔寨各级教育毛入学率（占总人数百分比）变化　　（单位:%）

	1990年	2000年	2010年	2015年	2016年	2017年	2018年	2019年
小学入学率	99.56	106.86	123.84	117.08	110.19	107.81	107.42	106.48
中学入学率	27.20	17.29	60.83	62.94	66.46	69.32	71.32	70.09
高等院校入学率	0.66	2.48	13.97	13.14	—	13.13	13.69	14.74

资料来源：联合国教科文组织数据库。

注：2016年高等院校入学率数据暂缺，且暂无相关数据替代。

从国际范围看，一国政府教育投入水平以该国经济发展水平为基础，国

际上一般用公共教育支出（或政府教育支出）占国民生产总值（GNP）或
国内生产总值（GDP）的比重度量和评价政府教育支出水平。柬埔寨公共教
育支出总体呈缓慢上升趋势（见图 11），1990 年为 1.26%，2000 年为
1.66%，10 年间上升了 0.4 个百分点。2010 年比 2000 年下降了 0.13 个百分
点，之后缓慢上升，2019 年达 2.16%。可见，柬埔寨政府针对教育投入在增
加，教育支出水平在提高，但比重依然较低。

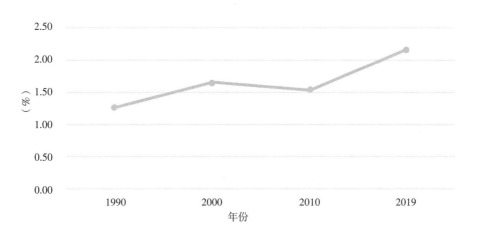

资料来源：世界银行数据库。

图 11 1990—2019 年柬埔寨公共教育支出占 GDP 比例

2. 健康发展状况

健康水平高低是一个国家或地区社会发展进程的基本体现，也是衡量人民
生活水平高低的重要标准。经过近 20 年的发展，柬埔寨人口健康事业有了较
大进步。2000—2019 年，其孕产妇死亡数量持续下降，从 2000 年的每十万人
死亡 488 人下降至 2019 年的 160 人，降幅为 67.21%（见表 4）。孕产妇死亡
数量下降的同时，活产婴儿数量有一定程度增加，从 2000 年的 340 人/千增
加到 2019 年的 366 人/千，提高了 7.65%。这一降一增，说明柬埔寨孕产妇
和新生儿健康保障水平、相关医疗技术和医疗条件得到了相应改善。

表4　2000—2019年柬埔寨孕产妇死亡数与活产婴儿数变化

	2000 年	2005 年	2010 年	2015 年	2019 年
孕产妇死亡数（人／十万）	488	351	248	178	160
活产婴儿数（人／千）	340	348	366	368	366

资料来源：世界卫生组织。

如图12所示，1980—2019年，柬埔寨5岁及以下儿童死亡率总体呈下降趋势。除了1990—1995年该值小幅上升外，其余各年份均下降，但降速各异。1980—1985年，从180%下降到119.6%，下降了60.4个百分点；1985—1995年变化不大，总体稳定在119%左右。1995—2005年降幅较大，从119.1%下降到64.8%，下降了54.3个百分点，这与柬埔寨采取经济改革、经济社会快速发展等因素有关。2005—2019年持续下降，由2005年的64.8%下降到2019年的26.6%，已经低于同期世界37%的平均值。这说明经过柬埔寨各界共同努力，5岁及以下儿童的高死亡率得到了实质性遏制。

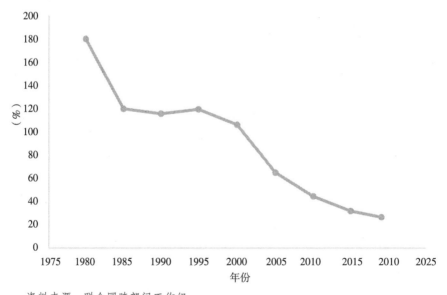

资料来源：联合国跨部门工作组。

图12　1975—2025年柬埔寨5岁及以下儿童死亡率

另外，柬埔寨人均预期寿命呈现持续向好势头。1980 年以前受制于国内经济社会发展滞后和局势动荡，导致其人均预期寿命一直处于低位。1980 年人均预期寿命只有 27 岁，说明当时很多人只存活到了青壮年。1980 年起动荡局势得到控制，经济社会发展走上正轨，柬埔寨人均预期寿命迅速止跌回升。如图 13 所示，1980—1985 年人均预期寿命从 27.53 岁上升到 50.56 岁，一定程度上可称为人均预期寿命的补偿性增长。随后 20 多年间人均预期寿命持续上升，2018 年达 69.5 岁，已经趋近同期世界人均预期寿命的72.56 岁。

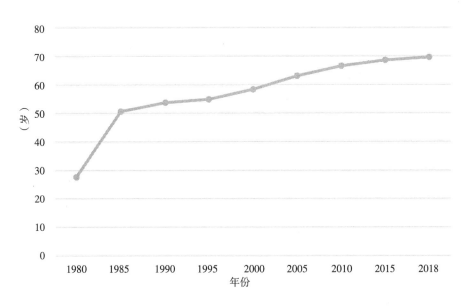

资料来源：世界银行数据库。

图 13　1980—2018 年柬埔寨人均预期寿命变化

3. 贫困发生情况

柬埔寨建国以来，各届政府始终将消除贫困、提升人民生活水平作为国家发展的重要目标。进入 21 世纪，随着各项经济改革措施推进和国际援助工作的深入实施，柬埔寨国内贫困人口持续减少。如图 14 所示，2003 年，柬埔寨贫困人口占总人口比重为 50.2%，即国内超过一半人口处于贫困线以下；2006 年降至 45%，比重依然很高；2008 年为 34%；2009—2019 年继续下降；截至 2019 年已降至 14%，与同期孟加拉国（24.3%）、玻利维亚（34.6%）等人口数量相近的国家相比，脱贫工作取得了较大成功。

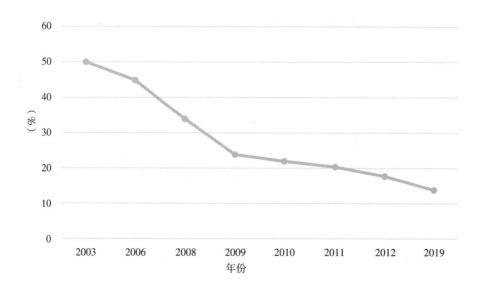

资料来源：世界银行数据库。

注：世界银行只公布了图中所示年份数据，故其余年份数据暂缺失。

图 14　2003—2019 年柬埔寨贫困人口占总人口比例变化

另从人类发展指数可看出（见图 15），1990—2000 年变化不大，1990 年、1995 年和 2000 年分别为：0.384、0.387 和 0.419，此后持续递增，2018 年为 0.581，1990—2018 年增加幅度达 51.3%。人类发展指数持续增加，较为客观地反映了柬埔寨民众人均预期寿命、教育水平和生活质量等指标不断改善，也说明其现代化进程不断推进、人民幸福感得到增强。但与人口数量与之相近的玻利维亚（2018年为0.630）相比，柬埔寨人类发展指数仍急需改善。

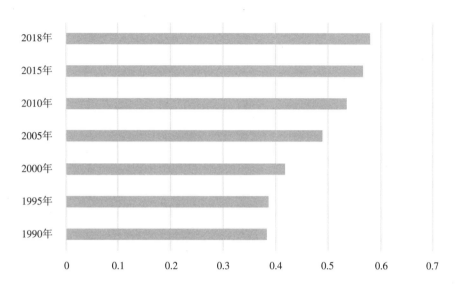

资料来源：联合国发展署。

图15　1990—2018年柬埔寨人类发展指数变化

综上所述，柬埔寨贫困人口数量较多，占总人口比例仍较高。按照2019年总人数1648.65万人、贫困人口占总人口比重14%计算，该年贫困人口数仍达230.81万人。从全球范围看，柬埔寨人类发展指数水平较低，与其他发达国家和新兴经济体差距较大。总体来说，柬埔寨在脱贫与社会发展等方面虽取得较大成绩，但形势依然严峻，需要柬埔寨各方继续采取相应措施，进行贫困治理，加快国家发展。

4. 性别平等情况

随着柬埔寨社会现代化进程不断加快，长期以来形成的性别不平等现象有了相应改善。从性别不平等指数可看出（见图16），1995—2018年，该国性别不平等指数持续下降，从1995年的0.66下降到2018年的0.474，下降了 28.2%。如果以性别不平等指数为"0"表示毫无歧视、以"1"表示彻底歧视的判断标准看，柬埔寨男女不平等状况有一定改善，说明该国文化教育在发展，人们思想观念在转变。

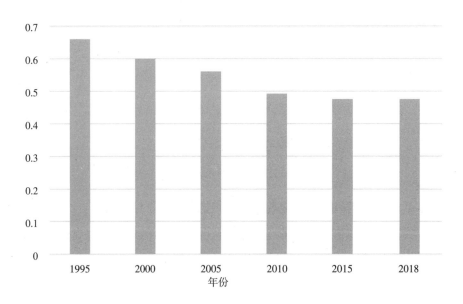

资料来源：联合国发展署。

图 16 1995—2018 年柬埔寨性别不平等指数变化

另从柬埔寨成年男女识字率看（见图 17），2015 年男性识字率为 91.86%（同期世界平均值为 89.33%），女性为 75.03%（同期世界平均值为 81.77%），男性超过世界平均值 2.53 个百分点，而女性较世界平均值低了 6.74 个百分点，女性比男性低 16.83 个百分点。由此可看出，男性比女性有更多机会接受教育。

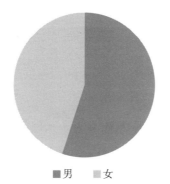

■男 ■女

资料来源：世界银行数据库。

图 17　2015 年柬埔寨成年男女识字率（%）

由以上两项指标可知，在柬埔寨社会发展进程中，男女性别不平等现象虽得到改善，但男性比女性拥有更多选择，女性仍处于相对弱势地位，需要进一步改善男女不平等状况。

（四）民族与宗教分布状况

柬埔寨是中南半岛上的多民族国家。截至 2018 年，共有 20 多个民族，其中高棉族是主体民族，人口数约为 1300 万，占总人口的 80%；此外数量较多的少数民族还有华人华侨、山地高棉族、占族等。华人华侨约 100 万，主要分布在金边周围地区及金边以南的贡布、柴祯等省，少数散居于其他省区。这些华人家庭仍保留着中国传统习俗，在和山地高棉族的混合家庭里双方的文化习俗融合得十分紧密。山地高棉族是居住地、语言、文化相近的各民族组成的民族群的总称，人口约 11 万人，属于这个民族群的有库伊人、黑侬人、斯丁人、布劳人等，主要分布在柬埔寨东北部的腊塔纳基里、上丁和蒙多基里等省。山地高棉族社会生活中还保留着相当多的原始公社制残余。该民族群中的部分民族信仰小乘佛教，部分民族信仰原始宗教，即使信仰小乘佛教的民族也仍保留着一些原始祭祀活动仪礼。占族约有 10 多万人，主要分布在金边东北部的湄公河谷地、洞里萨湖地区，信仰伊斯兰教。占族虽然在宗教信仰上与山地高棉族不同，但在文化上较为相似。

柬埔寨还有一些人数较少的民族，如泰族，约1万人，分布在泰柬边境的马德望省。老族，约1万人，分布在泥公河谷与老挝接壤地区。嘉莱族，约1万人，分布在与越南接壤的东部地区，在生产生活方式上与山地高棉人相似。[1]

小乘佛教是柬埔寨国教，高棉族人绝大部分笃信该教。截至2015年，柬埔寨全国共有佛寺2850座，僧侣8万多名。占族人信仰伊斯兰教，柬籍葡人、越人信奉天主教，华人华侨信仰多神教，部分少数民族崇拜精灵。婆罗门教与大乘佛教曾一度盛行于柬埔寨，约于14世纪后期衰落，但其在柬埔寨当下生活中仍留有痕迹，如国王登基仪式由婆罗门大师主持；象征王权的王冠、宝剑、罗伞、金鞋等由婆罗门保管。关于婆罗门教何时传入柬埔寨尚待考证，据称婆罗门教随着印度南部"徼国"婆罗门混填的到来传入扶南，至公元4世纪占据主要地位。据中国《南齐书》记载，公元5世纪到中国访问的柬埔寨使者"言其国俗事摩醯首罗天神"，摩醯首罗天神即婆罗门教信奉的主神之一，或称湿婆神。婆罗门教信奉三主神：婆罗贺摩（创造之神）、毗湿奴（保护之神）和湿婆（毁灭之神）。公元5世纪初，印度婆罗门桥陈如来到扶南，被举为王。他大力推行印度文化，采用印度法律与行政制度，婆罗门教也因之兴盛并广泛流传于民间。

佛教传入柬埔寨可能比婆罗门教还早。据说印度的阿育王在公元前3世纪就曾派僧侣到时称"金地"的东南亚传播佛教，中国《水经注》记载今泰国西南部古孟人国林阳，"举国事佛"。而上举扶南国使者天竺道人释那伽仙的表文中也谈及"菩萨行忍慈""一发菩提心"等佛教语言。《隋书》也说其国"多奉佛法，尤信道士，佛及道士并立像于馆"。可见佛教很早便传入柬埔寨。[2]

---

〔1〕 宋云龙：《柬埔寨的民族政策及其实践研究（1953—2013）》，云南大学硕士论文，2019年6月。

〔2〕 少林、天枢：《柬埔寨的民族、居民与宗教》，载《东南亚纵横》，1994年第4期。

二、人口经济发展特征及问题

（一）农业支柱作用明显

一直以来，农业是柬埔寨国民经济一大重要支柱，但近年来农业产值占经济总量比重逐年减少，从 1995 年的 50.07% 下降至 2019 年的 20.71%，从事农业劳动力人口比重也呈下降趋势，但依旧占总劳动量的 32.3%。柬埔寨76.2% 的人口居住在农村，农业用地约 5.46 万平方千米，占柬埔寨国土总面积的 30.13%。农业为该国减贫工作作出了重大贡献，过去十几年，柬埔寨约一半贫困人口直接受益于水稻价格的上涨和产量的增加，农村地区贫困人口比例从 2003 年的 54.2% 降至 2018 年的 20.8%。[1] 但同时，该国基础设施和技术落后、资金和人才缺乏，制约了柬埔寨农业的可持续发展。根据其农业、林业和渔业部门统计结果，多数农民平均占有不到两公顷田地。而且，随着工业化加速，越来越多的农村青年离开农村寻求其他就业机会，可能对未来农业生产产生负面影响，需要提高第一产业劳动者素质以提高农业生产水平。

（二）产业结构单一

在柬埔寨产业结构中，一直以来都是农业比重最高，工业和服务业比重较低，产业结构较单一。当前经济发展主要依赖农业、建筑业、制衣业和旅游业，其中制衣业和旅游业成为该国经济加速发展的主要驱动力。早期，由于工业化程度相当低下，柬埔寨产业结构主要以农业为主，旅游业发展缓慢。为此，政府一直致力于产业结构调整和转型。当前，柬埔寨三大产业结构中，农业比重出现下降，但随着农产品价格上涨，最近几年又逐步回升。

---

〔1〕 张超，Hour Phann，Kong Pheach：《柬埔寨农产品加工业的发展现状与机遇》，载《农产品加工》，2020 年第 2 期。

工业比重虽在增加，但增长缓慢，在三大产业中比重依然较低。农业依然在国民经济体系中起着重要的作用。

（三）人口政策随人口数量变化调整

20 世纪七八十年代，柬埔寨因国内战乱问题，导致人口死亡率居高不下，甚至出现人口负增长。90 年代社会稳定后，政府采取了鼓励生育政策，随之而来的人口高速增长，使得经济发展成果大部分被新增人口抚养所消耗，形成了大量贫困人口。为此，为促进人口优化、推动经济持续发展，2004 年，柬埔寨政府正式颁布新的国家人口政策，主要包括呼吁育龄夫妇有计划地生育、自由但负责地决定生育孩子的数量和间隔时间等，此外，政府还采取一系列举措帮助减少母婴死亡率，减轻人口增长对环境和自然资源的影响等。在 2010 年政府制定的发展目标中，提倡每个家庭生育 2 个孩子。

近年来，柬埔寨通过大力发展农业、加强基础建设、促进私人投资与就业、争取外部援助等措施发展经济，消除贫困，提高社会生活水平，降低生育率、婴儿死亡率和儿童死亡率，促进人口优化。随着计划生育的实施和宣传教育，柬埔寨妇女总和生育率稳步降低，从 1990 年的 5.6 个下降至 2019 年的 2.5 个，说明该国在生育控制方面取得了巨大成就。

（四）城市化发展尤其缓慢

近几年，柬埔寨虽在大力推进城市化进程，但发展速度依然较慢。由于忽视城市建设，一些突出问题日益显现，如城市化发展水平不高、结构体系不合理、工业化发展落后、城市首位度[1]过高等，长此以往将会对城市化发展造成严重不利影响。

1. 城市结构体系不合理

目前，柬埔寨有 24 个行政区域，只有金边、西哈努克、马德望等几个城市的城市化水平较高，基本接近大城市标准，而诗梳风、桔井、达克茂等

---

[1] 城市首位度在一定程度上代表了城镇体系中的城市发展要素在最大城市的集中程度。

地区城市化发展处于中等阶段，人口约在 10 万人左右。菩萨、上丁省、柴侦、白马等地处于落后阶段，人口规模不到 4 万人，仅是小城镇。这种城市结构体系的缺点是大城市与城镇之间的经济缺乏联系，商贸、人流、物流与产业之间分工不明确，从而导致城市结构出现断层，抑制了城市与城市、城市与周边区域的共同发展。

2. 城市首位度过高、区域经济发展不均衡

金边、西哈努克、马德望等是柬埔寨重点发展区域，交通发达，是与国内外进行贸易的枢纽城市，城市化发展较快，整体经济质量较高，城市首位度高。对于诗梳风、桔井、达克茂等地区，由于近几年政府加大旅游业扶持力度以及对传统工业进行改革，促使其城市化得到较快发展，但是由于发展相对孤立，扩散效应受到阻碍。而菩萨、上丁省、柴侦、白马等地区由于工业基础差、传统手工业不景气、人口稀少等因素，城市化发展缓慢，加速了区域经济发展不平衡。

3. 第一产业劳动力逐步向第二、三产业转移

从经济发展水平看，根据世界银行数据库官网统计，2019 年柬埔寨实现国内生产总值 270.89 亿美元，其中第二产业实现增加值 92.1 亿美元，占总产值的 34%，第三产业实现增加值 121.9 亿美元，占总产值的 45%。从劳动就业结构看，柬埔寨农业和非农产业就业比重从 2013 年的 40.9∶59.1 调整至 2019 年的 32.3∶67.7，农业劳动力正逐步向城市第二、三产业急剧转移，造成了农村与城市发展不协调，阻碍了整体城市化发展进程。[1] 目前城市化发展落后，柬埔寨政府需要从多方面改善，积极迅速地应对并加以解决，为城市化发展战略提供保障条件，促进各城市协调发展，更快地推进城市化进程。

---

[1] 刘秋皇：《当前柬埔寨城市化发展的战略定位与策略研究》，载《商》，2016 年第 2 期。

（五）劳动力素质较低，难以适应市场需要

1. 劳动力素质普遍偏低

经济全球化快速推动了柬埔寨各产业领域的升级换代，创造了很多就业岗位，但其劳动人口受教育程度不高，劳动力素质普遍较低，绝大多数只能从事简单手工劳动，影响了高科技、高技术、高附加值等产业在柬埔寨的发展。据世界银行数据，2018年，柬埔寨15岁以上人口识字率为78%，低于同期世界84.7%的平均值；25岁以上人口受教育年限为5.8年，也低于同期世界7.4年的平均值的平均值。较低的劳动力素质严重影响了柬埔寨工业发展，导致科学技术发展水平十分落后。没有条件和实力发展高科技产业，工业发展只能在低附加值、污染严重的制造加工业等基础工业部门领域徘徊，很大程度上制约了柬埔寨综合国力的提升。

2. 劳务输出数量庞大

柬埔寨是劳动力输出大国。据柬埔寨劳工部报告，2018年有72.16万公民到国外务工，分别前往：泰国64万人（其中非法劳工约50万人）、马来西亚4.5万人、新加坡299人、日本601人、韩国3.5万人。其中，马来西亚和韩国也存在为数不多的非法柬埔寨移民劳工。可以看出，柬埔寨移民劳工主要向泰国、马来西亚、韩国流动，其中泰国非法移民问题极其严重，已经占到了泰国移民劳工总数的78%。柬埔寨移民劳工背井离乡，从事着不同类型的低技术工作，甚至通过非法途径出国务工，主要原因是家庭贫困和国内工资水平低。由于受教育程度不高又缺乏相关专业知识和技能，多数出国务工的柬埔寨人从事危险、不体面、肮脏的"3D"工作。根据柬埔寨2015年制衣厂工人最低工资标准，每个工人每天的最低工资大约为4.3美元，与泰国最低工资相差1.19美元，与韩国相差33.212美元[1]。相对于生活在

---

〔1〕 李红蕾：《柬埔寨移民劳工问题研究——以泰国、韩国的柬埔寨移民劳工为例》，载《东南亚纵横》，2016年第2期。

2.3 美元贫困线的柬埔寨人来说，泰国和韩国的工资水平无疑有着更大诱惑力。

柬埔寨人出国务工存在诸多风险与问题，其中最主要的是移民法律法规不完善、大量非法移民劳工权益无法得到法律保障，由此产生了人口贩卖、盗伐森林、毒品买卖、武器走私等各种问题。这需要柬埔寨政府、非政府组织，以及全体公民共同努力协同解决。

三、思考与启示

随着"一带一路"建设进程的深入推进，加强与沿线国家间交流合作显得愈发重要。取长补短，相互促进，才能实现双赢、共同发展。本文结合柬埔寨长久以来的人口发展进程与经济社会现状，提出以下思考与启示。

（一）脱贫、减贫更注重可持续发展

"一带一路"倡议提出以来，"授人以渔"理念逐步替代了"授人以鱼"。对于像柬埔寨这样经济相对落后的国家，援助不应再是直接的资金、物资等投入，而是要在这些传统援助方式基础上，帮助柬埔寨培养当地的专业技术人才，提高其人力资本存量并使之拥有一定程度的可持续发展能力。比如中国与柬埔寨建立减贫合作培训交流机制，开展有针对性的人员交流、研修和学习活动，向柬方相关人员传授接地气、实用的脱贫经验，帮助柬埔寨实现脱贫与减贫目标，实现高质量的、可持续的发展。习近平主席曾在演讲中强调"倡导合作发展理念，在国际关系中践行正确义利观"，"国不以利为利，以义为利也"。在国际合作中，我们要注重利，更要注重义。只有义利兼顾才能义利兼得，只有义利平衡才能义利共赢。[1] 因此，我们前往

---

〔1〕《习近平：在国际关系中践行正确义利观》，http://politics.people.com.cn/n/2014/0704/c1001-25240344.html。

东南亚受援国实施援助项目，要教会受援国自力更生的赚钱能力。缩小差距、减少贫困、改善民生是中国对东南亚国家援助的主要目标。习近平主席强调，扶贫先扶志。这在对外援助中也同样适用，受援国的社会经济若只依赖援助国的援助很难发展起来，只有培养自己的人才并实现开枝散叶，才能对社会经济发展真正发挥积极作用。

（二）开展多领域、多形式的人力资源合作

柬埔寨劳动力市场缺乏熟练技术工人，每年学校培养的毕业生数量不足以满足市场对人才的需求，特别是不能满足市场对高水平、高技能工人的渴望。为满足本国发展需求，柬埔寨政府还制定了"四角战略（Rectangular strategy）"，强调培养高素质的人才和人力资源是本国教育的关键，开展教育合作是有效的途径之一。中国政府可以本着互利共赢原则，努力做到人力资源培训主体多元化，帮助满足柬埔寨人才市场需求。除了政府层面的援助培训活动以外，还可以鼓励各省市高校、企业与柬埔寨开展人力资源领域合作，培养应用型人才。同时，还可以创新培养模式，开展多边或双边培训项目，培训地点可以在不同行/职业优秀示范区，也可以在不同经济发展区域，让学员在培训过程中发现问题、解决问题，发挥主观能动性，充分挖掘内生动力。只有不断完善培训机制和发展教育，培养不同领域的专业人才，并把培养范围扩展到农业、制造业、加工业等多个产业领域，才能更好更快地实现经济稳步发展。

（三）大力促进文化经贸交流

一方面，深化经贸合作，加强人文交流。积极推进"一带一路"国际合作项目落地落实，深化中柬双边经贸合作，通过拉动沿线地区的经济发展带动中国文化产品出口。此外，加强加深中国与柬埔寨之间的文化交流，积极开展双边文化交流活动，充分发挥社会机构、在柬侨胞、在柬企业甚至留学生对中国特色文化和优质文化产品的宣传力，增强柬埔寨消费者对中华文化的认同，减少因文化理念不同而给文化产品出口带来的不利影响，从而促进中国与柬埔寨的文化贸易发展。

另一方面，提升产品文化附加值，优化文化贸易结构。当前，中国与柬埔寨的文化贸易主要集中于视觉艺术和手工品等附加值较低、文化创意少的文化制造业领域。因此，应立足于中国丰富的文化资源，同时充分挖掘中国与柬埔寨之间存在关联的文化和历史，借助"互联网+文化"等新兴数字技术，深入发掘可贸易文化产品附加值，提升产品文化内涵，利用中国云南省与东南亚国家接壤的地缘优势和文化相似优势，重点打造"中柬文化创意园"项目，向世界讲述中柬文化交流与交融故事，促进中国与柬埔寨的文化贸易结构优化升级。

（四）促进中柬双方深入开展农业合作

柬埔寨是典型的农业国，农业在其经济发展中扮演着举足轻重的角色。然而柬埔寨农业技术落后，农业专门人才十分欠缺，因此，中柬双方在深化农业人才培训和农业科技领域的合作显得尤为重要。早在 2002 年签署的《中国–东盟农业合作备忘录》中，中国承诺向东盟各成员国派遣专家，中国还有针对性地向柬埔寨提供了生物科技、水稻种植、渔业养殖、农业机械等培训服务。近十几年来，通过举办各种农业技术培训活动，中国农业部等相关部门已经为柬埔寨培养了 1000 多名管理和技术人员。此外，中国与柬埔寨也合作建立了一些科技示范项目，如中国–柬埔寨农业促进中心等，这为中国与柬埔寨在农业人才与科技合作方面提供了新途径。随着"一带一路"持续推进，中柬双方在农业人才与农业科技等领域的合作前景巨大，意义深远。

（五）深化中柬双方医疗卫生合作

中国政府始终坚持生命至上，秉持人类命运共同体理念。一直以来，中国对外医疗卫生援助使得人类命运共同体理念更加深入人心，展示了中国负责任的大国担当，树立了良好的国际形象，同时也让世界见证了中国力量和中国制度优势。柬埔寨是一个医疗卫生较为落后、人民健康水平较低的国家，深化中柬医疗卫生合作，对于中柬两国来说意义深远。

1. 派遣医疗专家组，为重大传染疾病提供技术和经验支持

针对诸如新冠肺炎疫情等突发重大公共卫生事件向柬埔寨派遣医疗专家组。专家组可由国家卫生健康委员会组建，相关省（自治区、直辖市）卫生健康委员会负责选派，主要选拔来自疾病控制中心、实力强大的医院等单位，专业领域涵盖基础疾病、传染病防控、实验室分析检测等，具备过硬的专业技能和丰富的一线治疗经验的专家。专家组向柬埔寨介绍重大传染疾病预防、监控和治疗的中国经验，同时开展培训活动，根据当地民众的身体状况、医疗卫生资源等提出具体的防控措施及治疗方案。

2. 捐赠医疗物资和提供资金援助

由于受到自身经济社会发展与医疗资源、医疗技术的制约，柬埔寨的医疗物资供需矛盾一直较为突出。在满足自己国家使用的情况下，中国应结合柬埔寨国情，有针对性地提供该国急需的医疗物资，比如以呼吸机、CT 机为主的基础医疗设备，以及以防治疟疾、登革热等热带疾病为主的药品。另外，为帮助柬埔寨进行自身公共卫生体系建设，增强抵御突发重大公共卫生事件的能力，中国可以通过直接提供资金援助，或延长还债期限等措施，减缓柬埔寨在医疗卫生领域的经济压力。

（六）科学规划政策援助，传播中国发展经验

中国持续对柬埔寨实施援助，竭力帮助其经济社会发展和生产力水平提高。长久以来，对柬援助主要聚焦农业、能源、医疗卫生等具体的"硬援助"，而在推动科技创新发展、相关政策的评估和实施等"软援助"上关注较少。随着时代发展变化，应重视对柬埔寨援外政策类项目的支持，以中国经验带动柬埔寨经济社会发展。比如资助并实施针对柬埔寨的科创合作、科技援助以及减贫经验交流类等项目，帮助柬埔寨开展中长期科技发展研究、规划编制，以及科技创新评估工作等；加强对柬方高新科技园区援建类项目的支持，推广中国在高新区建设、运营方面的经验教训；与柬方共建"软"

科学联合实验室，为传播中国理念与方案提供平台和渠道。

参考文献：

［1］吴忠观．人口科学辞典［M］．成都：西南财经大学出版社，1997（32）．

［2］罗淳．人口转变进程中的人口老龄化——兼以中国为例［J］．人口与经济．2002，2：38—43.

［3］周灵灵．国际移民和人才的流动分布及竞争态势［J］．重庆理工大学学报（社会科学），2019，33（07）：1—15.

［4］王士录．1993年大选以来柬埔寨的经济发展［J］．东南亚，1997（04）：24—31，16.

［5］王文凤．教育阻断深度贫困地区贫困代际传递的作用分析——基于新疆八个地区的实证研究［J］．兵团教育学院学报，2020（3）：5—11.

［6］蒋义．4%：公共教育支出占GDP比重必须达到的分配规律——基于世界各国教育投入历史数据的比较分析：2010年中国教育经济学学术年会论文集［C］．北京：中国教育学会教育经济学分会，2010：456—473.

［7］走近高棉之国——柬埔寨［J］．纺织机械，2020（02）：70—72.

［8］曹丽娜，黄荣清．东盟各国的人口转变与人口政策——兼论对中国计划生育的启示［J］．人口与发展，2015，21（02）：101—112.

［9］王玉龙．"巧用力"："一带一路"倡议国际传播之道［J］．重庆交通大学学报（社会科学版），2020，20（04）：17—23.

印度尼西亚人口与发展状况报告

马小红　郑　澜*

摘要： 本报告通过对印度尼西亚人口基本状况、人口与经济发展和人口与社会变迁的描述，总结出其人口发展的四大特征。庞大的人口规模和年轻的人口结构是印度尼西亚人口的优势所在，同时面临着人口增长过快、贫困人口众多、劳动力素质偏低和人口老龄化加速等问题与挑战。在"一带一路"合作背景下，中国方面要基于印度尼西亚的人口特点和发展趋势，利用优势，共创友好双赢的局面。

关键词： 印度尼西亚；人口与发展；问题与挑战；"一带一路"

　　作为东盟最大的经济体和二十国集团重要成员国，印度尼西亚的人口、资源、地理位置和经济发展表现等在全球都拥有重要地位，是"一带一路"沿线的重要国家，是建设"21世纪海上丝绸之路"的重要一环。通过对印度尼西亚人口与发展进行分析研究，可以为相关战略研究、交流合作与经济

---

　　* 马小红，博士，中共北京市委党校（北京行政学院）北京市市情研究中心主任，北京人口与发展研究中心教授；郑澜，硕士，中共北京市委党校（北京行政学院）北京市市情研究中心助理研究员。

投资提供参考，有重要的现实意义和应用价值。

一、印度尼西亚基本国情

（一）地理概况

印度尼西亚共和国，简称"印尼"，地处亚洲东南部，东经94°58′21″至东经141°01′10″，北纬6°04′30″至南纬11°00′36″，地跨赤道。国土面积为191.7万平方千米，是世界上最大的群岛国家，由太平洋和印度洋之间的约17 508个岛屿组成。国界线分布在最外围的111个岛屿之上，北部的加里曼丹岛与马来西亚接壤，东部新几内亚岛与巴布亚新几内亚相连，西部是印度洋，西南与澳大利亚隔海相望。

印度尼西亚绝大部分地区属于热带雨林气候，具有温度高、降雨多、风力小、湿度大的特征，年平均气温摄氏25度至27度。[1] 地形以山地和高原为主，仅沿海地区有平原。境内活火山众多，是世界上火山活动最为频繁的国家之一。

印度尼西亚富含石油、天然气以及煤、锡、铝矾土、镍、铜、金、银等矿产资源，矿业在印尼经济中占有重要地位，产值占GDP的10%左右。据官方统计，石油储量约97亿桶（13.1亿吨），天然气储量4.8万亿至5.1万亿立方米，煤炭已探明储量193亿吨，潜在储量可达900亿吨以上。[2]

（二）历史背景

印度尼西亚历史悠久，爪哇是人类发源地之一，远古时期就已经有人类在此繁衍生息。公元5世纪出现最早的王国，分别是加里曼丹东部的古戴王

---

[1]《中国公民赴印尼须知系列3——气候、疾病与医疗条件》，http://id.mofcom.gov.cn/article/ddgk/201002/20100206797528.shtml。

[2]《印度尼西亚国家概况》，https://www.fmprc.gov.cn/web/gjhdq_676201/gj_676203/yz_676205/1206_677244/1206x0_677246/。

国和西爪哇的达鲁玛王国。13 世纪末，拉登威查雅在爪哇建立了印度尼西亚历史上最强大的麻喏巴歇王国，统一了印度尼西亚。16 世纪伊斯兰教淡目王国灭掉麻喏巴歇王国，印度尼西亚进入伊斯兰王国鼎盛时期。1596 年荷兰入侵，并于 1602 年建立了具有政府职能的"东印度公司"。1799 年年末，荷属东印度公司破产，殖民政府取而代之，通称"荷印政府"。1811 年至 1816 年，英国短暂取代荷兰建立殖民地政府，1816 年后荷兰逐渐恢复其殖民统治，直至 1903 年征服苏门答腊岛最北部亚齐以后，才完全占领整个印度尼西亚。1942 年印度尼西亚被日本占领，3 年后日本投降，印度尼西亚爆发"八月革命"。1945 年 8 月 17 日苏加诺宣布独立，先后武装抵抗英国、荷兰的入侵，发动了三次独立战争。1949 年 11 月印度尼西亚与荷兰签订《圆桌会议协定》，印尼成为联邦共和国，加入荷印联邦。1950 年 8 月印尼联邦议院通过临时宪法，正式宣布成立印度尼西亚共和国，同一年印尼成为联合国第 60 个成员国。[1] 1954 年 8 月，印度尼西亚脱离荷印联邦。

（三）国家政体

1998 年 5 月，执政长达 32 年的苏哈托总统辞职，副总统哈比比接任总统。2004 年 7 月，印度尼西亚举行历史上首次总统直选。2014 年 7 月，印尼举行第三次总统直选，雅加达省长佐科·维多多和前副总统尤素夫·卡拉搭档参选并胜出。2019 年 4 月 17 日，印尼举行历史上首次总统和立法机构同步选举（第四次总统直选），佐科再次赢得总统选举，于 2019 年 10 月就职，任期至 2024 年 10 月。

印度尼西亚现行宪法为《"四五"宪法》。宪法规定，印尼为单一的共和制国家，"信仰神道、人道主义、民族主义、民主主义、社会公正"是建国五项基本原则。印度尼西亚实行总统制，总统为国家元首、行政首脑和武装部队最高统帅。从 2004 年起，总统和副总统不再由人民协商会议选举产

---

〔1〕《印度尼西亚的历史起源及其发展》，http: //www.clocin.con/p_ 1123007273.html。

生，改由全民直选；每任五年，只能连任一次。总统任命内阁，内阁对总统负责。[1]

印度尼西亚共有一级行政区（省级）34 个，包括北苏门答腊省、西苏门答腊省、廖内省、占碑省、南苏门答腊省、明古鲁省、楠榜省、邦加-勿里洞群岛省、廖内群岛省、西爪哇省、中爪哇省、东爪哇省、万丹省、巴厘省、西努沙登加拉省、东努沙登加拉省、西加里曼丹省、中加里曼丹省、南加里曼丹省、东加里曼丹省、北加里曼丹省、北苏拉威西省、中苏拉威西省、南苏拉威西省、东南苏拉威西省、哥伦打洛省、西苏拉威西省、马鲁古省、北马鲁古省、西巴布亚省、巴布亚省等 31 个省和亚齐特区、日惹特区和雅加达首都特区等 3 个地方特区，二级行政区（县/市级）共 514 个。首都雅加达位于爪哇岛上，常住人口约 1055 万人。

（四）经济发展

印度尼西亚是东盟最大经济体，农业、工业和服务业均在国民经济中发挥重要作用。建国初期，印度尼西亚经济发展缓慢，1950 年至 1965 年国内生产总值（GDP）年均增速仅 2%。20 世纪 60 年代后期经济结构调整后开始提速，1970 年至 1996 年间 GDP 年均增速达到 6%，跻身中等收入国家。通过发展经济、扩大就业机会、提高工资和发展福利事业等一系列举措，印度尼西亚人民生活水平逐步提高，贫困人口占比由 1970 年的 60% 下降至 1996 年的 11%。受亚洲金融危机重创，印度尼西亚经济 1997 年出现严重衰退，货币大幅贬值。2004 年，苏西洛总统执政后，积极采取措施吸引外资、发展基础设施建设、整顿金融体系、扶持中小企业发展，取得积极成效，年均经济增长保持在 5% 以上。2008 年以来，面对国际金融危机，印尼政府应

---

[1]《印度尼西亚国家概况》，http://www.fmprc.gov.cn/web/gjhdq_676201/gj_676203/yz_676205/1206_677244/1206x0_677246/。

对得当，经济仍保持较快增长。[1] 2014 年以来，受全球经济不景气和美联储调整货币政策等影响，经济增长有所放缓，近年来印尼政府陆续出台一系列刺激经济政策，经济显现加速复苏迹象。2019 年 GDP 为 15 833.9 万亿印尼盾（约 1.11 万亿美元），同比增长 5.02%，人均 GDP 为 5910 万印尼盾，接近 4200 美元。

二、印度尼西亚人口状况

（一）人口基本状况

1. 人口规模现状与预测

印度尼西亚是继中国、印度和美国之后，排名世界第四的人口大国。根据联合国世界人口展望（World Population Prospect，WPP）数据，在 1950 年至 2020 年期间，印度尼西亚人口规模不断扩大，由 1950 年建国时的 6954 万人已增至 2020 年 2.73 亿人（见图 1）。

从各省情况来看，2019 年人口规模最大的省份是西爪哇省，人口总数高达 4931.67 万人。北加里曼丹省的人口规模最小但增长速度最快，2019 年人口总数仅为 74.22 万人，但在 2010 年至 2019 年间，北加里曼丹省的年均人口增长率达到 3.84%，远远高于 1.31% 的全国整体水平。[2]

受到人口基数大的影响，尽管人口年增长率不断下降，但印度尼西亚总人口数在未来仍将保持不断上升的趋势。据联合国预测，2050 年印度尼西亚的总人口数将达到 3.31 亿人，比 2020 年增长 6000 多万人，平均每年增长约 200 万人（见图 1）。

---

〔1〕《印度尼西亚国家概况》，https：//www. fmprc. gov. cn/web/gjhdq_ 676201/gj_ 676203/yz_ 676205/1206_ 677244/1206x0_ 677246/。

〔2〕 BPS，"Statistical Yearbook of Indonesia 2020"，https：//www. bps. go. id/publication/2020/04/29/e9011b3155d45d70823c141f/statistik-indonesia-2020. html.

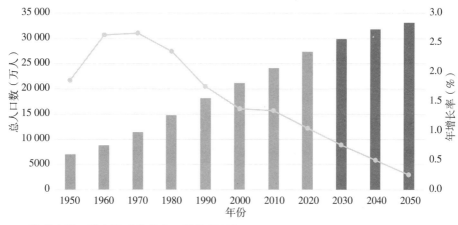

资料来源：联合国《世界人口展望2019》。

图1 1950—2050 年印度尼西亚总人口数及年增长率

2．人口结构

从年龄结构来看，印度尼西亚人口整体较为年轻。2019 年，印度尼西亚
0—14 岁少儿人口、15—64 岁劳动年龄人口和 65 岁及以上老年人口分别占
全国人口总数的 26.35%、67.65% 和 6.00%，[1] 尚未进入老龄化社会。从
性别结构来看，2019 年印度尼西亚人口性别比为 100.9，其中男性人口
13 465.76 万人，女性人口 13 341.69 万人，出生性别比为 105，处于正常范
围。各省之间性别比存在较大差异，2019 年大于 100 的省份共有 25 个，其
余 9 个省份则小于 100，其中人口性别比最高和最低的省份分别是北加里曼
丹省（112.8）和西努沙登加拉省（94.4），两者相差 18.4。

从民族宗教构成来看，印度尼西亚是个多民族国家，共有数百个民族，
其中爪哇族人口占 45%，巽他族 14%，马都拉族 7.5%，马来族 7.5%，其
他 26%。民族语言共有 200 多种，官方语言为印尼语。在宗教方面，约 87%

---

〔1〕 BPS，"Statistical Yearbook of Indonesia 2020"，https：//www.bps.go.id/publication/2020/04/
29/e9011b3155d45d70823c141f/statistik-indonesia-2020.html.

的人口信奉伊斯兰教，是世界上穆斯林人口最多的国家，6.1%的人口信奉基督教，3.6%信奉天主教，其余信奉印度教、佛教和原始拜物教等。[1]

3. 人口分布

从人口密度来看，2019年印度尼西亚全国平均人口密度为每平方千米140人，其中人口密度最高的是雅加达首都特区，每平方千米人口高达15 900人，是全国平均人口密度的100多倍。此外，西爪哇省、万丹省、日惹特区和中爪哇省的人口密度均超过了每平方千米1000人，分别达到每平方千米1394人、1338人、1227人和1058人。人口密度最低的是西巴布亚省，2019年的人口密度仅为每平方千米9人（见表1）。

4. 家庭与婚姻

2019年印度尼西亚全国家庭户数共6870.07万户，户均人口为3.9人（见表1）。在婚姻方面，2019年结婚数量和离婚数量分别达到196.9万对和43.9万对。与2018年相比，结婚数量减少2.34%，离婚数量增加7.55%。

表1 2019年印度尼西亚各省的人口规模、比重、密度、家庭户和平均家庭规模

省份	人口规模 （万人）	占全国人口 比重（%）	人口密度 （人/平方千米）	家庭户数 （万户）	平均家庭 规模（人）
亚齐	537.15	2.00	93	127.39	4.2
北苏门答腊	1456.25	5.43	200	339.98	4.3
西苏门答腊	544.12	2.03	130	129.14	4.2
廖内	697.17	2.60	80	167.39	4.2
占碑	362.46	1.35	72	90.18	4
南苏门答腊	847.07	3.16	92	206.02	4.1
明古鲁	199.18	0.74	100	50.2	4

[1] 《印度尼西亚国家概况》，https://www.fmprc.gov.cn/web/gjhdq_ 676201/gj_ 676203/yz_ 676205/1206_ 677244/1206x0_ 677246/。

续表

省份	人口规模（万人）	占全国人口比重（%）	人口密度（人/平方千米）	家庭户数（万户）	平均家庭规模（人）
楠榜	844.77	3.15	244	214.11	3.9
邦加-勿里洞群岛	148.88	0.56	91	37.93	3.9
廖内群岛	218.97	0.82	267	57.94	3.8
雅加达	1055.78	3.94	15 900	275.87	3.8
西爪哇	4931.67	18.40	1394	1307.52	3.8
中爪哇	3471.82	12.95	1058	930.91	3.7
日惹	384.29	1.43	1227	115.56	3.3
东爪哇	3969.86	14.81	831	1095.57	3.6
万丹	1292.73	4.82	1338	316.85	4.1
巴厘	433.69	1.62	750	115.01	3.8
西努沙登加拉	507.04	1.89	273	140.76	3.6
东努沙登加拉	545.62	2.04	112	118.15	4.6
西加里曼丹	506.91	1.89	34	117.87	4.3
中加里曼丹	271.49	1.01	18	70.43	3.9
南加里曼丹	424.41	1.58	110	114.03	3.7
东加里曼丹	372.14	1.39	29	92.53	4.0
北加里曼丹	74.22	0.28	10	16.72	4.4
北苏拉威西	250.7	0.94	181	64.09	3.9
中苏拉威西	305.4	1.14	49	71.9	4.2
南苏拉威西	885.12	3.30	189	202.99	4.4
东南苏拉威西	270.47	1.01	71	60.87	4.4
哥伦打洛	120.26	0.45	107	28.25	4.3
西苏拉威西	138.03	0.51	82	30.84	4.5

续表

省份	人口规模（万人）	占全国人口比重（%）	人口密度（人/平方千米）	家庭户数（万户）	平均家庭规模（人）
马鲁古	180.29	0.67	38	37.46	4.8
北马鲁古	125.58	0.47	39	25.94	4.8
西巴布亚	95.96	0.36	9	21.19	4.5
巴布亚	337.93	1.26	11	78.47	4.3
合计	26 807.46	100.00	140	6870.07	3.9

资料来源：印度尼西亚统计局《2020年印度尼西亚统计年鉴》。

注：净迁移人口正数表示人口净迁入，负数表示人口净迁出。

（二）人口与经济

印度尼西亚将15岁及以上人口划分为经济活动人口和非经济活动人口，即劳动人口和非劳动人口。其中劳动人口包括正在工作的人、有工作但暂时未工作的人，以及没有工作但正在寻找工作的人，非劳动人口是指不属于劳动力的15岁及以上人口，例如学生、家庭劳动者、退休人员等。[1]

如图2所示，2010年至2019年期间，印度尼西亚15岁及以上人口劳动力参与率出现振荡波动变化，从2010年的67.7%上升至2011年的68.3%之后，2012年至2015年则持续下跌至65.8%，之后再度上升至2019年的67.5%，与2010年的67.7%基本持平。在失业率方面，由于经济发展形势良好，近年来稳步下降，由2010年的7.1%逐步下降至2019年的5.3%。2019年印度尼西亚男性和女性的劳动力参与率分别为83.13%和51.89%，两者相差30余个百分点。

---

〔1〕 游允中、郑晓瑛主编：《十一个亿万人口的大国——她们的人口和社会》，北京：北京大学出版社，2011年版。

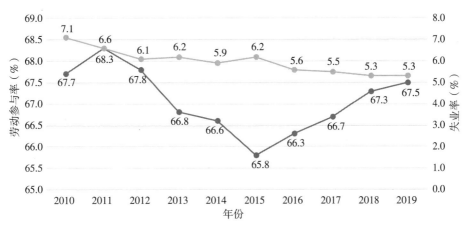

资料来源：印度尼西亚统计局《2020 年印度尼西亚统计年鉴》。

图 2　2010—2019 年印度尼西亚的劳动力参与率及失业率

从产业分布来看，2019 年印度尼西亚三大产业的就业人口数量分别为 3458 万、2971 万和 6223 万，占就业人口总数的比重分别达到 27.33%、23.48% 和 49.19%。具体到行业，就业人口比重排名前三位的行业分别为农林渔业（27.33%）、批发和零售业（18.81%）和制造业（14.96%）。

根据世界银行研究（见图 3），2019 年印度尼西亚的城镇人口数量首次

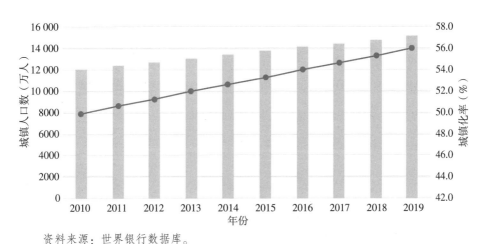

资料来源：世界银行数据库。

图 3　2010—2019 年印度尼西亚城镇人口数及城镇化率

超过1.5亿人，达到15 150.97万人，城镇化率为55.99%。与2010年相比，2019年印度尼西亚的城镇人口数量增加了3080万人，城镇化率提高了约6个百分点。

（三）人口与社会

近年来，印度尼西亚经济的快速发展带动了人民生活水平的提高，贫困人口也随之持续减少。2012年3月份，印度尼西亚城镇人口和乡村人口的贫困线标准分别为每人每月267 408印尼盾（约20美元）和229 226印尼盾（约17美元），2019年9月份已经分别提高到458 380印尼盾（约33美元）和418 515印尼盾（约30美元），与此同时，印度尼西亚的城镇贫困人口和乡村贫困人口分别从1065万人和1848万人减少至986万人和1493万人，贫困人口占比也分别从8.78%和15.12%下降至6.56%和12.60%。从全国来看，2019年印度尼西亚的贫困人口数量及比重分别为2510万人和9.40%，相比2010年分别减少了约590万和3.9个百分点（见图4）。

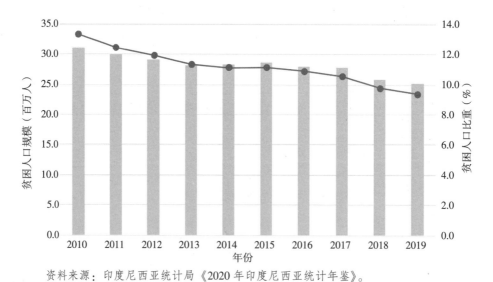

资料来源：印度尼西亚统计局《2020年印度尼西亚统计年鉴》。

图4 2010—2019年印度尼西亚贫困人口规模及比重

印度尼西亚教育事业近年来蓬勃发展，2019 年小学、初中和高中的净入学率分别达到 97.64%、79.40% 和 60.84%，毛入学率分别为 107.46%、90.57% 和 83.98%。从性别差异来看，印度尼西亚各个年龄段的女性入学比例均略高于男性，2019 年 7—24 岁入学适龄人口中男性处于上学状态的比例为 70.45%，而女性则达到 71.10%（见表 2）。教育事业的发展使得印度尼西亚人口的识字率逐年上升，2019 年 15 岁及以上人口的识字率达到 95.90%，其中城镇人口和农村人口的识字率分别为 97.71% 和 93.56%。

表 2　2019 年印度尼西亚 7—24 岁人口的上学比例　　　　（单位:%）

年龄段	男性	女性	合计
7—12 岁	99.12	99.35	99.24
13—15 岁	94.79	96.26	95.51
16—18 岁	71.37	73.41	72.36
19—24 岁	24.81	25.62	25.21
7—24 岁	70.45	71.1	70.77

资料来源：印度尼西亚统计局《2020 年印度尼西亚统计年鉴》。

在人口健康方面，婴儿死亡率是反映一个国家或地区的居民健康水平和经济社会发展水平的重要指标。根据联合国世界人口展望（WPP）数据，1950 年印度尼西亚的婴儿死亡率为 195‰。经过 70 年医疗卫生水平的提高，2020 年这项指标降至 17.1‰，降幅高达 178‰，但相比于整个东南亚（8.5‰），印度尼西亚婴儿死亡率仍有下降空间。平均出生预期寿命指标可以综合反映一个国家人口的死亡水平，2020 年印度尼西亚人口平均预期寿命为 71.91 岁，相比于 1950 年的 40.38 岁增加了近 32 岁，说明印度尼西亚人口的健康水平显著提高。另外，2019 年印度尼西亚 5 岁及以下儿童基础疫苗的接种率为 47.21%，同比提高了 3.3 个百分点。[1]。

三、印度尼西亚人口与发展的主要特征

受到自然环境和社会条件的影响，"一带一路"沿线国家的人口与发展呈现出明显的差异性。自 1950 年建国以来，伴随着经济社会的发展，印度尼西亚人口经历了复杂而剧烈的变动过程，其特征主要体现在以下四个方面。

（一）人口数量不断增加，增长速度由快转慢

根据联合国人口司的统计，1950 年印度尼西亚总人口约 6954 万人，占全世界人口总数的 2.74%，全世界排名第 7 位。此后，印度尼西亚经历了快速的人口增长，1951 年、1964 年和 1977 年分别超过德国、日本和俄罗斯，排名从第 7 位上升到第 4 位，在世界人口中的比重持续上升。2020 年印度尼西亚总人口约 2.74 亿人，占全世界人口总数的 3.51%。

印度尼西亚人口增长速度始终高于全世界平均水平，其中人口增速的峰值出现在 20 世纪 60 年代，1965—1970 年的年均人口增长率达到 2.706%，其中 1967 年达到最高值 2.718%，人口的过快增长给印度尼西亚的经济社会发展带来了巨大压力。1970 年，印度尼西亚成立了国家计划生育委员会（BKKBN），其主要任务是管理国家人口和计划生育方案，包括制定并实施人口和计划生育的国家政策、规范标准及组织宣传教育等。根据 2009 年的《人口与家庭发展法》，BKKBN 改名为国家人口和计划生育委员会，其使命也相应转变为"以人口素质意识实现国家发展，实现小型、幸福、富足的家庭"。[2] 2017 年 11 月 28 日，第 14 届人口与发展南南合作部长级国际会议在印度尼西亚日惹特区举行，大会发表了《日惹宣言》，就促进计划生育和

---

〔1〕 BPS, "Statistical Yearbook of Indonesia 2020", https：//www. bps. go. id/publication/2020/04/29/e9011b3155d45d70823c141f/statistik-indonesia-2020. html.

〔2〕 "About BKKBN", https：//citc. bkkbn. go. id/about-bkkbn/.

生殖健康，实现家庭发展提出了重要倡议。[1] 经过一系列政策努力，2015年至2020年印度尼西亚人口的年均增速减至1.139%，比高峰时期的一半还要低，其中2020年的年增长率仅为1.049%。

（二）人口转变基本完成，生育率降至较低水平

人口出生率显著下降是印度尼西亚人口增速放缓的最主要原因。1950年印度尼西亚共和国成立，国内外环境由动荡不安趋向和平稳定，印度尼西亚也随之迎来了婴儿出生潮。印度尼西亚的人口粗出生率在整个20世纪50年代均保持较高水平且不断上升，从1950年的41.02‰攀升至1958年的44.58‰，之后虽然略有下降，但直到1969年依然保持在40‰以上。随着计划生育政策的推广实施，印度尼西亚的出生率开始快速降低，从1969年的40.60‰降至1984年的30.43‰，再进一步下降到2012年的20.23‰，2020年的人口粗出生率为17.45‰，相比最高时下降了27个千分点。

与此同时，随着经济的快速发展及医疗卫生水平的提高，印度尼西亚的人口粗死亡率也出现了显著的下降，如图5所示，从1950年的23.56‰快速下降至1982年的10.03‰，并在之后一直保持在10‰以下的水平，2020年的粗死亡率为6.56‰。在人口出生率先升再降和死亡率持续降低的影响下，印度尼西亚人口自然增长率呈现出先升后降的变动趋势，在1966年达到最大值26.03‰，随后逐渐下降至2020年的10.88‰。

总和生育率同样经历了先升后降的过程，从1950年的每个妇女平均生育5.35个孩子上升至1959年的5.67个，随后一直处于下降状态，2020年印度尼西亚的总和生育率为2.27，略高于2.1的更替水平，低于同期的全世界人口的总和生育率（2.44），处于相对较低的生育水平，并且在未来继续下降的可能性非常大。

---

〔1〕《印尼国家人口与计划生育委员会将制定重要计划》，https://finance.huanqiu.com/article/9CaKrnK5URw。

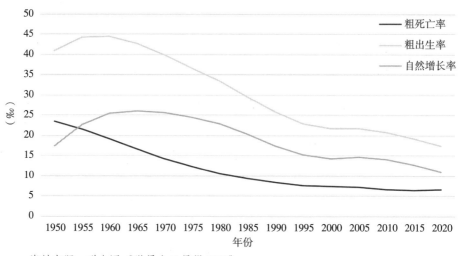

资料来源：联合国《世界人口展望2019》。

图5　1950—2020年印度尼西亚人口粗死亡率、粗出生率和自然增长率

总的来看，印度尼西亚的人口经历了由"高出生率、低死亡率、高自然增长率"向"低出生率、低死亡率、低自然增长率"的转变，这一过程大致从20世纪60年代开始，到21世纪初完成。根据美国人口学家寇尔对人口转变过程的数量界定，印度尼西亚人口已经由过渡阶段跨入现代阶段。

（三）年龄结构进入成年型，未来20年处于人口红利期

人口金字塔又称年龄性别金字塔，是将某一地区的人口按年龄和性别分组而构成的图形，可以直观地表示该地区人口的年龄构成和性别构成，进而可以分析该地区可能存在的人口问题及未来的人口变化趋势。根据联合国世界人口展望（WPP）数据，绘制出印度尼西亚1960年、1980年、2000年、2020年和2050年的人口金字塔，如图7所示。可以看出，1960年至1980年间印度尼西亚人口金字塔始终呈现出"下宽上尖"的特征，人口数量快速增加导致年轻人口在总人口中占据非常大的比重，2000年之后，人口快速增长趋势放缓，人口金字塔底部开始收缩，2020年逐渐完成由年轻型人口向成年型人口转变，除老年人口外，其余年龄组人数差别不大。预计到2050年，印度尼西亚 0—14 岁少儿人口、15—64 岁劳动年龄人口和 65 岁及以上老年人口分别占全国人口总数的 19.42%、64.71% 和 15.86%，未来 30 年老年人口比例将提高近 10 个百分点。

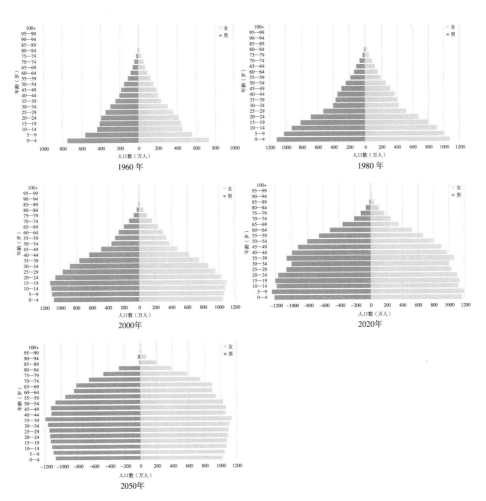

资料来源：联合国《世界人口展望 2019》。

图 6　1960 年、1980 年、2000 年、2020 年和 2050 年印度尼西亚人口金字塔

人口年龄结构的变化使得印度尼西亚社会总抚养比呈现先上升后下降的趋势，其中1970年的总抚养比高达87.05%，之后逐渐下降，2013年印度尼西亚人口总抚养比为49.77%，首次低于50%，进入人口红利期。2020年的总抚养比仅为47.49%，这主要得益于少儿抚养比的较快下降，抵消了老年抚养比的逐年攀升（见表3）。根据联合国的预测，印度尼西亚的劳动年龄人口比例在未来一段时间里都将保持较高水平，人口总抚养比直到2039年才会再一次高于50%，近年来，印度尼西亚逐渐加大教育投入力度，创办社区大学，实施"工业人才4.0"计划，希望通过职业教育改革，培养更多技术型劳动力和更多具有国际竞争力的高素质人才，充分发挥印度尼西亚的人口红利。

表3　1950—2020年印度尼西亚人口年龄结构及抚养比

年份	年龄结构（%）			抚养比（%）		
	0—14岁	15—64岁	65岁及以上	少儿抚养比	老年抚养比	总抚养比
1950	39.17	56.87	3.96	68.88	6.96	75.84
1960	39.94	56.50	3.55	70.69	6.29	76.98
1970	43.24	53.46	3.30	80.88	6.18	87.05
1980	41.09	55.34	3.57	74.26	6.45	80.71
1990	36.45	59.77	3.77	60.98	6.31	67.29
2000	30.69	64.61	4.70	47.51	7.27	54.78
2010	28.83	66.21	4.96	43.54	7.50	51.04
2020	25.94	67.80	6.26	38.25	9.24	47.49

资料来源：联合国《世界人口展望2019》。

（四）人口分布极不均衡，跨省流动较为频繁

印度尼西亚虽然国土辽阔，但人口空间分布极不均衡，这也导致了各个

省份的人口密度差别巨大。在众多岛屿中,爪哇岛(包括西爪哇省、东爪哇省、中爪哇省、万丹省、雅加达首都特区和日惹特区)面积不足国土面积的7%,人口数量却超过了全国的一半以上,而在一些偏远岛屿上则人烟稀少。人口分布不均衡给印度尼西亚带来了一系列的问题,在爪哇岛等人口稠密地区失业人口众多,而在其他人口稀少地区劳动力又奇缺,导致印度尼西亚富饶的土地和矿产资源无法得到充分开发和利用。特别是20世纪60年代下半期以来,由于人口快速增长,国内人口分布不均衡的矛盾更加尖锐。为了解决这一问题,印度尼西亚政府把国内人口迁移放在十分重要的地位,制定并实施"外岛移民"政策,成立了专门负责移民的机构,拟定了长期移民计划。在第一个和第二个五年计划期间(1969—1974年和1974—1979年),爪哇岛分别向外岛移民20多万人和40多万人,并在第三个五年计划期间(1979—1984年)进一步增长至250万人,政府的长远规划是每个五年计划期间能向外岛移民500万人。[1]

"外岛移民"政策的实施取得了一定的效果,爪哇岛上的人口占全国人口总数的比例持续下降。然而随着印度尼西亚激烈的社会改革运动,中央政府的权力和财力大大下降,在2000年终止了大规模的国内移民计划,取而代之的是本地移民计划,爪哇岛人口外迁的速度减慢。[2] 人口普查结果显示,1971年爪哇岛人口占全国人口总数的比重高达63.83%,1980年下降了2个百分点到61.88%,1990年和2000年又分别进一步下降至59.97%和58.83%,2010年最新的人口普查结果显示这一比例只有57.49%,相比1971年下降了约6个百分点。然而从下降速度可以看出,1971年至1980年爪哇岛的人口比重下降了两个百分点,而到了2000年至2010年这一数字仅下降

---

〔1〕 吴崇伯:《人口大迁移:印度尼西亚向外岛移民》,载《东南亚研究》,1994年第2期,第23页。

〔2〕 孟令国、胡广:《东南亚国家人口红利模式研究》,载《东南亚研究》,2013年第3期,第38—39页。

了 1.3 个百分点，人口外迁速度明显减缓（见表 4）。

表4　1971—2010 年历次人口普查爪哇岛人口数　（单位：万人）

省份	1971 年	1980 年	1990 年	2000 年	2010 年
雅加达	457.93	650.34	825.93	838.94	960.78
西爪哇	2162.35	2745.35	3538.44	3572.95	4305.37
中爪哇	2187.71	2537.29	2852.06	3122.89	3238.27
日惹	248.94	275.08	291.31	312.23	345.75
东爪哇	2551.70	2918.89	3250.40	3478.36	3747.68
万丹	–	–	–	809.88	1063.22
爪哇岛	7608.63	9126.95	10 758.13	12 135.26	13 661.06
印度尼西亚	11 920.82	14 749.03	17 937.89	20 626.46	23 764.13

资料来源：印度尼西亚统计局。

四、印度尼西亚人口与发展的问题与挑战

人口是社会生产活动的主体，也是经济社会发展的基础。印度尼西亚人口规模巨大、人口结构年轻、人口流动活跃，在"一带一路"沿线国家中具备独一无二的人口优势。近年来，随着经济社会的发展，印度尼西亚人口的健康水平、受教育水平和城镇化水平不断提升，庞大的国内消费市场和数量丰富、价格低廉的劳动力对于投资者而言都具有极大的吸引力。然而，人口与经济社会、资源环境的不协调发展导致印度尼西亚的人口与发展存在诸多的问题和挑战，应当引起足够重视。

（一）人口增长过快，资源环境压力加大

印度尼西亚是一个多民族的热带国家，很多民族都有早婚早育的传统，并且伊斯兰教是印度尼西亚的主要宗教，很多人对绝育和人工流产等持反对

态度。在此情况下，人口膨胀给印度尼西亚的资源环境带来巨大压力。印度尼西亚是世界上公认的农业国家，土地肥沃，雨量充沛，光照充足，人均耕地面积 0.6 公顷，居世界第 10 位，粮食生产条件十分优越。然而，其粮食自给自足之路却走得极为艰难，主要原因之一就是 20 世纪下半叶人口的过快增长。20 世纪 70 年代，印度尼西亚通过引进高产良种和改善农业设施，使得本国的粮食产量持续增长，1984 年实现了粮食自给目标，摘掉了世界最大大米进口国的帽子。然而，进入 20 世纪 90 年代后，粮食产能徘徊不前，难以满足快速增长人口的需求，在实现粮食自给仅仅 10 年之后，1994 年印度尼西亚又重新从国外大量进口粮食。近年来，印度尼西亚政府采取了一系列粮食自给和粮食安全政策，包括制定粮食生产计划、提高农业预算开支、扩大粮食作物种植面积、修复农田灌溉系统和改进粮食种植方法等。尽管主要粮食作物产量有所提高，但整体的粮食生产竞争能力依然薄弱，多种战略性粮食产品仍依赖进口。2019 年印度尼西亚共进口大米 44 万吨，食用小麦 1069 万吨，大豆 267 万吨。此外，印度尼西亚人口的过快增长也加重了环境压力，人为不可持续地利用生物资源、非法砍伐，以及"烧芭"习惯等对生物多样性造成了挑战。世界银行统计数据显示，1990 年至 2015 年间印度尼西亚国内的森林覆盖率从 65.44% 缩减至 50.24%，减少了 15 个百分点。

根据联合国的预测，印度尼西亚的总人口数在未来很长一段时期内都会保持上升的趋势，将于 2067 年达到峰值 3.37 亿人，相比 2020 年将增加约 6400 万人，平均每年的新增人口超过 130 万人。在全球气候变暖、人均消费水平提高的背景下，印度尼西亚的人口增长将会导致其粮食安全、生态保护与经济发展之间的矛盾日益突出。

（二）贫困人口基数较大，贫富差距不断扩大

贫困问题一直是困扰印度尼西亚发展不容忽视的重大问题。20 世纪 60 年代至 20 世纪 90 年代，印度尼西亚政府通过实施加大农村资金投入力度、进行宏观经济自由化改革和发展基础教育等一系列益贫式增长策略，贫困人口比例在 20 世纪后期急剧下降，从 1960 年的 60% 下降至 1996 年的 11%。然而，在亚洲金融危机之后，印度尼西亚的贫困人口比例出现反弹。从贫困地区的分布来看，印度尼西亚东部的贫困县市较多，占贫困县市总数的约六成，苏门答腊占三成，爪哇和巴厘仅占一成，东部的贫困发生率高达 36.8%，而西部地区为 17%。造成印度尼西亚西富东穷的一个很重要原因在于历届政府普遍采取"重西轻东"的政策，城市化、产业布局和基础设施建设的重心主要集中在爪哇岛和苏门答腊岛，东部地区的农业就业比重非常高，地区之间的发展差距较大。为促进落后地区的发展，印度尼西亚于 2014 年成立了村庄与落后地区发展和移民部（KEMENDES），通过实施村庄基金、向新发展地区移民等政策来减小地区差异。[1]

此外，更严重的一个问题是印度尼西亚国内的贫富差距非常大。随着经济的发展，印度尼西亚的人均国内生产总值已经超过 4000 美元，进入中等收入国家行列，但与此同时，高收入人群和低收入人群的收入差距也在不断扩大，衡量贫富差距的基尼系数从 2002 年的 0.33 逐渐增加至 2011 年的 0.41。2016 年 3 月，印度尼西亚 20% 富人的消费支出占比高达 46.89%，40% 贫困人口的消费支出仅占比 17.02%，中间阶层 40% 人口则占 36.09%。为改变当前现状，印度尼西亚政府一方面实施以家庭为基础的社会援助计划，包括有条件的现金转移支付和生产性家庭计划，另一方面继续推动扩大全民医疗健康保险的覆盖范围，由政府支付穷人的保险费。2019 年印度尼西亚的基尼系数下降至 0.38，但仍高于 2002 年改革初期的水平。贫富差距过大使得众多新一代印度尼西亚穷人仍然难以享受经济发展带来的红利。因此，通过吸引国外投资大力发展经济，成为当前印度尼西亚政府对外经济工作的重点。

---

〔1〕《贫困与福祉研究团队赴菲律宾和印度尼西亚考察减贫政策（2020-1-9）》，http：//rdi.cass.cn/xsjl/202001/t20200109_5074130.shtml。

（三）人力资源素质偏低，女性劳动力参与率不高

印度尼西亚作为以青壮年为主的人口大国，劳动力资源充足，2019年就业人口总数高达 1.26 亿人。然而，由于农业就业人口众多、女性劳动力参与率低和劳动力技术水平低，人力资源的经济生产能力难以得到充分有效发挥。印度尼西亚是农业大国，农业劳动力是劳动力市场的主力军，2019年农、林、渔业的就业人口超过了 3458 万人，占全国就业人口总数的 27.33%，远高于中等收入国家不到 10% 的均值。

尽管在教育方面实现了两性平等，但在过去的 20 多年里，印度尼西亚的女性劳动力参与率始终停滞不前，一直停留在略高于 50% 的水平，2019年女性劳动力参与率仅为 51.89%，大多数女性在婚后便永久性退出就业岗位，劳动力市场难以向更大更高质量方向发展。

印度尼西亚中、高等教育入学率及从事科技研究的人口比例一直较低。2018年印度尼西亚具有大学及以上学历的人口仅占 9.37%，而周边的马来西亚和泰国在 2017 年便分别达到了 11.31% 和 14.81%；2016年印度尼西亚每百万人中从事科学研究与试验发展（R&D）的人数为 178.88 人，而同期马来西亚和泰国则分别是 263.25 人和 319.77 人。由于缺乏具备多种技能和正式工作经验的劳动力，难以形成拥有熟练技术和创新能力的劳动力市场。印尼政府意识到了国家人力资源素质整体偏低的问题，在 2020 年发布的《印度尼西亚愿景 2045》中，特别提到了到 2045 年（印度尼西亚独立 100 周年）的教育发展目标，即平均受教育年限达到 12 年，高等教育毕业生将会增加到 60%，而中等教育毕业生将增加到 90%。[1]

（四）人口老龄化加速到来，社会保障亟待完善

随着生育水平的降低及预期寿命的提高，印度尼西亚的老年人口正在迅

---

〔1〕《印度尼西亚发布 2045 愿景并提出相关教育目标》，https://www.sohu.com/a/430956222_99931395。

速成为该国增长最快的群体。根据联合国人口司的预测，2023年印度尼西亚65岁及以上老年人口占比将达到7.04%，标志着其进入老龄化社会，之后老龄化速度会加快，老年人口的比例将随着少儿人口比例的缩减而继续增长，预计到2050年印度尼西亚老年人口数约为5250万人，占总人口的比重将达到15.86%，达到深度老龄化，印度尼西亚将面临人口老龄化与人口总量过多的双重压力。

与中国相类似，印度尼西亚人口的快速老龄化将同样带来未富先老的问题。印度尼西亚人均国内生产总值刚超过4000美元，应对人口老龄化的经济实力比较薄弱，很多老年人缺乏社会养老保障，老年人贫困现象突出，尤其是在落后的农村地区，大部分老年人没有足够的养老金或医疗保险，生活状况堪忧。另一个问题是老年人健康状况不佳。尽管印度尼西亚的人口寿命更长了，但是健康质量仍然不高，有研究显示，只有41.7%的老年男性认为自己健康，而女性只有36.4%。如果长寿不能与健康相伴，迅速增长的老年人口则意味着更多的老年人将遭受疾病痛苦和医疗负担。2014年，印度尼西亚政府建立了国家健康保险服务体系（National Health Insurance System，NHIS），2019年国家健康保险服务体系参保人数覆盖本国约82%的人口。但是面对即将到来的人口快速老龄化，印度尼西亚政府尚未作好准备，人力、物力、财力、认识和制度等方面难以满足未来的需要，养老保障制度和养老服务体系亟待发展和完善。

五、思考与启示

中国和印度尼西亚隔海相望，两国友好关系的历史源远流长。2013年习近平主席访问印度尼西亚时提出建设"21世纪海上丝绸之路"的倡议，此后不久印度尼西亚总统佐科·维多多提出建设"全球海洋支点"战略，两者高度契合，双方合作符合两国人民的根本利益，这为中国企业在印度尼西亚经贸与投资活动的开展提供了良好的机遇。

2019 年 7 月，佐科总统在演讲中提出将采取五大举措来将印度尼西亚建成一个极具生产力和竞争力的国家：一是加快大的基础工程建设，尤其是旅游区、经济特区、渔场等的互联互通；二是优先发展人力资源，重点保障人民医疗、提高教育水平和开展英才计划；三是拉投资促就业，重点是继续简化手续和打击乱收费；四是对官僚体制进行结构性改革，使其更快更高效地服务社会；五是高效使用国家预算。其中一至三指明了未来投资的重点领域和内容，而四和五则确保了投资具有稳定的外部制度环境。印度尼西亚战略构想的实现，需要不断扩大经济对外开放范围，吸引外国资本投入。近年来，印度尼西亚政府为引进外资做了大量工作，一方面将多个领域从外资有条件进入清单中移除，包括基础设施项目在内的多数经济部门均向外资开放，另一方面针对农业、渔业、电信、海洋运输和加工业等先驱产业按照投资额度等级提供优惠政策，外资已经成为支撑印度尼西亚经济增长的重要资本之一。

中国与印度尼西亚的经济往来已经有了较大规模，中国已经成为印度尼西亚最大的出口目的地和进口来源国，也是印度尼西亚主要外资来源国，双方在交通及基础设施建设方面深入合作。但是，"21 世纪海上丝绸之路"建设不仅仅是贸易和道路方面的建设，还需要众多产业合作机遇。基于对印度尼西亚人口与发展状况的分析，在"一带一路"建设过程中，中国企业和相关部门应关注以下几个方面。

（一）利用人口规模优势，拓展产业合作范围

印度尼西亚资源丰富，庞大的人口规模和年轻的人口结构是印度尼西亚人口的优势所在，未来 20 年将长期处于人口红利期。然而，印度尼西亚虽内需旺盛，但贫困人口较多，贫富差距较大，制造业基础薄弱，因此如何减少贫困和扩大就业是印尼政府面对的重要问题。中国目前制造业产能比较强，技术相对于印度尼西亚具有比较优势。因此，充分利用印度尼西亚的人口规模优势和中国的制造业优势，加强产业投资合作，为印度尼西亚的产业结构从资本密集型行业向制造业、旅游业等劳动密集型产业扩展提供助力，创造更多就业岗位，带动当地人口就业，减小贫困人口规模，是中国与印度尼西亚合作共同推动"一带一路"建设的重要意义之所在。

除了外资热衷的采矿业、电力、燃气和供水、金属、机械和电子工业、房地产等产业之外，印度尼西亚的海洋经济和伊斯兰经济投资前景广阔，开发潜力巨大，是未来中国和印度尼西亚投资合作的重点领域。印度尼西亚海洋经济限于资金、科技等因素的制约，目前还处于初级的粗放型发展阶段，两国在海洋渔业、海洋能源、海洋交通运输和海洋旅游业等领域具有良好的合作互补前景。伊斯兰经济在印度尼西亚经济生活中具有重要的影响和作用，其中的穆斯林服装设计加工出口和伊斯兰金融业具有巨大的潜力，中国企业要积极寻找有实力的当地合作伙伴，加快推进中国企业本土化。

（二）民众健康需求日益增加 卫生医疗产业前景看好

尽管近几十年来印度尼西亚的人口预期寿命不断提高，但人口的健康状况却并不佳，孕产妇死亡率和婴幼儿死亡率均高于中国平均水平。此外，慢性病日趋流行、农村医疗服务可及性较差也是印度尼西亚卫生系统面临的主要问题。印度尼西亚的医疗条件并不发达，技术亟须提升，设施有待改善，医疗服务发展不均衡，农村地区和偏远岛屿医疗条件严重落后，90%的医疗设备依赖进口。未来5年内，东南亚的医疗设备严重依赖于进口。新冠肺炎疫情发生以来，尽管印度尼西亚的疫情防控措施不断升级，制定了大规模社区限制政策（PSBB），但并没有有效遏制疫情的扩散。在东南亚各国中，印度尼西亚的疫情发展最为严重。总统佐科认为，新冠肺炎疫情打击到各个基层和各行各业，对印度尼西亚经济的影响超过了1998年的亚洲金融危机。[1] 此外，新冠肺炎疫情的发展进一步加重了当地的医疗卫生负担，两国之间的医疗互助合作显得尤为重要，应通过派遣专家团队、援助医疗物资、培养医疗人才和疫情防控指导等途径支持印度尼西亚医疗卫生系统的建设和发展，投资外岛边远地区的卫生服务中心和医院建设。

（三）民族构成较为复杂，尊重当地文化习俗

印度尼西亚的民族构成复杂，宗教信仰也存在差异，作为世界上信仰伊斯兰教人口最多的国家，伊斯兰教的价值观深深嵌入国家和国民的社会生活中，因此中国企业在扩展投资领域的过程中，必须充分尊重印度尼西亚各族人民的传统文化和生活习俗，遵守法律和各方面制度，同时注重履行企业社会责任。例如，长期为项目周边的村庄提供医疗服务、援建清真寺、捐助贫困家庭、为当地学校提供奖学金、兴建公共设施以改善当地基础设施的落后状况、为当地技术学校合作培训技术工人、为贫困地区的学校或组织捐赠等。

印度尼西亚作为"一带一路"沿线的重要国家，印度尼西亚借助"一带一路"优惠政策和强势的市场需求，成了中国不可或缺的贸易伙伴。中国和印度尼西亚合作前景广阔，互补优势明显，了解其人口现状和发展趋势，有助于精准施策，共谋发展。

参考文献：

[1] 沃伦·C. 罗宾逊，约翰·A. 罗斯. 全球家庭计划革命：人口政策和项目30年（第1版）[M]，彭伟斌，吴艳文，等译. 北京：社会科学文献出版社，2015：282—290.

[2] 曹丽娜，黄荣清. 东盟各国的人口转变与人口政策——兼论对中国计划生育的启示 [J]. 人口与发展，2015，21（02）.

[3] 王艳. 经典人口转变理论的再探索——现代人口转变理论研究评介 [J]. 西北

---

[1] 《印度尼西亚新冠疫情发展趋势及其抗疫评价》，http：//icas. lzu. edu. cn/f/202007/900. html。

人口，2008（4）.

　　［4］游允中，郑晓瑛. 十一个亿万人口的大国——她们的人口和社会（第1版）
［M］. 北京：北京大学出版社，2011：199—201.

　　［5］程超泽，倪新贤. 浅析印度尼西亚的国内移民问题［J］. 人口研究，1983
（3）.

　　［6］ARIFIN EN，ANANTA A. Three mega-demographic trends in Indonesia［J］. Social
development issues，2013，35（3）.

　　［7］吴崇伯. 印度尼西亚佐科政府的粮食自给与粮食安全政策分析［J］. 创新，
2017（6）.

　　［8］宋秀琚，王鹏程. 印度尼西亚的环境灾害及其在全球环境治理中的参与［J］.
东南亚纵横，2018（3）.

　　［9］张庆红. 印度尼西亚益贫式增长的实践及其启示［J］. 实事求是，2014（4）.

　　［10］隋广军. 印度尼西亚经济社会发展报告（2019—2020）（第1版）［M］. 北
京：社会科学文献出版社，2020：112.

　　［11］吴崇伯，钱树静. 印度尼西亚的中等收入陷阱问题分析［J］. 南洋问题研究，
2017（3）.

　　［12］QIBTHIYYANH R，UTOMO A J. Family matters：demographic change and social
spending in Indonesia［J］. Bulletin of Indonesian economic studies，2016，52（2）.

　　［13］韦红. 印度尼西亚国情报告（2018）（第1版）［M］. 北京：社会科学文献出
版社，2019：254.

　　［14］OEY-GARDINER M，GARDINER P. Indonesia's demographic dividendor window of
opportunity［J］. Masyarakat Indonesia. 2013，39（2）.

　　［15］阳阳，庄国土. 东盟发展报告（2018）（第1版）［M］. 北京：社会科学文献
出版社，2020：228.

　　［16］贾益民. 21世纪海上丝绸之路研究报告（2018—2019）（第1版）［M］. 北
京：社会科学文献出版社，2019：119—124.

　　［17］韦红. 印度尼西亚国情报告（2018）（第1版）［M］. 北京：社会科学文献出
版社，2019：313—316.

［18］费杨，张维帅．印度尼西亚卫生系统面临的主要卫生经济问题及改革取向 ［J］．中国卫生经济，2013（9）．

［19］李永全．"一带一路"建设发展报告（2016）（第1版）［M］．北京：社会科学文献出版社，2016：106—112．

［20］隋广军．印度尼西亚经济社会发展报告（2019—2020）（第1版）［M］．北京：社会科学文献出版社，2020：135—163．

［21］韦红，宋秀琚．中国与印度尼西亚人文交流发展报告（2019）（第1版）［M］．北京：社会科学文献出版社，2019：88—123．

［22］韦红．印度尼西亚国情报告（2018）（第1版）［M］．北京：社会科学文献出版社，2019：86—150．

［23］隋广军．印度尼西亚经济社会发展报告（2019—2020）（第1版）［M］．北京：社会科学文献出版社，2020：76—111．

［24］林梅．印度尼西亚佐科政府的"全球海洋支点"战略及中国与印度尼西亚合作的新契机［J］．东南亚纵横，2015（9）．

［25］韦红．印度尼西亚国情报告（2018）（第1版）［M］．北京：社会科学文献出版社，2019：290—323．

伊朗人口与发展状况报告

金 牛 原 新*

摘要：伊朗伊斯兰共和国成立后，根据民族宗教文化和经济社会发展国情调整了人口生育政策，走过了"鼓励—控制—再鼓励"的变迁历程，成为伊斯兰世界中快速实现人口转变的少数国家之一。审视伊朗人口演变过程，总结经验教训，思考未来出路，可以为"一带一路"建设提供参考，助益人口红利开发，促进经济社会可持续发展。

关键词：伊朗；人口；发展；"一带一路"

伊朗是一个文明古国，公元前 550 年建立波斯帝国，开创阿契美尼德王朝，历经安息王朝、萨珊王朝、阿夫沙尔王朝、恺加王朝等朝代更迭；19 世纪后期遭受英俄入侵，沦为半殖民地国家；1925 年建立巴列维王朝，1935年改国名为伊朗；1979 年伊斯兰革命胜利后，建立伊朗伊斯兰共和国（Islamic Republic of Iran），简称"伊朗"，实行政教合一制度，官方语言为波斯

---

* 金牛，南开大学经济学院博士研究生；原新，南开大学经济学院人口与发展研究所教授、博士生导师，南开大学老龄发展战略研究中心主任。

语。

伊朗位于亚洲西南部，属于中东[1]国家，国土面积约164.5万平方千米，海岸线长近2700千米。与土库曼斯坦、阿塞拜疆、亚美尼亚、土耳其、伊拉克、巴基斯坦、阿富汗相邻，南濒波斯湾和阿曼湾与科威特、沙特阿拉伯、巴林、卡塔尔、阿联酋、阿曼相望，北隔里海与俄罗斯、哈萨克斯坦相望，素有"欧亚陆桥"和"东西方空中走廊"之美称。

伊朗2020年总人口为8399万人，其中，波斯人占66%，阿塞拜疆人占25%，库尔德人占5%，其余为吉兰人、卢尔人、俾路支人、阿拉伯人和土库曼人等少数民族。99.59%的伊朗人信仰伊斯兰教，其中九成以上为什叶派，0.16%信仰琐罗亚斯德教，0.03%信仰基督教，0.01%信仰犹太教。[2]

伊朗境内蕴藏丰富的石油、天然气和煤炭等矿产资源。截至2019年年底，已探明石油储量1580亿桶，居世界第四位；已探明天然气储量33.9万亿立方米，居世界第二位；已探明铜矿储量30亿吨，约占世界总储量的5%，居世界第三位；已探明锌矿储量2.3亿吨，居世界第一位。[3]工业以石油开采业为主，石油收入占外汇总收入的一半以上，另外还有炼油、钢铁、电力、纺织、汽车制造、机械制造、食品加工、建材、地毯、家用电器、化工、冶金、造纸、水泥和制糖等工业，但基础相对薄弱，大部分工业原材料和零配件依赖进口。农业在伊朗的国民经济中占有重要地位，农耕资源丰富，近年来粮食生产已实现90%自给自足。伊朗是中东与北非地区较大的经济体，2018年国内生产总值达到4539.96亿美元，人均国内生产总值约

---

〔1〕 中东是欧洲人使用的一个笼统的地理用语，指地中海东部和南部到波斯湾沿岸的部分地区，不同组织对中东采用不同的划定标准。国际关系领域所指的中东一般包括：沙特阿拉伯、伊朗、伊拉克、科威特、阿联酋、阿曼、卡塔尔、巴林、土耳其、以色列、巴勒斯坦、叙利亚、黎巴嫩、约旦、也门、埃及等国家和地区。

〔2〕 总人口数据来自联合国官网。民族数据来自中国外交部官网。宗教数据来自《伊朗历1396年统计年鉴》中伊朗历1395年数据，相当于公元2016年3月至2017年3月。

〔3〕 矿产资源数据来自中国外交部官网。

5550 美元。[1]

一、人口发展状况

（一）人口的基本状况

1. 人口预计在 2062 年出现负增长

（1）人口总量层面

如图 1 所示，1950—1979 年的巴列维王朝时期，伊朗人口总量从 1712 万人增长到 3724 万人，净增 1.2 倍，平均年度增长率为 2.72%。[2] 1979 年新政府成立以来，人口继续保持增长态势。1979—2020 年，人口总量从 3724 万人快速增长到 8399 万人，平均年度增长率为 2%。根据《世界人口展望 2019》中方案预测，2043 年，伊朗人口总量将首次破亿；2061 年，人口总量将达到峰值 1.05 亿人；2062 年转为负增长，2100 年下降到 9859 万人，大致与 2040 年持平。

（2）人口年度增长率层面

巴列维王朝时期的 1950—1979 年，可以划分为两个阶段，1950—1971 年人口快速增长，年度增长率为 2.59%；1971—1979 年人口高速增长，年度增长率为 3.05%。1979 年新政府成立后，1979—1983 年的人口年度增长率延续了自 1971 开始的高速增长态势，于 1983 年达到 4.13% 的峰值后开始下降，略经 2008—2017 年的短暂上升期之后，在 2018 年开始继续下降，预计将在 2062 年首次出现负增长。1991 年之前人口年度增长率在 2% 以上，

---

[1]　世界银行划定的中东与北非地区包括：也门、以色列、伊拉克、伊朗、利比亚、卡塔尔、吉布提、巴林、摩洛哥、沙特阿拉伯、科威特、突尼斯、约旦、约旦河西岸和加沙（即巴勒斯坦）、阿尔及利亚、叙利亚、埃及、阿联酋、阿曼、马耳他、黎巴嫩等 21 个国家和地区。经济数据来自世界银行数据库。

[2]　本报告的研究对象为 1979 年伊朗伊斯兰政府成立之后的人口状况，由于人口发展具有历史连贯性，在数据具备可达性时，辅以巴列维王朝数据进行分析。

1992—2024 年在 1%—2% 之间，2025—2061 年在 0%—1% 的范围内，21 世纪末的 30 年间在-0.2%—-0.1%附近波动，变化态势基本平稳（见图1）。

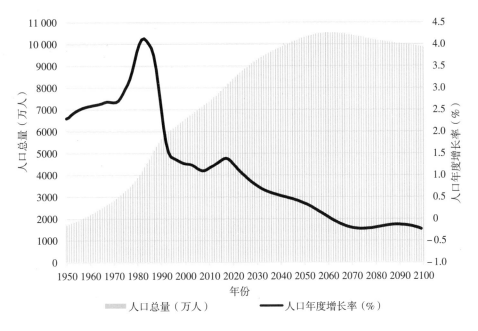

资料来源：联合国《世界人口展望2019》。

图1 伊朗人口总量和年度增长率

2. 死亡率基本稳定，自然增长率随出生率下降而下降

（1）死亡率层面

前期受到医疗卫生水平进步的显著影响，后期受到人口老龄化的主导塑造，伊朗人口死亡率大体呈现先降后升的发展态势。如图2所示，1979—2024 年伊朗人口死亡率在波动中下降，从 12.4‰下降到 4.8‰，其中 2012—2024 年连续维持在 4.8‰水平；2025—2078 年伊朗人口死亡率从 4.9‰上升到 12.1‰，此后波动式下降，预计 21 世纪末仍高于 11.0‰。

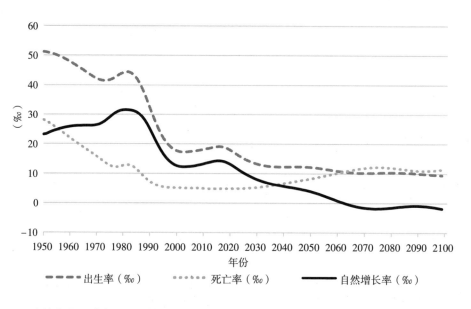

资料来源：联合国《世界人口展望2019》。

图2 伊朗人口出生率、死亡率和自然增长率

（2）出生率层面

出生率在波动中整体呈现下降趋势，如图2所示，1986年之前在40‰以上；1983—2004年下降幅度较大，从44.0‰下降到17.3‰，年均下降约1.27个千分点；2005—2016年出现小幅上升周期，从17.4‰微升到19.1‰；此后继续下降，但下降幅度放缓，预计2031—2052年的20多年间仅从13.0‰下降到12.0‰，2059—2091年的30多年间仅从11.0‰下降到10.0‰，到21世纪末下降到9.5‰左右。

（3）人口自然增长率层面

在低死亡率和低出生率的双重塑造下，伊朗人口自然增长率在波动中呈现整体下降态势。其中，1979—2004年快速下降，20多年间从31.3‰迅速下降到12.3‰，年均下降0.76个千分点；2005年开始略微回升，2016年上升到14.3‰后开始继续下降，预计将在2062年首次下降到0.0‰以下，2066

年至 21 世纪末一直保持在 -2.0‰—-1.0‰ 的范围内（见图 2）。

3. 总和生育率在 2000 年降至更替水平并保持稳定

在巴列维王朝时期，20 世纪五六十年代总和生育率在 6.9—7.0 之间，随着 20 世纪 60 年代中期第一次计划生育行动开展，总和生育率在 20 世纪 70 年代末期下降到 6.2—6.3 附近，降幅较小。在新政府成立之初的几年间，由于废除了巴列维王朝的计划生育政策，总和生育率呈现短暂上升态势，从 1979 年的 6.42 上升到 1982 年的 6.52。但从 1983 年开始趋势性大幅度下降，在 1986—1989 年的短短几年间便从 6 下降到 5。随着 1988—2012 年第二次计划生育行动深入开展，总和生育率在 2000 年下降到 2.07，已至更替水平；2006 年下降到 1.81 的最低水平，且保持到 2008 年。从 2009 年开始略微上升，2017 年上升到 2.12，再次回到更替水平，2019 年上升到 2.15。2020 年总和生育率开始继续下降，预计下降态势将一直延续到 21 世纪末，届时基本稳定在 1.80—1.90 的范围内（见图 3）。

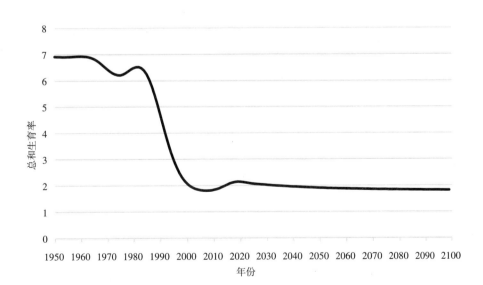

资料来源：联合国《世界人口展望 2019》。

图 3　伊朗人口总和生育率

4. 人口金字塔由增长型向缩减型转变

如图4所示，20世纪，伊朗人口年龄结构分布呈现典型的金字塔形状，人口金字塔底部的少儿人口比重大，顶部的老年人口比重小，中部的劳动年

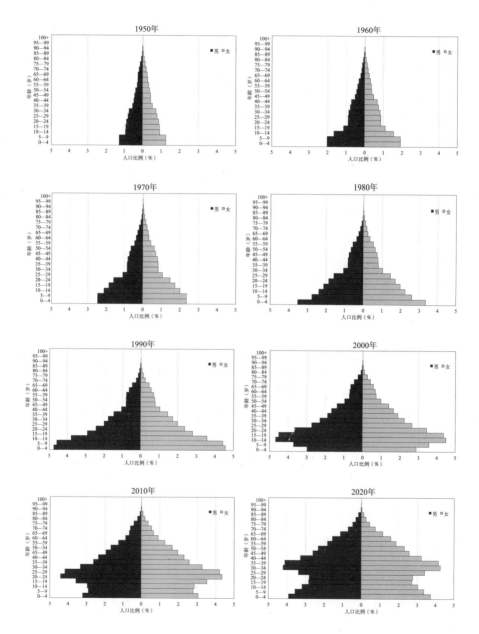

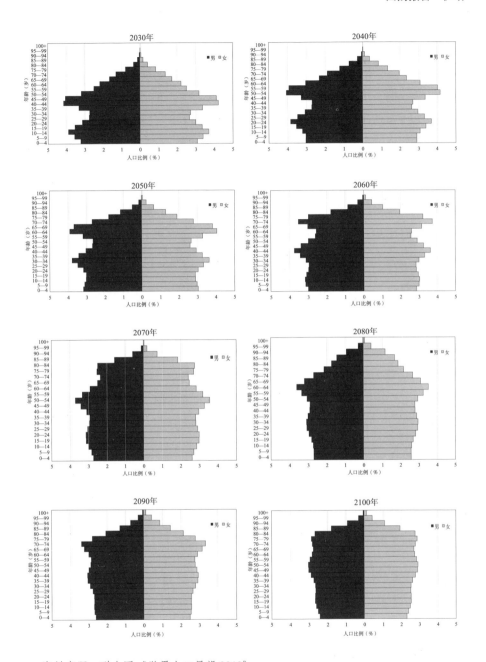

资料来源：联合国《世界人口展望 2019》。

图 4　伊朗人口金字塔

龄人口不突出，人口经济负担较重。21世纪初期，伊朗生育率下降至较低水平，少儿人口比重逐渐缩小，人口金字塔底部开始收缩，同时伴随死亡率长期稳定在较低水平，平均预期寿命延长，金字塔顶部开始增大。2006—2016年，总人口年龄中位数由25岁增长到30岁，其中，城市人口与总人口变化相同，农村人口从23岁增长到28岁。

21世纪20年代，人口金字塔中30—39岁年龄组人口比重较大，构成劳动年龄人口的主体，该人口队列是新政府成立后，在1979—1988年第一次生育高峰时出生的人口（见图4）。第二次生育高峰已经在2012年左右开启，将持续到2025年前后。在21世纪中叶，1979—1988年出生队列人口步入老年阶段时，2012—2025年出生队列人口将成为劳动力供给的主要来源；而且随着代际更迭，2012—2025年出生队列人口将在21世纪中叶带来新的生育高峰，但由于生育意愿变迁，其规模将远比不上前两次生育高峰。

5. 21世纪劳动年龄人口比重始终过半

从1950年至21世纪末，伊朗15—64岁劳动年龄人口占总人口比重始终超过50%。考察具体阶段，在新政府成立的前10年（1979—1988年），劳动年龄人口比重呈现下降态势；1989—2012年劳动年龄人口比重快速上升，2008—2016年保持在70%以上，在2012年达到70.93%的峰值；2013年开始在轻微波动中呈现下降趋势，2019年为68.99%，在2054年将下降到60%以下，在此之前1999—2053年超过50年的时间均保持在60%以上；21世纪末仍在55%以上，大致相当于1996年的水平（见图5）。

0—14岁少儿人口比重在1987年之前呈现总体上升态势，在1987年达到46.16%峰值。此后整体呈现下降走势，其中，1997年为38.57%，首次低于40%，标志着伊朗从年轻型社会正式步入成年型社会[1]；2003年为

---

〔1〕 年轻型社会：0—14岁少儿人口比重≥40%；成年型社会：0—14岁少儿人口比重<40%，65岁及以上老年人口比重<7%；老年型社会（又称老龄社会）：65岁及以上老年人口比重≥7%。

29.3%，首次低于 30%；2036 年为 19.61%，首次低于 20%；21 世纪中叶在 17% 以上，21 世纪末仍将保持在 15% 以上。值得关注的是，在 1988 年至 21 世纪末的整体下降走势中，2014—2021 年出现了小幅上升现象，其中，2019 年为 24.65%（见图 5）。

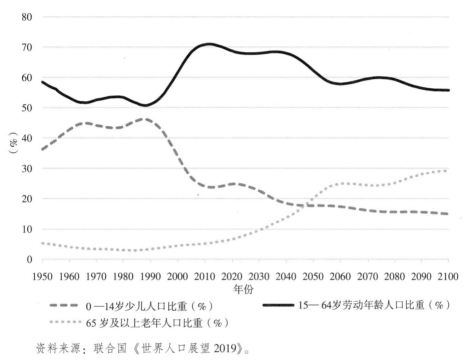

资料来源：联合国《世界人口展望 2019》。

图 5　伊朗人口年龄结构

65 岁及以上老年人口比重整体呈现上升走势。2019 年上升到 6.36%，2022 年将进一步上升到 7.07%，首次超过 7%，标志着伊朗进入老龄化社会；2041 年上升到 14.13%，首次超过 14%，跨入深度老龄社会；2050 年上升到 20.16%，首次超过 20%，迈入超级老龄社会；21 世纪末将接近 30%，老龄化率持续上升（见图 5）。分阶段而言，1986—2001 年和 2011—2055 年为人口老龄化加速期，老龄化率的年增速均超过 2%，其中 2020—2053 年超过

3%，2023—2024 年、2032—2034 年和 2045—2050 年三个时间段均超过 4%。

6. 国际人口由净流入转向净流出，国内迁徙人口向大城市集聚

（1）国际人口迁徙层面

在新政府成立之初的 10 余年间，伊朗处于国际人口净流入状态，流入率均在 5‰以上，以固定周期考察，1980—1985 年净流入数达到 200.77 万人，1985—1990 年下降到 149.72 万人，但仍为正值。1990—1995 年净流入率转负，拉开国际人口迁移状态由净流入转向净流出的帷幕，1990—1995 年净流出 89.84 万人，2015—2020 年为 27.50 万人（见图 6）。根据联合国《世界人口展望 2019》预测方案设定，未来伊朗人口仍将保持向国外净流出状态，并以每 5 年净流出 20 万人的速度持续至 21 世纪末。

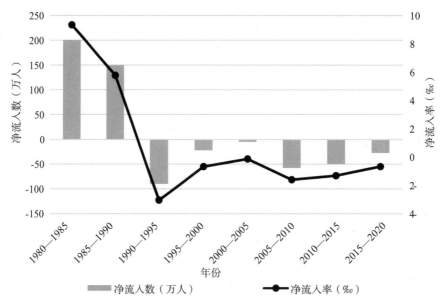

资料来源：联合国《世界人口展望 2019》。

图 6　伊朗国际人口迁移

（2）国内人口迁移层面

伊朗国内迁移人口主要流向大城市所在发达省份，根据普查数据，2011—2016 年的数年间，国内迁移人口总数达到 419.02 万人，其中，德黑兰省（Tehran province）、拉扎维-霍拉桑省（Khorasan Razavi province）、伊斯法罕省（Esfahan province）、阿尔伯兹省（Alborz province）和法尔斯省（Fars province）分列前 5 位，是国内迁移人口数超过 20 万人的 5 大行政区。[1] 具体而言，首都德黑兰市（Tehran）所在的德黑兰省（Tehran province）为 79.37 万人，全国第二大城市马什哈德市（Mashhad）所在的拉扎维-霍拉桑省（KhorasanRazavi province）为 30.71 万人，全国第三大城市伊斯法罕市（Esfahan）所在的伊斯法罕省（Esfahan province）为 29.10 万人，全国第四大城市卡拉季市（Karaj）所在的阿尔伯兹省（Alborz province）为 25.43 万人，全国第五大城市、南部最大城市设拉子市（Shiraz）所在的法尔斯省（Fars province）为 24.61 万人。

（二）人口的经济状况

1. 人口机会窗口期持续 40 年

2004 年伊朗人口总抚养比[2]为 48.7%，首次低于50%，标志着人口机会窗口期[3]的开启，预期 2044 年总抚养比将达到 50.54%，预示着人口机会窗口期的关闭，由此伊朗将拥有 40 年的人口机会窗口期用于收获传统型人口红利。

1950—1979 年的巴列维王朝时期，伊朗人口老年抚养比较低，总抚养比

---

〔1〕《伊朗历 1396 年统计年鉴》中伊朗历 1395 年普查数据，大致相当于公元 2016 年 3 月至 2017 年 3 月。其中，国内迁移人口数据依据过去五年居住地是否发生变更进行统计。

〔2〕人口总抚养比（15—64 岁人口＝100%），指总人口中非劳动年龄人口数与劳动年龄人口数之比，是 0—14 岁少儿抚养比与 65 岁及以上老年抚养比之和。

〔3〕人口机会窗口是人口学概念，学界惯用的人口机会窗口，一般是指人口转变过程中形成的"中间大两头小"的人口年龄结构形态，即劳动年龄人口比重较大，被抚养人口比重相对较小，总抚养比不超过50%。人口红利是建立在人口机会窗口基础上的经济学概念，是指经济社会条件配合人口机会窗口开启，激活潜在人口机会带来的经济增长效应。

受到少儿抚养比的主导影响，基本走势与少儿抚养比类似。新政府成立后，抚养比变动的基本走势具体分为三个阶段（见图7）。第一阶段为1979—2019年，老年抚养比变化平缓，从5.64%上升到9.22%，年均增长率为1.24%；少儿抚养比大幅下降，从81.09%下降到35.74%，年均下降率为2.07%；总抚养比从86.73%下降到44.96%，年均下降率为1.66%，受到少儿抚养比变动的主导影响，基本走势仍与少儿抚养比类似。第二阶段为2020—2100年的前半程，即2020—2060年，老年抚养比变化幅度加大，从9.56%上升到43.04%，年均增长率为3.83%；少儿抚养比变化幅度放缓，从36.02%下降到29.94%，年均下降率为0.46%；总抚养比从45.58%上升到72.98%，年均增长率为1.18%，受到老年抚养比变动的主导影响，基本走势将与老年抚养比类似。第三阶段为2020—2100年的后半程，即2060—2100年，老年抚养比和少儿抚养比变化幅度均放缓，老年抚养比从43.04%上升到52.53%，年均增长率为0.50%，少儿抚养比从29.94%下降到26.76%，年均下

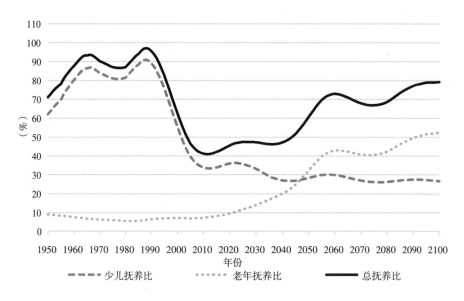

资料来源：联合国《世界人口展望2019》。

图7　伊朗人口抚养比

降率为 0.28%；相较而言，老年抚养比的变化幅度略大，仍是影响总抚养比的主导因素，该阶段总抚养比从 72.98% 上升到 79.29%，年均增长率为 0.21%。

2. 男女劳动力参与率差距由 8 倍降至 4 倍

如图 8 所示，1990 年以来，伊朗 15 岁及以上经济活动人口数量呈现"先增—后降—再增"的变化态势，具体而言，1990—2005 年，从 1421.41 万人增长到 2420.79 万人，年均增长率为 3.61%；2005—2009 年，从 2420.79 万人下降到 2406.44 万人，年均下降率为 0.15%；2009—2019 年，从 2406.44 万人增长到 2790.30 万人，年均增长率为 1.49%。

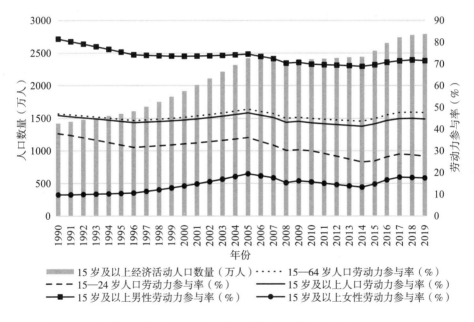

资料来源：整理自世界银行数据库，原始数据出自国际劳工组织。

图 8　伊朗人口劳动参与情况

不同口径的人口劳动力参与率的变化趋势与经济活动人口的变化趋势基本一致，呈现"先增—后降—再增"的基本路径。第一，15—64 岁劳动年龄人口的劳动力参与率和 15 岁及以上人口的劳动力参与率变化不大，

1990—2019 年，前者从 47.04 %窄幅波动到 47.59%，后者从 46.31%微降到
44.67%。第二，15—24 岁青年人口的劳动力参与率下降幅度较大，30 年间
从 37.97%下降到 27.51%，下降了 10.46 个百分点。第三，15 岁及以上女性
劳动力参与率始终低于男性，但两者差距进一步缩小。1990—2019 年，15
岁及以上女性劳动力参与率从 9.84%提高到 17.54%，15 岁及以上男性劳动
力参与率从 81.45%下降到 71.51%，二者差距从 8.28 倍缩减到 4.08 倍。

3. 女性失业率是男性的两倍

如图 9 所示，1991—2019 年，伊朗总失业率在 9%—12%的范围内波动，
1991 年为 11.10%，2019 年为 11.38%，同期世界总失业率在 4%—6%范围内
波动。分性别而言，伊朗女性失业率波动性较大，1991—1996 年从 24.45%

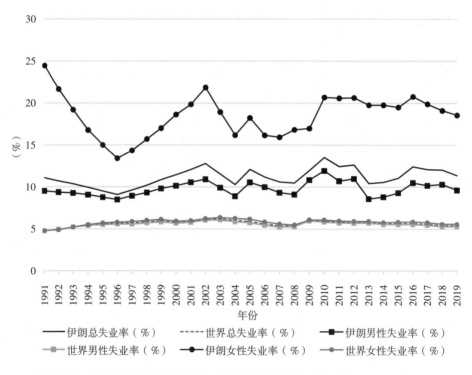

资料来源：整理自世界银行数据库，原始数据出自国际劳工组织。

图 9 伊朗人口失业率

下降到 13.41%，1996—2002 年又上升到 21.84%，2003—2009 年在 17% 上下波动，2010—2018 年在 20% 左右波动，2019 年为 18.57%，同期世界女性失业率稳定在 4%—6% 范围附近；伊朗男性失业率在 9%—11% 范围附近波动，1991 年为 9.52%，2019 年为 9.64%，同期世界男性失业率稳定在 5% 上下，与世界女性失业率基本持平。伊朗男性失业率与女性失业率差距较大，基本是女性失业率的二分之一左右。

4. 人口城镇化率超过 75%

如图 10 所示，1979 年新政府成立时，伊朗城镇化水平起点较高，彼时城镇人口数量为 1822.80 万人，城镇化率达到 48.95%，高出世界平均水平 10 个百分点。40 多年来，伊朗城镇化水平持续提升，但城镇人口年增长率有所放缓，1988 年以前城镇人口年增长率超过 4.5%，1998 年以前超过 2.5%，2019 年为 2.01%。2019 年，城镇人口数量达到 6250.96 万人，人口城镇化率为 75.39%。

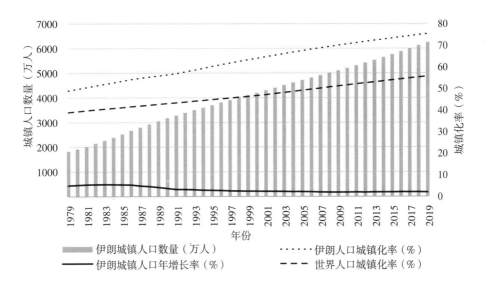

资料来源：整理自世界银行数据库，原始数据出自联合国《世界城市化展望》。

图 10 伊朗人口城镇化水平

（三）人口的社会和文化状况

1. 预期寿命、死亡率和生殖健康指标大幅改善

1979—2018 年，伊朗出生人口平均预期寿命从 54.88 岁快速提高到 76.48 岁，从低于世界平均水平 7.67 岁，提升到高于世界平均水平 3.92 岁。主要死亡率指标大幅下降，远低于世界平均水平和中等收入国家平均水平，但与高收入国家平均水平尚存在较大差距。具体而言，如图 11 所示，1985—2018 年，伊朗新生儿死亡率从 31.2‰下降到 8.9‰；1979—2018 年，婴儿死亡率从 81.5‰下降到 12.4‰，5 岁及以下儿童死亡率从 115.1‰下降到 14.4‰；2000—2017 年，孕产妇死亡率从 48/10 万下降到 16/10 万。生殖健康方面，15—49 岁育龄妇女的避孕方法普及率从 1979 年新政府成立之初的略超 20%，大幅提高到 2010 年的 77.4%，超出世界平均水平近 14 个百分点；15—49 岁已婚妇女的避孕服务需求得到充分满足，2010 年未满足的避孕服务需求已经下降到 5.7%。

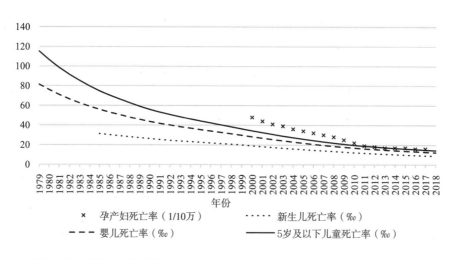

资料来源：世界银行数据库。

图 11 伊朗主要死亡率指标

2. 教育毛入学率达到较高水平，男女受教育年限接近

（1）教育毛入学率达到较高水平。如图 12 所示，1979 年新政府成立时，伊朗小学毛入学率已经达到 90.13% 的较高水平，近 40 年来围绕 100% 上下波动，2017 年达到 110.71%[1]。中学毛入学率从 1985 年的 44.10% 快速提升到 2017 年的 86.31%，年均增加 1.32 个百分点。高等教育毛入学率从 1995 年的 15.67% 加速提高到 2017 年的 68.12%，年均增加 2.38 个百分点；依据高等教育三阶段理论，伊朗在 2011 年进入高等教育普及化阶段，彼时高等教育毛入学率达到 50.01%，首次超过 50%。

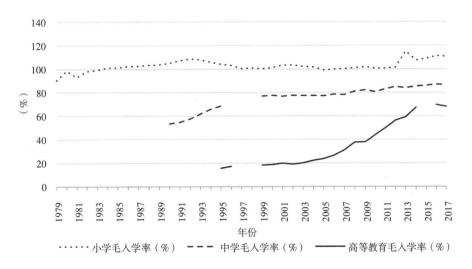

资料来源：整理自世界银行数据库，原始数据出自联合国教科文组织统计研究所。

图 12　伊朗各级教育毛入学率

（2）男女受教育年限接近。2006—2016 年，25 岁及以上人口平均受教育年限始终围绕 10 年上下波动，2016 年达到 10.35 年。分性别具体考察

---

〔1〕　毛入学率指某学年度某级教育在校生数占相应学龄人口总数的比重，标志教育相对规模和教育机会，是衡量教育发展水平的重要指标。当在校生数超出学龄人口总数时，会出现毛入学率大于 100% 的情况。

2006—2016 年周期，25 岁及以上女性平均受教育年限从 9.74 年提高到 10.28 年，25 岁及以上男性平均受教育年限从 10.27 年提高到 10.41 年，性别差距从 0.53 年缩小到 0.13 年。[1]

3. 各项事业的性别平等不断改善，但仍存在提升空间

（1）贫困人口比例下降，但仍存在返贫风险

按照每人每天生活支出低于 1.90 美元的国际贫困线标准，伊朗贫困人口比例从 1986 年的 6.8% 下降到 2006 年 0.4%，贫困人口规模从 334.97 万人减少到 28.22 万人，年均脱贫 15.34 万人；2009 年，贫困人口比例反弹到 1%，贫困人口规模增加到 72.92 万人；2013—2017 年，贫困人口比例从 0.1% 波动到 0.3%，贫困人口规模从 7.65 万人增加到 24.20 万人，存在脱贫人口再返贫风险。

（2）出生人口性别比区域差异大

2001—2017 年，出生人口性别比从 104.00 上升到 106.15，其中，城市从 104.18 上升到 106.25，农村从 103.68 上升到 105.80，城市始终高出农村，但二者均处于 102—107 的正常区间。分地区考察，如表 1 所示，2017 年有 12 个省份的出生人口性别比高出正常值，除南霍拉桑省（South Khorasan Province）外，其余省份多位于西部地区；其中，伊拉姆省（Ilam Province）、恰哈尔巴哈勒-巴赫蒂亚里省（Chaharmahal-Bakhtiyari Province）、洛雷斯坦省（Lorestan Province）、东阿塞拜疆省（East Azarbayejan Province）、布什尔省（Bushehr Province）和西阿塞拜疆省（West Azarbayejan Province）等西部沿边地区的城市出生人口性别比高于农村。

---

〔1〕 平均受教育年限数据来自联合国教科文组织统计研究所。

表1 伊朗部分省份2017年出生人口性别比

排序	省份	出生人口性别比	排序	省份	出生人口性别比
1	阿尔达比勒省	112.20	7	东阿塞拜疆省	107.75
2	克尔曼沙汗省	110.86	8	加兹温省	107.66
3	伊拉姆省	109.18	9	科吉卢耶-博耶尔艾哈迈德省	107.61
4	恰哈尔巴哈勒-巴赫蒂亚里省	109.03	10	布什尔省	107.60
5	洛雷斯坦省	108.96	11	西阿塞拜疆省	107.54
6	南霍拉桑省	107.92	12	吉兰省	107.30

资料来源：伊朗国家统计中心《伊朗历1396年统计年鉴》。

（3）平均初婚年龄不断提高

无论是整体还是分城乡而言，男性初婚年龄普遍高于女性4岁左右。分性别考察，1986—2016年，男性初婚年龄从23.6岁提高到27.4岁，女性从19.8岁提高到23.0岁，男性高于女性4岁左右。分城乡性别考察，城市男性从24.2岁提高到27.8岁，城市女性从20.0岁提高到23.4岁，城市男性高于城市女性4岁以上；农村男性从22.6岁提高到26.5岁，农村女性从19.6岁提高到22岁，农村男性高于农村女性4岁左右。[1]

（4）教育和就业的性别平等逐渐改善

女性平均受教育年限不断增加，劳动力参与率大幅提高，失业率波动下降，与男性相应教育和就业指标的差距不断缩小。2017年，女性平均受教育年限仅比男性低0.13年，二者基本持平。2019年，15岁及以上女性劳动力参与率与男性的差距缩小到4.08倍，但比率差额仍高达53.97%；2019年，

---

[1] 初婚年龄数据来自伊朗国家统计中心伊朗历1365年、1370年、1375年、1385年、1390年和1395年普查数据。

女性失业率与男性的差距缩小到 1.93 倍，比率差额达到 8.93%。

（5）参政议政的性别平等方面，女性仍处于弱势地位

具体考察国家议会中妇女席位的比例而言，如表 2 所示，1997—2019年，伊朗国家议会中妇女席位占比从 4.89% 波动到 5.88%，具有明显的阶段性特征，尤其是 2008—2015 年下降到 3% 左右。

表 2　伊朗国家议会中妇女席位的比例　　　　　　　（单位:%）

年份	比例	年份	比例	年份	比例
1997	4.89	2005	4.14	2013	3.10
1998	4.89	2006	4.14	2014	3.10
1999	4.89	2007	4.14	2015	3.10
2000	3.45	2008	2.8	2016	5.88
2001	3.45	2009	2.76	2017	5.88
2002	4.14	2010	2.76	2018	5.88
2003	4.14	2011	2.76	2019	5.88
2004	4.14	2012	3.10		

资料来源：整理自世界银行数据库，原始数据出自各国议会联盟。

4. 波斯族为主体民族，什叶派伊斯兰教为国教

伊朗人口的民族构成中，66% 为波斯人，广泛分布在伊朗各省；25% 为阿塞拜疆人，主要分布在东阿塞拜疆省（East Azarbayejan province）、西阿塞拜疆省（West Azarbayejan province）、阿尔达比勒省（Ardebil province）、吉兰省（Gilan province）和赞詹省（Zanjan province）等西北省份；5% 为库尔德人，主要分布在库尔德斯坦省（Kordestan province），历史上因为政府人口迁移政策，在霍拉桑地区[1]也有分布；其余为吉兰人、卢尔人、俾路支人、

---

〔1〕霍拉桑地区包括拉扎维–霍拉桑省（KhorasanRazavi province）、南霍拉桑省（South Khorasan province）和北霍拉桑省（North Khorasan province）三个省份。

阿拉伯人、巴赫蒂亚里人、土库曼人、亚美尼亚人、沙赫塞文人和犹太人等少数民族。其中，俾路支人主要分布在东南部的锡斯坦-俾路支斯坦省（Sistan&Baluchestan province），属于伊朗、巴基斯坦和阿富汗三国交界的跨境民族；阿拉伯人主要聚居在与伊拉克交界的胡齐斯坦省（Khuzestan province）和波斯湾沿岸的主要石油产区。

伊朗的主要宗教为伊斯兰教、基督教、琐罗亚斯德教和犹太教等。伊斯兰革命后，新政府将什叶派伊斯兰教确定为国教。伊朗的基督教多属于亚美尼亚教会宗派，主要分布在亚美尼亚人居住的社区。琐罗亚斯德教发源于古代伊朗，又称袄教或拜火教，是本土宗教的主要代表。

考察2006—2016年的多次普查数据可以看出，伊朗人口的宗教信仰构成十分稳定，琐罗亚斯德教徒始终占总人口的0.16%，基督教徒始终占0.03%，犹太教徒始终占0.01%，只有信仰伊斯兰教的穆斯林人口略微增加，从99.44%上升到99.59%，且九成以上为什叶派伊斯兰教，仅有部分库尔德人、俾路支人、阿拉伯人和土库曼人等少数民族人口信仰逊尼派伊斯兰教。分区域考察不同宗教信仰的人口分布，伊斯兰教徒在所有省份的总人口占比均超过99%；琐罗亚斯德教以亚兹德省（Yazd province）为中心，但目前其教徒主要集中在德黑兰省（Tehran province）、西阿塞拜疆省（West Azarbayejan province）、伊斯法罕省（Esfahan province）和布什尔省（Bushehr province）等地区；基督教徒主要分布在亚兹德省（Yazd province）、德黑兰省（Tehran province）和克尔曼省（Kerman province）等地区；犹太教徒主要分布在法尔斯省（Fars province）、德黑兰省（Tehran province）和伊斯法罕省（Esfahan province）等地区。相对而言，首都所在的德黑兰省（Tehran province）是少数派宗教团体的主要聚集地。

二、人口发展主要特征

（一）人口发展的主要特点

1. 人口转变速度快

近代以来，发达国家医疗卫生水平快速提升，发展中国家受追赶效应影响也取得较大进步，整体上世界各地区人口死亡率均趋向低水平稳定状态，使得生育率成为人口转变过程中最为关键的因素。伊朗仅用不到 20 年时间，便将总和生育率从 1982 年 6.52 的高水平降至 2000 年 2.07 的更替水平，生育率下降速度之快在世界范围名列前茅，在众多伊斯兰国家中更为突出。2000 年伊朗总和生育率降至更替水平时，周边大多数国家仍处于较高生育水平，如阿富汗总和生育率为 7.49，巴基斯坦为 5.04，伊拉克为 4.94，叙利亚为 4.08，沙特阿拉伯为 3.97，阿曼为 3.72，埃及为 3.34，这些国家中大部分至今仍保持着较高的生育水平。即便对于人口转变速度较快的中国而言，完成相同水平的总和生育率转变也用了 40 年时间。区域比较而言，西亚及北非地区[1] 在 1982 年的总和生育率为 5.39，比伊朗低 1.13；2000 年为 3.35，比伊朗高 1.28，进一步凸显伊朗总和生育率转变之迅速。更受瞩目的是，如此迅速下降的生育水平所推动的人口转变，发生在伊斯兰革命后伊斯兰社会特征十分明显的新政府时期。

伊朗实现更替水平的总和生育率，快速完成人口转变，是举全国之力促进计划生育行动的结果。1979 年新政府成立后废除了巴列维王朝的计划生育政策，遵循伊斯兰教传统，继续鼓励生育。1988 年两伊战争结束后，伊朗石

---

[1] 联合国划定的西亚及北非地区包括：亚美尼亚、阿塞拜疆、巴林、塞浦路斯、格鲁吉亚、伊拉克、以色列、约旦、科威特、黎巴嫩、阿曼、卡塔尔、沙特阿拉伯、巴勒斯坦、叙利亚、土耳其、阿联酋和也门等 18 个西亚国家和地区，以及阿尔及利亚、埃及、利比亚、摩洛哥、苏丹、突尼斯和西撒哈拉等 7 个北非国家和地区。

油产业受挫，过快的人口增长带来了严重的失业问题和沉重的社会福利负担，人口与资源环境和经济社会发展之间的不协调问题逐渐显现，新政府由此开始改变人口政策。

首先，作为政教合一的神权共和制国家，得到宗教界支持是推动计划生育行动的前提。在获得最高领袖哈梅内伊（Ali Khamenei）的认可后，宗教人士从《古兰经》教义角度向教民讲经布道，宣称控制人口增长并不影响伊斯兰信仰的虔诚度，尤其是在 1988 年伊朗高等司法委员会正式通过对计划生育政策的裁决，宣告计划生育政策完全取得教义合法性支持。1990 年伊朗高等司法委员会宣告"接受绝育手术不违背伊斯兰教义和现存法律"，进一步消除了公众对绝育手术的疑虑。

其次，通过法律法规建立健全利益导向机制，是引导计划生育工作有序开展的保证。伊朗卫生及医疗教育部和金融与经济事务部协同完成了计划生育的项目设计、目标设定、资金筹集和执行等工作内容，1990 年正式实施计划生育政策，鼓励推迟生育和延长生育间隔，建议最佳育龄期为 18—35 岁，鼓励缩小家庭规模，提倡每个家庭只生两个孩子，最多生三个孩子；1993 年伊朗议会通过计划生育法案，规定三个以内的孩子可以免费享受医疗保险和教育，并领取低价购买生活必需品的票证，超生孩子不能享受该福利，超生产妇不能享受法定产假。

再次，政府角色从管理型转换为服务型，完善服务网络和技术支持，采取非强制性、自愿性和服务性的行动举措，是计划生育工作成功实施的关键。在具体行动上，伊朗在广大农村地区普遍设置公立的社区卫生室和站点，并配备女性技术人员；在城市低收入社区设立拥有政府补贴的诊所，鼓励私营药房和内科门诊运营，向育龄妇女免费提供计划生育和生殖健康咨询服务，免费发放计生药具；同时还招募大量妇女志愿者，挨家挨户进行妇幼保健宣传，有效落实疫苗接种和避孕措施普及工作。

到 2000 年时，伊朗向偏远地区定期派遣流动医疗队，宣传避孕措施及提供免费绝育手术。1996—2016 年，人口控制政策与城市化、教育进步和女性婚姻家庭地位提升等现代化因素合力推动家庭规模小型化，伊朗家庭规模从 4.8 人/户缩小到 3.3 人/户，其中，城市家庭从 4.6 人/户缩小到 3.3 人/户，农村家庭从 5.2 人/户缩小到 3.4 人/户。

某种程度上，巴列维王朝时期的计划生育实践也为新政府时期的人口转变提供了良好铺垫。早在 1966 年，在美国国际开发署的帮助下，巴列维王朝发起了伊朗第一次计划生育行动，在主要城市宣传和推广现代避孕措施。虽然直到 1979 年伊斯兰革命推翻巴列维王朝时，伊朗总和生育率仍在 6 以上，但巴列维王朝的计划生育实践客观上为新政府时期的计划生育行动培养了大批公共卫生技术人才、医生专家和项目管理人员，奠定了人才储备基础。

2. 人口机会窗口开启早且持续久

低生育率使伊朗在本区域率先实现人口转变的同时，也较周边国家更早开启人口机会窗口期。根据"总抚养比不超过 50%"的标准，伊朗人口机会窗口期为 2004—2043 年，持续时间长达 40 年。预计在 2022 年人口老龄化率达到 7.07% 正式进入老龄化社会之前，人口机会窗口期与成年型社会在 2004—2021 年重叠。

区域比较而言，西亚及北非地区的总抚养比将在 2039 年达到最低值（52.48%），届时该地区老龄化率为 9.68%，之后总抚养比回升，人口老龄化加速发展，由于总抚养比始终未低于 50%，21 世纪不会出现地区整体视角下的人口机会窗口期。周边国家比较而言，一方面，巴基斯坦、埃及和伊拉克等国在 21 世纪不会出现人口机会窗口期，联合国《世界人口展望 2019》预测数据显示，巴基斯坦在 2070 年总抚养比最低时仍高达 50.04%，届时老龄化率为 12.26%，已进入老龄化社会 24 年；埃及在 2073 年总抚养比最低时仍高达 53.60%，届时老龄化率达到 12.85%；伊拉克在 2074 年总抚养比最低时仍高达 53.82%，届时老龄化率达到 11.54%。另一方面，沙特阿拉伯、土耳其、叙利亚和阿富汗等国尽管在 21 世纪也会呈现人口机会窗口期，但开启时间均不及伊朗早，大多数国家人口机会窗口期的持续时间也不及伊朗久。联合国《世界人口展望 2019》预测数据显示，沙特阿拉伯的人口机会窗口期为 2010—2049 年，虽然与伊朗同样持续了 40 年，且在 2033 年人口老龄化率达到 7.26% 之前，人口机会窗口期与成年型社会重叠 23 年，比伊朗多 5 年，但人口机会窗口期的开启时间晚于伊朗。土耳其的人口机会窗口期为 2017—2029 年，持续 13 年；叙利亚的人口机会窗口期为 2034—2047 年，持续 14 年；两国的人口机会窗口期均出现在老龄社会到来之后，与成年型社会无交集。阿富汗的人口机会窗口期为 2045—2081 年，持续 37 年，开启时间比伊朗晚 40 多年，且在 2058 年老龄化率达到 7.08% 进入老龄化社会之前，人口机会窗口期与成年型社会仅重叠 13 年。

3. 人口结构渐趋合理化

（1）人口年龄结构相对均衡化

2019 年，伊朗处于成年型社会的尾期，人口金字塔中部的劳动年龄人口比重突出，底部的少儿人口比重出现新一轮扩张，表明当前和未来的劳动力供给相对充足。相较周边国家而言，如图 13 所示，阿富汗、巴基斯坦、埃及、伊拉克、叙利亚人口金字塔底部的少儿人口比重持续扩张，少儿抚养压力较大，经济负担加重。沙特阿拉伯的人口金字塔与伊朗类似，但是受到男性国际劳工的流入影响，金字塔中部的劳动年龄人口性别比达到 152.16 的失衡状态，尤其是 50—54 岁和 55—59 岁两个年龄组的人口性别比处于超过 200 的严重失衡状态。土耳其人口金字塔底部的少儿人口比重略有收缩，但顶部的老年人口比重已然大幅扩张，老年抚养压力较大，经济负担持续加重。相较日本、韩国、美国、中国而言，伊朗人口年龄结构相对年轻。整体而言，受益于"鼓励—控制—再鼓励"的人口生育政策调整的影响，伊朗当下仍处于人口红利开发的合宜时期，尤其是在中东地区的国别对比中，伊朗拥有人口年龄结构相对合理的比较优势。

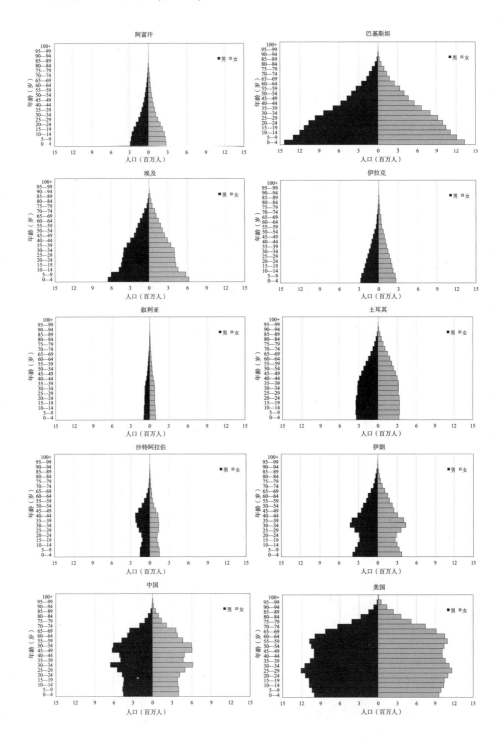

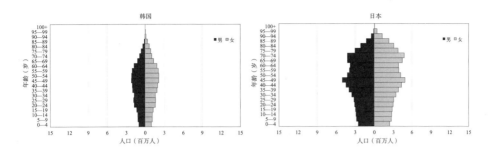

资料来源：联合国《世界人口展望2019》。

图13　伊朗与多国人口金字塔（2019年）

（2）人口教育结构相对优质化

伊斯兰革命爆发之后，旨在帮助10岁以上文盲识字的扫盲运动在全国范围广泛开展，1979年扫盲部门向乡村派遣以中学毕业生为主的教师志愿者，面向政府机构、工厂和车间50岁以下雇员的扫盲讲习班也有序开办。多措并举中，伊朗15岁及以上成年人口文盲率从新政府成立之前的63.48%[1]下降到2016年的14.46%，与世界平均水平基本相当，低于中东与北非地区平均水平7.61个百分点，低于阿拉伯联盟国家平均水平11.85个百分点。15—24岁青年人口文盲率从43.55%下降到1.90%，低于世界平均水平6.77个百分点，低于中东与北非地区平均水平8.70个百分点，低于阿拉伯联盟国家平均水平13.14个百分点。

高等教育方面，如表3所示，2017年伊朗高等教育毛入学率达到68.12%，在周边国家中仅略低于沙特阿拉伯1.58个百分点，高出巴林、叙利亚、阿曼、埃及、阿塞拜疆、卡塔尔、阿富汗和巴基斯坦等国20—60个百分点；高出世界平均水平30.25个百分点，高出阿拉伯联盟国家平均水平36.34个百分点，高出中东与北非地区平均水平26.70个百分点。较高的高等教育毛入学率充分保证了高学历人才培养规模，极大地提升了全社会的受

---

〔1〕　新政府成立之前的数据为1976年的数据，数据来自联合国教科文组织统计研究所。

教育水平，确保了经济社会可持续发展的优质人力资本供给，为伊朗在区域发展中脱颖而出提供了潜在支撑。根据《伊朗国家教育发展愿景目标2005—2025年》，到2025年，伊朗将在人才培养、学科建设和经济等领域，走在周边国家、中东地区和中亚地区各国前列。

表3　伊朗与多国高等教育毛入学率（2017）

国家/地区	高等教育毛入学率（%）	国家/地区	高等教育毛入学率（%）
沙特阿拉伯	69.70	中东和北非地区	35.16
伊朗	68.12	埃及	35.16
科威特	55.36	阿拉伯联盟国家	31.78
亚美尼亚	52.25	阿塞拜疆	27.07
巴林	47.15	卡塔尔	16.63
叙利亚	40.05	阿富汗	9.69
阿曼	38.13	巴基斯坦	9.35

资料来源：整理自世界银行数据库，原始数据出自联合国教科文组织统计研究所。

注：叙利亚为2016年数据；阿富汗为2018年数据。

（3）人口分布高度城市化

2019年，伊朗人口城镇化率为75.39%，与伊朗总人口相近的土耳其的人口城镇化率为75.63%，两国城镇化水平基本相当。人口城镇化率明显高于伊朗的周边国家有沙特阿拉伯、阿曼、阿联酋、黎巴嫩、巴林、卡塔尔、科威特等，这些国家的人口城镇化率均在80%以上，尤其是科威特达到100%，卡塔尔达到99.19%，但除沙特阿拉伯的总人口超过3000万人以外，其余国家的总人口均少于1000万人。人口城镇化率低于伊朗的周边国家有伊拉克、亚美尼亚、阿塞拜疆、叙利亚、土库曼斯坦、埃及、巴基斯坦和阿富汗等。放在区域整体视角，2019年伊朗人口城镇化率高于中东和北非地区平均水平 9.71 个百分点。相较中国而言，2019 年伊朗人口城镇化率更是高出 15.08 个百分点。从国别和区域的横向比较上，当前伊朗人口城镇化率无疑处于中高以上水平，这可以基于自然地理条件，从其悠久的城市发展历史中寻找脉络。受自然地理条件塑造，伊朗的人口主要密集分布在沙漠中的绿洲、高原间的平原和山谷地区，城市也随之在西北部的厄尔布尔士山脉（Elburz Mountains）南北坡，西部的扎格罗斯山脉（Zagros Mountains）和库赫鲁德山脉（Kuhrud Mountains）之间，以及西南部的胡齐斯坦平原（Khuzestan Plain）等地区发展起来。中世纪时期，伊朗城市化发展水平就已经超出欧洲；二战前，伊朗和东地中海沿岸是中东地区城市分布的主要集中区；二战后，伊朗石油产业迅速发展，土地改革、工业化和经济现代化计划等国家政策推动伊朗人口城镇化加速发展，人口向城市大量集聚，人口城镇化率在发展中国家中始终名列前茅。

（二）人口发展的问题与挑战

1. 错失人口红利开发的黄金时期

以 2020 年为界，伊朗人口机会窗口期已然走过 16 年。在这 16 年里，伊朗因为核问题遭遇外交困境和经济制裁，直到 2015 年与联合国安理会常任理事国及德国达成《联合全面行动计划》（JCPOA，即《伊核协议》）后才有所缓和，但 2018 年美国宣布退出《伊核协议》，又重启对伊朗的经济制裁。在以美国为首的西方国家的联合制裁下，在与周边国家外交关系的持续恶化中，伊朗消耗了大量经济资源，始终缺乏和平稳定的国际环境和国内发展动力，难以实现类似于中国"以经济建设为中心"的改革方略，错失人口红利开发的黄金时期。

以 2020 年为起点展望未来，伊朗人口机会窗口期尚余 24 年（2020—2043 年），老龄化社会将在 2022 年到来，人口机会窗口期与成年型社会重叠期仅余数年，从人口学角度进行时间纵向考察而言，相较过往的人口机会窗口期，伊朗在未来的人口机会窗口期内收获人口红利的难度势必加大。从与周边国家和地区进行的横向比较而言，沙特阿拉伯的人口机会窗口期尚余 30 年（2020—2049 年），是未来伊朗在人口红利开发方面的强劲对手。从人口红利开发所需的和平稳定的国际环境和国内改革方略来看，未来中东局势能否走向内源缓和及有效削弱西方国家干预，伊朗融入全球化和实现现代化改革的方略能否有效推进，是决定其在更加狭窄的人口机会窗口期内能否成功收获人口红利的关键。

2. 本国人口尤其是人才大量流向海外

1988 年两伊战争结束后，伊朗基础设施受损，石油产业受挫，失业率居高不下；1989 年最高领袖霍梅尼（Ruhollah Khomeini）去世，国内政局不稳定因素增加；再加上 1989 年东欧剧变，尤其是 1991 年苏联解体，美苏争霸的世界二元竞争格局演变为美国主导下"一超多强"的新格局，使得在伊斯兰革命后与美国关系紧张的伊朗新政府处境更加艰难。面临日趋紧张的国内外环境，1990—1995 年伊朗出现大规模人口净流出现象，合计净流出 89.84 万人，主要流向以美国为首的西方国家。2001 年"9·11"事件后，美国出台移民限制政策，伊朗、伊拉克等国家首当其冲，这使得进入美国的伊朗移民和难民数量锐减，直到 2005 年左右才得以恢复。2005—2010 年伊朗净流出 57.69 万人，2010—2015 年净流出 50.23 万人，人口外流严重削弱了伊朗的劳动力储备和供给能力，制约了伊朗经济社会的可持续发展。

人口流入国多为西方发达国家，这些国家根据经济社会发展需要主要吸纳技术移民和商业移民，而掌握科学技术知识或拥有投资能力的移民多经过良好的高等教育培养。2014 年，伊朗科技部长德纳（Reza Faraji Dana）[1]宣称每年有 15 万受过良好教育的伊朗公民移居海外，这一现象造成伊朗每年损失 1500 亿美元。这组官方数据充分披露了伊朗外流人口以高学历人才

---

[1] 德纳（Reza Faraji Dana）是鲁哈尼（Hassan Rouhani）在 2013 年 8 月就任总统后，于 10 月任命的科技部长。他曾任德黑兰大学校长，主要致力营造大学校园自由氛围、培养本土研究人员和吸引海外伊朗科学家回国。

为主的基本事实。伊朗拥有先进的高等教育体系，国立大学、私立大学、远程开放大学、宗教院校和高等教育中心有序运转，数千所高等学校中不乏德黑兰大学、谢里夫理工大学等著名国立高校，以及伊斯兰阿扎德大学等高质量私立院校，2016 年伊朗各大学的在校生总数超过 434 万人，其中 54.1%来自国立大学，45.9%来自私立大学。[1] 伊朗所有的国立大学均免学费，私立大学也享有一定的政府财政补贴，国家层面每年投入大量资金用于发展高等教育事业。

然而，由于过度依赖石油经济，伊朗第三产业发展缓慢，而且在西方国家的长期制裁和封锁下缺乏融入全球市场的发展活力，致使伊朗失业率居高不下。2019 年伊朗总失业率为 11.38%，超出世界平均水平 5.99 个百分点，大量高学历人才在国内无法找到与专业相匹配的工作岗位，被迫流向海外寻求就业机会。此外，高等教育所倡导的自由批判精神与宗教信仰的保守克制纪律相冲突，一定程度降低了接受过高等教育的年轻人对宗教价值的选择，造成人才外流。这导致了伊朗教育产出资源的流失，对国家经济和教育科学事业的"造血功能"造成了不利影响。

3. 女性受教育程度高但劳动参与和就业情况不佳

伊朗教育事业发展水平较高，内部性别差异较小。以平均受教育年限为例，2016 年伊朗 25 岁及以上女性的平均受教育年限为 10.28 年，在周边国家中仅低于阿联酋（11.68 年）、亚美尼亚（11.30 年）、卡塔尔（11.09 年）等国，与阿塞拜疆（10.27 年）基本持平，明显高于沙特阿拉伯（9.75 年）、埃及（9.00 年）、巴林（8.89 年）、科威特（7.89 年）、土耳其（7.28 年）、巴基斯坦（3.70 年）等国。[2] 平均受教育年限性别比[3]方

---

〔1〕 教育数据来自伊朗国家统计中心。

〔2〕 平均受教育年限数据来自联合国教科文组织统计研究所。阿联酋、亚美尼亚、沙特阿拉伯、埃及和科威特为 2017 年数据，其余国家为 2016 年数据。

〔3〕 平均受教育年限性别比=女性受教育年限/男性受教育年限（单位:%）。

面，2016 年伊朗为 98.73%，与亚美尼亚（99.95%）、埃及（98.65%）等国均接近性别均衡状态。女性超出男性的国家有卡塔尔（118.69%）、科威特（115.55%）；男性超出女性的国家有巴林（94.19%）、阿联酋（93.96%）、阿塞拜疆（93.93%）、沙特阿拉伯（92.69%）、土耳其（81.26%）、巴基斯坦（58.10%），尤其是巴基斯坦女性的受教育状况处于严重的弱势地位。

无论是将比较视角放在本国之内，还是放到周边国家层面，伊朗女性受教育水平均处于较高层次，但女性劳动力参与率和就业率较低也是不争的事实。2019 年，伊朗 15 岁及以上女性劳动力参与率为 17.54%，低于本国相应男性 53.97 个百分点，低于世界平均水平（47.14%）、阿拉伯联盟国家平均水平（20.77%）和中东与北非地区平均水平（20.17%），同时低于阿塞拜疆、阿联酋、科威特、亚美尼亚、巴林、土耳其、沙特阿拉伯、埃及等众多周边国家，仅略高于叙利亚、约旦、伊拉克和也门等少数周边国家。2019 年，伊朗女性失业率为 18.57%，高于本国相应男性 8.93 个百分点，高于世界平均水平（5.58%）和中东与北非地区平均水平（18.09%），略低于阿拉伯联盟国家平均水平（19.95%），高于亚美尼亚、土耳其、阿富汗、阿曼、黎巴嫩、阿塞拜疆、阿联酋、巴基斯坦、科威特、巴林、卡塔尔等众多周边国家，略低于伊拉克、也门、约旦、埃及、沙特阿拉伯、叙利亚等少数周边国家。

伊朗女性具有较高的受教育程度，但劳动参与和就业情况却不理想，原因可能在于，其一，传统伊斯兰教的社会文化规训下女性从属于男性，提高女性受教育程度多是出于培养优秀妻子和母亲的目标，而非单纯为塑造独立女性和提升女性就业。尤其是伊斯兰革命胜利后，新政府不鼓励甚至限制妇女就业，是女性劳动力参与率和就业率双双走低的主因。其二，政府执政理念变迁。1989 年之前伊朗出台限制女性专业选择的政策，例如将技术、矿业和法律等专业的女性转到师范等专业学习，加上两伊战争需要大量人员投入，于是政府当局鼓励生育，限制妇女就业；而 1989—2005 年是贯彻计划生育政策的关键时期，逐渐解除女性专业限制，妇女就业环境相对宽松；2005—2013 年遵循伊斯兰传统继续限制妇女就业，2012 年废除计划生育政策；2013 年至今对女性就业管制有所松动。其三，外部经济制裁。西方国家对伊朗的长期经济制裁，使其在金融、贸易和能源等诸多领域发展受限，国内就业机会长期不振是常态现象，女性就业问题更为严重。

4. 人口老龄化冲击下的养老金体系亟待完善

伊朗养老金体系采用现收现付制，由公务员退休基金、武装部队抚恤基金、社保基金和农牧民保险基金等构成。随着人口老龄化程度逐渐加深，老年抚养比日渐上升，养老金体系承载力的脆弱性显现。联合国《世界人口展望 2019》显示，2019 年，伊朗人口老龄化率为 6.36%，老年抚养比为 9.22%；在 2022 年正式跨入老龄化社会时，老年抚养比将达到 10.38%；在 2041 年进入深度老龄社会时，老年抚养比为 20.88%；在 2050 年进入超级老龄社会时，老年抚养比为 32.44%。若按照伊朗男性 60 岁和女性 55 岁的退休年龄标准，以及充分考虑到受教育会推迟劳动参与年龄的大趋势，伊朗的实际老年抚养比将会更高。

事实上，伊朗国家管理与规划组织（MPO）早已预见养老金体系弊端，并请求外部评估。2003 年，世界银行介入相关研究，其调查结果显示，伊朗的养老金体系仅覆盖全国 50%的劳动力和 40%的 60 岁及以上人口，未覆盖大部分的农村劳动力，城乡差异较大，而且大部分养老基金的投资状况不佳，世界银行建议伊朗从扩大养老金覆盖面、提高基金储备的管理水平及鼓励自愿储蓄等层面，及时调整养老金制度安排，防范养老金体系风险。入不敷出的养老金制度是未来阻碍伊朗实现人口健康有序发展的巨大挑战，在人口老龄化的客观冲击下，如何协调国内利益集团推动养老金体系完善，是伊朗积极应对人口老龄化必须直面的重大议题。

三、思考与启示

（一）经验教训

1. 成功经验

1979 年新政府成立以来，伊朗在中东地区率先实现人口转变，人口机会窗口期在 2004 年开启且将持续 40 年之久，这无疑为其开发人口红利、推动经济社会发展提供了基础性、战略性、长期性和关键性的要素支撑。快速人口转变和人口机会窗口期的较早开启与 1988—2012 年伊朗计划生育政策的有效实施息息相关，这其中的成功经验值得"一带一路"沿线国家积极借鉴。

一方面，伊朗第二次计划生育行动的有效实施，表明成功施行计划生育政策必须赢得广泛的群众支持，加强计划生育爱国宣传，完善利益导向机制，建立计划生育工作统一战线，不断夯实决策施政所需的稳定的群众基础。尤其是作为政教合一的伊斯兰国家，伊朗注重从宗教层面确立计划生育实践的教义合法性，依靠教义宣传推动计划生育政策实施，不仅有效化解伊斯兰信仰和人口控制政策的冲突，而且借助伊斯兰教义引导群众自觉参与计划生育行动，这为"一带一路"沿线具有相似国情的国家，以及国家内部宗教信仰强烈的少数民族地区提供了有益借鉴，值得结合国情和地区现实状况加以运用和推广。

另一方面，伊朗 1988—2012 年第二次计划生育行动的成功实施离不开人员和设施的不断完善。伊朗在充分利用 1966 年第一次计划生育行动基础铺垫的情况下，总结失败教训，致力于完善人员配备，强化基础设施投入的支撑作用；认识到缩小区域和城乡差异的重要意义，以服务型模式在全国范围推广成功经验；重视发展教育文化事业，充分发挥教育文化水平提升对人口生育率的抑制作用；注重全国动员，加强全国行动，全面防范人口政策可能引发的社会不稳定风险。"一带一路"沿线国家人口状况复杂多元，伊朗的成功经验具有重要借鉴意义，不断完善人口可持续发展所需的人员设施，大力发展教育文化事业，尤其是女性平等事业，防范区域性人口风险，是现阶段"一带一路"沿线国家促进人口发展的重要任务。此外，还应该注重延展计划生育政策的广义性，积极开展基础疾病防治工作，深化区域性重大疾病诊疗的攻关合作，夯实国家健康人力资本的坚固根基，从大健康视角推进"健康丝绸之路"建设，保障"一带一路"人口红利开发的健康基础。

2. 失败教训

然而在良好的人口基础条件下，伊朗并未实现经济的快速腾飞，这其中的失败教训对"一带一路"沿线国家正确认识计划生育政策和人口红利的关系具有引导意义，也是伊朗展望人口发展未来不能回避且亟待反思之处。

收获人口红利并不以人口机会窗口期开启为唯一条件，还需要和平稳定的国际发展环境和改革开放的政策支持，伊朗长期遭受以美国为首的西方国家的经济制裁，与周边阿拉伯国家存在什叶派和逊尼派之争，国内通货膨胀加剧，失业率居高不下，人才流失严重，女性地位较低，养老金体系脆弱，内忧外患之下难以抓住人口红利开发的黄金期，不能充分利用人口受教育程度较高的人力资本优势，无法实现"东亚奇迹"般的经济增长。

"一带一路"沿线国家应依托"一带一路"倡议，深化与周边国家的互利合作，以点带面，从线到片，融入经济全球化的要素共享和分工协作之中；同时秉持人类命运共同体理念，在全球治理中携手合作，深度参与全球供应链、产业链和价值链，增加就业机会，关注女性和低龄老年人口就业问题，注重教育与产业互动，充分激活本国人口红利，推动经济高速增长，实现高质量发展。这也是中国推进共建"一带一路"的过程中，开展交流合作与经济投资必须关注的重点议题。

（二）未来发展

2012 年 7 月 25 日，伊朗最高领袖哈梅内伊（Ali Khamenei）发表讲话，认为如果继续控制生育，伊朗将面临人口老龄化和人口减少的风险。随后，伊朗卫生及医疗教育部便宣布废除计划生育政策，撤回相应资金，转而斥资鼓励扩大家庭规模，以期提高生育率。虽然生育率在实现现代化转变进入稳定低水平后很难再恢复到高水平状态，但伊朗人口发展的其他优势正在愈发突出，如人口金字塔演变所体现的人口年龄结构均衡化，受教育年限增加和高等教育入学率提升所反映的人口教育结构优质化，以及较高的人口城镇化水平所表征的人口分布结构城市化等指标，在中东地区和"一带一路"沿线国家中均位居前列。充分利用以上人口优势，在尚余20多年的人口机会窗口期内积极开发人口红利是伊朗目前最迫切的人口发展任务，而中国提出的共建"一带一路"倡议恰好为其提供了良好发展契机。

一方面，中伊具有互利合作的历史和现实基础，是"一带一路"关系稳定的重要保证。两国同系世界文明古国，外交往来可追溯到西汉时期。尽管当前伊朗面临复杂多变的周边和国际环境，中国仍作为伊朗的最大贸易伙伴，与其保持友好关系。2016年习近平主席访问伊朗期间，中国更是成为伊朗首个全面战略伙伴。伊朗积极参与"一带一路"建设，将有助于完善基础设施，加强交通建设；助益油气资源输出，重返世界能源市场；带动相关产业发展，提高本国就业率，调动劳动力资源优势；推动人口红利和性别红利开发，提升人力资本水平；有效联通中亚国家共同发展，在政治经济文化等诸多领域产生正向效应，深刻影响地区和世界格局。

另一方面，稳定和健康的人口基础是国家发展不可或缺的基本要素。"一带一路"建设将推动和深化沿线国家在卫生健康、教育文化、人口红利开发、基础设施和能源安全等多领域的交流与合作，伊朗在计划生育政策方面积累的成功经验可供具有相似情况的国家和地区所借鉴，与更多国家和地区的交流合作也将推动伊朗传统文化与现代文明的碰撞磨合。如何在对立统一中寻求平衡，推动经济社会诸多领域的现代化构建，是伊朗谋求快速发展所必须直面和回答的重大时代课题，事关伊朗人口发展的未来方向和经济社会领域的规划方向。

参考文献：

［1］王凤. 两伊战争后伊朗内外政策调整述评［J］. 西亚非洲，1996（4）.

［2］马寿海. 伊朗人口政策与计划生育［J］. 人口与经济，1996（6）.

［3］冀开运. 伊朗伊斯兰共和国研究［D］. 西安：西北大学，2000.

［4］冀开运. 伊朗民族关系格局的形成［J］. 世界民族，2008（1）.

［5］埃尔顿·丹尼尔. 伊朗史［M］. 李铁匠，译. 上海：上海东方出版中心，2010.

［6］邬大光. 揭开伊朗社会和高等教育的神秘面纱［J］. 现代大学教育，2010（1）.

［7］车效梅，杨琳. 对中东过度城市化的思考［J］. 山西师大学报（社会科学版），2010（6）.

［8］车效梅，王泽壮. 城市化、城市边缘群体与伊朗伊斯兰革命［J］. 历史研究，2011（5）.

［9］房宁，吴冰冰. 教义与民意：伊朗政体的双重结构［J］. 文化纵横，2013（4）.

［10］周意岷. 试析中东人口问题及其影响［J］. 国际展望，2013（5）.

［11］冀开运，冀佩琳. 伊朗人口政策的演变及特点［J］. 长安大学学报（社会科学版），2014（1）.

［12］张超. 巴列维王朝时期的伊朗人口［J］. 兰州大学学报（社会科学版），2014（3）.

［13］范鸿达. 中国在伊朗推进"一带一路"战略倡议的政治环境与因应［J］. 西亚非洲，2016（2）.

［14］韩建伟. 伊斯兰革命后伊朗妇女就业问题新论［J］. 世界民族，2017（1）.

［15］代欢欢，陈俊华，方尹. 1986年—2016年伊朗人口空间分布格局演变特征［J］. 世界地理研究，2017（3）.

［16］于卫青. 伊朗应对"伊斯兰国"组织的政策探析［J］. 阿拉伯世界研究，2017（4）.

［17］米歇尔·福柯. 安全、领土与人口［M］. 钱翰，陈晓径，译. 上海：上海人民出版社，2018.

［18］王宇洁，马超. 中国伊斯兰教中的什叶派问题探析［J］. 世界宗教研究，2018（3）.

［19］陈小迁. 中东阿拉伯国家人口治理失范的政治经济表现［J］. 世界民族，2018（4）.

［20］陈小迁. 多维视域下的中东国家人口治理探析［J］. 阿拉伯世界研究，2018（6）.

［21］西万·赛义德，阿兰·哈萨尼扬. 伊朗库尔德地区的人口政策［J］. 土耳其研究，2019（1）.

［22］穆宏燕. 权力结构与权力制衡：反思伊朗伊斯兰革命［J］. 西亚非洲，2019（1）.

［23］王锋，郑晓婷，孟娜. 伊朗高等教育现状与特点研究［J］. 比较教育研究，2019（12）.

［24］黄婧怡. 伊朗行记：日常生活的水与火［J］. 文化纵横，2020（2）.

［25］陈晖. 美国中东政策与美伊关系［J］. 唯实，2020（3）.

［26］钮松. 中东乱局持久化背景下欧盟中东战略的调整及困境［J］. 当代世界，2020（3）.

［27］樊吉社. 伊核问题与美国政策：历史演进与经验教训［J］. 西亚非洲，2020（4）.

［28］范鸿达. 基于国家发展和社会心理比较的中国同伊朗关系［J］. 西亚非洲，2020（4）.

［29］GILBAR G G. Population dilemmas in the Middle East：essays in political demography and economy［C］. London：Frank Cass，1997.

［30］HOODFAR H，ASSADPOUR S. The politics of population policy in the Islamic Republic of Iran［R］. Studies in Family Planning，2000，31（1）.

［31］ROUDI-FAHIMI F. Population trends and challenges in the Middle East and North Africa ［R］. Washington D. C. ： Population Reference Bureau, 2001.

［32］ROUDI-FAHIMI F. Iran's family planning program： responding to a nation's needs. Washington D. C. ： Population Reference Bureau, 2002.

［33］ROUDI-FAHIMI F, MOGHADAM V M. Empowering women, developing society： female education in the Middle East and North Africa ［R］. Washington D. C. ： Population Reference Bureau, 2003.

［34］Middle East and North Africa Social and Human Development Group. The pension system in Iran： challenges and opportunities ［R］. Washington D. C. ： World Bank, 2003.

［35］ROUDI-FAHIMI F, KENT M M. Challenges and opportunities： the population of the Middle East and North Africa ［J］. Population Bulletin, 2007, 62 （2）.

［36］HESSINI L. Abortion and Islam： policies and practice in the Middle East and North Africa ［J］. Reproductive Health Matters, 2007, 15 （29）.

［37］ABRAHAMIAN E. A history of modern Iran ［M］. Cambridge： Cambridge University Press, 2008.

［38］ABBASI-SHAVAZI M J, LUTZ W, HOSSEINI-CHAVOSHI M, et al. Education and the world's most rapid fertility decline in Iran ［M］. Laxenburg： International Institute for Applied Systems Analysis, 2008.

［39］SALEHI-ISFAHANI D. Poverty, inequality, and populist politics in Iran ［J］. The Journal of Economic Inequalility, 2009 （7）.

［40］ABBASI-SHAVAZI M J, MCDONALD P, HOSSEINI-CHAVOSHI M. The fertility transition in Iran： revolution and reproduction ［M］. London： Springer, 2009.

［41］ROUDI-FAHIMI, EL FEKI S. Facts of life： youth sexuality and reproductive health in MENA ［R］. Washington D. C. ： Population Reference Bureau, 2011.

［42］Pew Research Center's Forum on Religion and Public Life. The future of the global Muslim population, projections for 2010-2030 ［R］. Washington D. C. ： Pew Research Center, 2011.

［43］ROSTAMIGOORAN N, ESMAILZADEH H, RAJABI F, et al. Health system vision of Iran in 2025 ［J］. Iranian Journal of Public Health, 2013, 42 (1).

［44］ ROUDI-FAHIMI F, EL FEKI S. Iran's demographic dividend and the implications of the nuclear deal ［J］. Georgetown Journal of International Affairs, 2015.

［45］ MCDONALD P, HOSSEINI-CHAVOSHI M, JALAL ABBASI-SHAVAZI M J, et al. An assessment of recent Iranian fertility trends using parity progression ratios ［J］. Demographic Research, 2015, 32 (58).

［46］ MOUSAVI S M, HAGHI M, MANSHADI M G. Iran's health system and readiness to meet the aging challenges ［J］. Iranian Journal of Public Health, 2015, 44 (12).

［47］ CINCOTTA R, SADJADPOUR M. Iran in transition: the implications of the Islamic Republic's changing demographics ［R］. Washington D. C. : Carnegie Endowment for International Peace Publications Department, 2017.

［48］ Statistical Centre of Iran. Selected findings of the 2016 national population and housing census ［R］. Tehran, 2018.

［49］ SAIKAL A. Iran rising: the survival and future of the Islamic Republic ［M］. Princeton: Princeton University Press, 2019.

［50］ UNDP. World population prospects: the 2019 revision ［R］. New York: United Nation, 2019.

［51］ KHOSHNOOD A. Poverty in Iran: a critical analysis ［J］. Middle East Policy, 2019, 26 (1).

［52］ Statistical Centre of Iran. Iran statistical yearbook 1388 ［EB/OL］. https: // www. amar. org. ir/english/Iran-Statistical-Yearbook/Statistical-Yearbook-2009-2010.

［53］ Statistical Centre of Iran. Iran statistical yearbook 1389 ［EB/OL］. https: // www. amar. org. ir/english/Iran-Statistical-Yearbook/Statistical-Yearbook-2010-2011.

［54］ Statistical Centre of Iran. Iran statistical yearbook 1390 ［EB/OL］. https: // www. amar. org. ir/english/Iran-Statistical-Yearbook/Statistical-Yearbook-2011-2012.

［55］ Statistical Centre of Iran. Iran statistical yearbook 1391 ［EB/OL］. https: // www. amar. org. ir/english/Iran-Statistical-Yearbook/Statistical-Yearbook-2012-2013.

［56］ Statistical Centre of Iran. Iran statistical yearbook 1392 ［EB/OL］. https: //

www. amar. org. ir/english/Iran－Statistical－Yearbook/Statistical－Yearbook－2013-2014.

[57] Statistical Centre of Iran. Iran statistical yearbook 1393 [EB/OL]. https：//
www. amar. org. ir/english/Iran－Statistical－Yearbook/Statistical－Yearbook－2014-2015.

[58] Statistical Centre of Iran. Iran statistical yearbook 1394 [EB/OL]. https：//
www. amar. org. ir/english/Iran－Statistical－Yearbook/Statistical－Yearbook－2015-2016.

[59] Statistical Centre of Iran. Iran statistical yearbook 1395 [EB/OL]. https：//
www. amar. org. ir/english/Iran－Statistical－Yearbook/Statistical－Yearbook－2016-2017.

[60] Statistical Centre of Iran. Iran statistical yearbook 1396 [EB/OL]. https：//
www. amar. org. ir/english/Iran－Statistical－Yearbook/Statistical－Yearbook－2017-2018.

[61] World Bank. World Bank Open Data [DB/OL]. https：//data. worldbank. org/.

[62] World Health Organization. Health Workforce－Data and Statistics [DB/OL]. ht-
tps：//www. who. int/hrh/statistics/.

[63] UNESCO. Institute for Statistics Open Data [DB/OL]. http：//data. uis. unesco. org/.

[64] International Labour Organization. ILO Statistics and Databases [DB/OL]. https：//
www. ilo. org/global/statistics－and－databases/.

[65] Syracuse University. The Iran Social Science Data Portal [DB/OL]. https：//iran-
dataportal. syr. edu/.

缅甸人口与发展状况报告

徐晓勇　陈　丹　熊清雨[*]

摘要：缅甸独立之后，人口发展进入现代人口转变阶段，人口数量、质量、结构、分布，以及出生、死亡、迁移流动的现代化特征日益明显。少儿抚养比与总人口抚养比持续下降，缅甸已经进入了人口机会窗口期。与此同时，人口受教育程度、人口健康水平及人口城市化水平的提高，为推动缅甸经济社会发展发挥了积极的作用。但人口转变带来的人口结构和数量优势并未充分转化为经济发展的人口红利，人口素质较低，以及人口年龄结构、空间结构与产业结构匹配性上的短板成为制约缅甸人口现代化发展的主要因素。在"一带一路"倡议之下，中国与缅甸间的国际合作进入新的阶段，借鉴中国人口政策及人口红利实现的成功经验，通过中缅两国人口特征的互补性创造国际合作机会，有助于缅甸实现人口、经济和社会的持续发展。

关键词：人口与发展；人口转变；人口红利；缅甸

* 徐晓勇，云南大学经济学院副研究员；陈丹，云南大学经济学院硕士研究生；熊清雨，云南大学经济学院硕士研究生。本文中缅甸人口密度数据的收集和人口密度图的绘制得到了云南财经大学城市与环境学院李杰副教授及硕士研究生万兆海的支持，特此感谢。

作为连接中国与中南半岛和印度洋的重要通道，缅甸在"一带一路"合作中具有重要的地缘优势和独特价值。由于特殊的自然地理位置，自古以来中缅两国间的人口流动便十分频繁，居民往来交流密切。"一带一路"为中缅边境地区带来了新的发展机遇，大大增加了两国人民在经济、文化和教育等领域交流合作的机会。分析缅甸人口发展的基本特征，可以从人口的角度探讨国际合作的人口条件与措施，推动"一带一路"沿线国家之间的交流与合作。

一、人口发展现状

（一）人口基本状况

截至 2019 年年末缅甸人口约为 5440.98 万人，人口规模在全球国家中排名第 25，在东盟 10 国中排名第 5。缅甸位于世界上人口最为稠密的中国文化圈和印度文化圈的连接和过渡地带，由此缅甸人口具有多民族、多文化和数量较多的特征。二战后，随着现代国家体系的建立，缅甸进入稳步发展阶段，人口发展呈现出典型的现代化转变特征。

1. 人口增长特征

自 1948 年独立以来，缅甸人口进入持续增长期。2019 年缅甸人口较 1950 年增长 3626.6 万人，年均增长率超过了 16‰。根据人口增长率的变化，可以将缅甸 1950 年以来的人口增长划分为三个不同的阶段。第一阶段是 1951—1969 年，这一阶段缅甸人口呈加速增长的态势，人口年增长率由 1951 年的 18.24‰增长到 1969 年的 23.86‰；第二阶段是 1970—1984 年，这一阶段人口表现出高位增长的态势，人口增长率保持在 20‰以上的较高水平，年人口增长量 75.78 万的峰值就出现在这一阶段的 1982 年；第三阶段从 1985 年开始，缅甸进入了人口增量快速下降的时期，人口增长率从 20‰以上的水平快速下降，目前已经降至 6‰的较低增长水平。值得注意的是，在 1993—1995 年、2008—2013 年和 2018—2019 年缅甸人口增长率有过三次短时间的回升期，但并未改变人口增长持续放缓的态势。目前，缅甸已经属于人口增长较为缓慢的国家。2019 年缅甸的人口增长率比世界平均水平低 4.52 个千分点，比东南亚平均水平低 3.97 个个千分点，在东南亚 10 国中仅仅高于泰国，位列倒数第二。根据联合国《世界人口展望 2019》的预测，2020 年之后缅甸人口增长将进一步放缓，并在 2054 年达到 6232.16 万人的峰值人口（见图 1）。

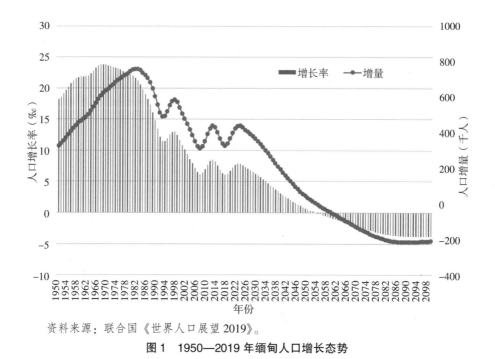

资料来源：联合国《世界人口展望 2019》。

图 1　1950—2019 年缅甸人口增长态势

缅甸人口增长速度的快速回落源于人口的生育和死亡水平的下降所导致的人口自然增长动力的消退。1950 年以后，缅甸的人口粗出生率和粗死亡率都表现出整体下降的态势，粗出生率从 20 世纪 50 年代超过 45‰的极高水平，下降到目前 17.7‰的较低水平，粗死亡率从接近 30‰下降到目前 10‰

以下的水平，人口自然增长率也从 19‰ 下降到了 9.5‰（见图 2）。从近 20 年人口"三率"的变化来看，死亡率变动已经较为微小，但生育率仍然表现出较大程度的下降，这表明缅甸人口变动已经进入了生育率变动主导的阶段。因此，近年来人口增长的变缓则意味着缅甸生育水平的下降。总和生育率数据的变化证明了这一判断。1950 年以后，缅甸的总和生育率持续下降，2018 年已经降到 2.15，十分接近 2.1 的更替水平。根据联合国《世界人口展望 2019》的预测，2025 年之后缅甸的总和生育率将下降到 2.0 以下，到 2035—2040 年和 2045—2050 年将进一步下降到 1.86 和 1.79。随着人口生育水平的进一步下降，缅甸未来人口增长的态势将在 2055 年结束，并进入人口负增长时期。

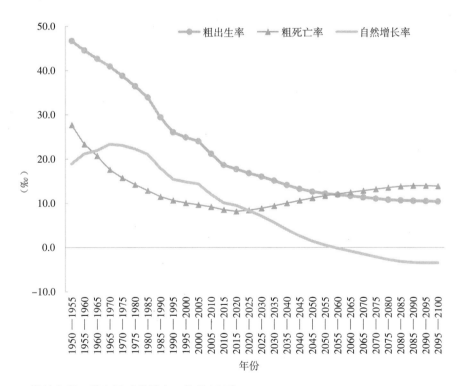

资料来源：联合国《世界人口展望 2019》。

图 2　缅甸人口粗出生率、粗死亡率、自然增长率变化情况

2. 人口结构特征

人口出生规模和生育率的下降不仅导致缅甸人口增长放缓，也导致人口年龄结构改变，并使得人口老龄化开始加速发展。2019 年缅甸人口中少年人口（0—14 岁）、成年人口（15—64 岁）和老年人口（65 岁以上）占总人口的比重分别为 25.5%、68.3% 和 6.2%。如图 3 所示，人口金字塔可以直观

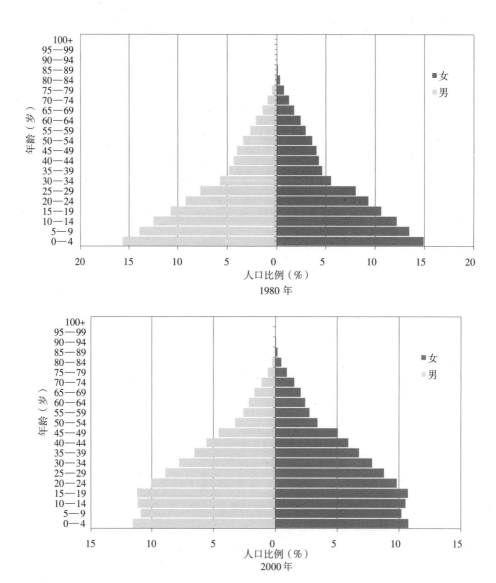

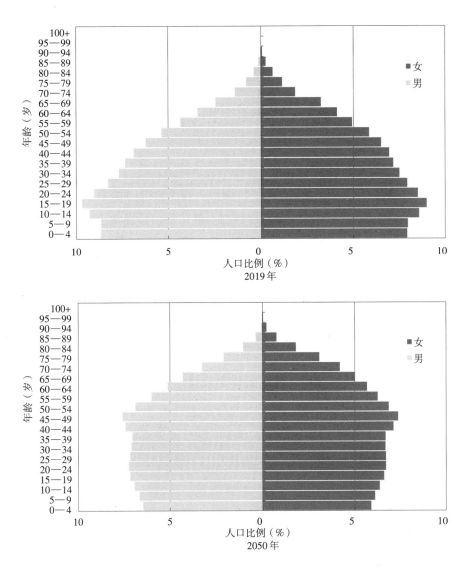

资料来源：联合国《世界人口展望 2019》。

图 3　缅甸人口金字塔

地反映出人口年龄结构的特征和变迁。1980 年时缅甸人口金字塔呈现出典型的正金字塔形状，低龄组人口规模明显高于高年龄组别，尤其是 30 岁以下年龄组人口比重显著高于其他年龄组别，这主要得益于 1950 年之后逐渐形成的人口出生高峰极大地提高了少年儿童和年轻人口的规模和比重。到 2000年，缅甸人口金字塔的底部明显收缩，0—20 岁人口中不同年龄组别人口规模差距已经十分微小，人口金字塔呈现出底部收缩的"金字塔"状结构特征。到 2019 年，低年龄组人口规模进一步收缩，成年组人口和老年组人口占全国总人口的比重进一步增加，人口金字塔呈现出中间粗、两头细的"纺锤"状结构特征，人口分布的重心继续向高年龄组移动。根据联合国《世界人口展望 2019》的预测，到 2050 年，缅甸人口年龄分布的重心已移至高龄组，特别是女性的老年人口比重显著增高，低年龄组占比减少明显，人口金字塔呈现出塔尖膨胀、塔底收缩式的形状。

人口年龄结构的变化使得缅甸从"年轻型"人口类型逐渐向"老年型"人口类型转变。1950 年缅甸 0—14 岁和 65 岁及以上人口占全国总人口的比重分别为 35.8% 和 3.3%，按照联合国人口司制定的人口年龄结构类型的划分，属于从"年轻型"人口向"成年型"人口类型转变的阶段。此后，随着人口出生规模的持续下降，成年人口比重持续增长，到 1990 年 0—14 岁和 65 岁及以上人口占全国总人口的比重分别变为 37.9% 和 4%，人口年龄中位数为 20.7 岁，已经是比较典型的"成年型"人口类型。1990 年至今，缅甸一直保持着"成年型"人口年龄结构特征，但老年人口比重开始缓慢增长，人口老龄化进程开启。到 2019 年缅甸老年人口占全国总人口的比重为 6.2%，已经比较接近"老年型"人口类型 7% 的门槛值。总体而言，缅甸人口年龄结构还比较年轻，人口老龄化指数较全球平均水平低了 3.1 个百分点，比东南亚平均水平低了 0.9 个百分点，在东南亚 10 个国家中排名第 4，这为缅甸经济社会发展提供了较好的人口结构红利条件。根据联合国《世界人口展望 2019》的数据，到 2025 年缅甸的劳动年龄人口比重将达到 68.86% 的峰值水平，到 2050 年劳动年龄人口规模将达到 4212 万人的峰值水平，此后劳动年龄人口比重较高、规模较大的态势将在较长时期内维持。

3. 人口分布和迁移

（1）人口分布格局及其演变

缅甸国土面积约为 67.65 万平方千米，是东南亚国家中国土面积较大的国家。从自然地理环境来看，缅甸国土呈狭长分布，地势北高南低，北部、西部和东部为山脉环绕；北部为高山区，靠近中国边境的开卡博峰海拔 5881 米，为全国最高峰；西部有那加丘陵和若开山脉，东部为掸邦高原；西部山地和东部高原间为伊洛瓦底江冲积平原，地势低平，是重要的粮食产地。由于北部、西部和东部均为山地和高原，中部为平原区，地貌形态各异，人口在空间分布上也呈现出很大的差异性。缅甸人口高度集中在缅甸中部和南部城市，在仰光、曼德勒和内比都形成三大人口核心区；在缅甸东部、北部和东南部形成面积较大的人口稀疏区。从人口整体分布格局来看，缅甸人口分布具有"中部、南部高，东西部低"的空间特征，呈现出"多核心"人口分布格局；从人口分布格局的演变来看，1960—2017 年间缅甸人口空间分布格局未发生较大改变，但不同区域人口密度普遍增长，尤其是仰光、曼德勒、内比都、勃生和毛淡棉等核心城市所在的地区人口增长迅速，人口集中度逐步加强。

（2）人口迁徙流动

近年来，随着经济社会的发展，缅甸人口流动的规模、强度和频率都有了较大提高。尤其是随着缅甸的对外开放程度的提高及区域间经济、文化交流的频繁，缅甸人口国内、国际流动的格局有了巨大的变化。

一是国内人口迁移。整体而言，缅甸的人口迁移行为以国内人口流动为主。根据缅甸人口普查资料，2014 年缅甸跨省（邦）流动人口总规模为 355.16 万人，占全国总人口的 6.94%。如图 4 所示，从流动人口规模上看，仰光省、伊洛瓦底省、曼德勒省和勃固省等人口大省（邦），流动人口规模也较大，这 4 个省的流动人口总规模都超过了 60 万人，其流动人口总规模占全国流动人口的 60% 以上，其中仰光省流动人口总规模达到 195.04 万人，占全国的27.46%。从人口流动频率上看，仰光省最高，达到24.9%；内比都、克耶邦和孟邦紧随其后，分别达到20.27%、18.63%，14.57%，实皆省、德林达依省、若开邦和掸邦较低，不足10%。从流入人口规模与流出人口规模的对比来看，仰光省、掸邦、内比都、克钦邦、克耶邦、克伦邦和曼德勒省流入人口数量高于流出人口，为人口净流入区，伊洛瓦底省等8个省（邦）为人口净流出区。从人口流向来看，缅甸人口呈现出从全国向中南部地区迁移的态势，尤其是仰光等城市所在的中南部地区成了国内人口迁入的中心。

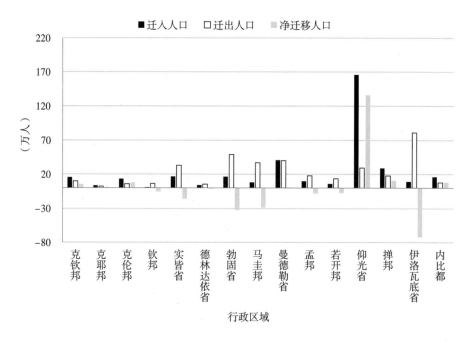

资料来源：缅甸2014年人口普查资料。

图4 缅甸国内人口迁移状况

二是国际人口迁移。由于经济发展滞后，且在近几十年中缅甸的国际和地区开放程度较低，缅甸的国际人口迁移规模并不大，且以跨国流出为主。

如图5所示,根据联合国国际移民统计数据,1980年以来,缅甸累计净流出人口达到539.62万人,其中1990—2010年是人口流出的高峰时段。整体而言,缅甸人口跨国流动行为并不多见。即使在净流出规模最高的年份,净迁移率也不足6%。从缅甸国际迁移人口的流向来看,同处东南亚地区的邻国是规模最大的迁移目的地国,其中前往泰国的迁移人口占了跨国流出总人口的70%左右,马来西亚、新加坡分别占15.4%和3.9%。此外,流入中国、美国、印度和韩国的人口也具有一定的规模,分别占跨国流出人口的4.56%、1.86%、0.89%和0.72%。

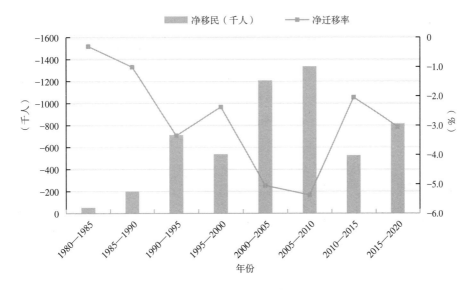

资料来源:联合国《世界人口展望2019》。

图5　缅甸国际净迁移状况

(二)经济发展状况

由于长期游离于国际经济发展体系之外,并受制于国内政治和民族矛盾,缅甸经济发展相对滞后,是联合国确定的最不发达国家之一。近年来,随着缅甸国际关系的缓和,缅甸积极参与大湄公河次区域、澜湄国家、"一带一路"等国际合作，经济发展得到较大改善，经济增长、产业结构、国际贸易等方面都取得较大的进步。

1. 经济增长与产业发展

（1）缅甸经济增长状况

近20年，缅甸经济规模呈持续增长的态势，其中GDP总量由2000年的89.05亿美元增长到了2018年的712.15亿美元，增长6.99倍；同期人均GDP由190.61美元增长到了1418.18美元，增长6.44倍。从GDP的增速变化来看，缅甸经济增长速度明显放缓，从2000年的13.75%下降到了现在的6.2%，已经从高速增长变为中速增长。尽管经济增速有所回落，但缅甸仍然是全球经济增长速度较快的国家。图6是缅甸与中国、泰国、越南等周边经济发展较好的国家经济增长的比较情况。可以看出，缅甸的经济增长速度在这些国家中属于较高的水平。在2000—2018年间，缅甸的经济增长速度明显高于同处中南半岛的泰国和越南，尤其是2000—2008年间，缅甸的经济

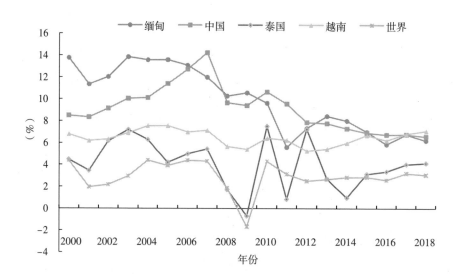

资料来源：世界银行数据库。

图6　缅甸和周边国家经济增长状况

增长速度接近越南的 2 倍，泰国的 3 倍。在 2009 年以前的多数年份中，缅甸经济增长速度具有明显的优势。与世界经济增长率的平均水平相比，缅甸的优势更加明显，2000 年缅甸经济增长率较世界平均水平高了 9.37 个百分点，这种差距在较长时期内得以保持，即使随着 2011 年之后缅甸经济增长明显放缓，缅甸经济增长仍然较世界平均水平高了 2—6 个百分点。

（2）缅甸产业发展状况。缅甸地处热带季风气候区，水热条件较好，具有良好的农业资源禀赋。缅甸的农业以热带作物种植业为主，主要种植的农作物有水稻、小麦、玉米、花生、芝麻、棉花、豆类、水果、蔬菜等，除此之外油棕、烟草、天然橡胶、咖啡、甘蔗、林木和黄麻其他经济作物种植面积也较大。在工业方面，缅甸具有丰富的矿产资源，现已探明的主要矿藏有铜、铅、锌、银、金、铁、镍、红蓝宝石、玉石等，其中玉石资源享有盛名，是世界著名高品质翡翠出产地，尤其是缅甸的坎特伯镇，玉石资源储量丰富，价值超过 2000 亿元。目前，缅甸在石油和天然气开采、非金属矿产开采、小型机械制造、纺织、印染、碾米、木材加工、制糖、造纸、化肥和制药等资源型低端制造业领域有了较快的发展，但在钢铁、建材、铁路、电力、化工、汽车、工程机械、船舶和海洋工程等资本密集型和需要一定科技积累的产业发展严重不足。近年来，服务业在缅甸得到了较快的发展，尤其是旅游服务业和商贸服务业展现出很强的增长势头，极大推动了缅甸的创业发展与经济增长。

一直以来缅甸的经济发展十分依赖农业，农业在国民经济中所占的份额较高。2008 年时农业增加值在 GDP 中的比重依然高达 40.28%，是三次产业中最高的。近年来，随着政府大力推进工业化，以及缅甸对外关系好转带来的国际投资和国际产业转移的增长，缅甸工业和服务业增长迅速，极大地改善了以农业为主的落后产业结构。2011 年和 2012 年，缅甸服务业与工业增加值在国民经济中的比重相继超过农业，产业结构转变为"三二一"型的现代模式。但是应该看到的是，缅甸的产业经济发展没有经过充分的工业化，工业在经济发展中没有起到应有的作用。

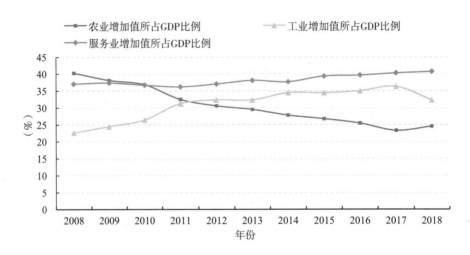

资料来源：世界银行数据库。

图7 2008—2018年缅甸产业结构

从图7的数据可以看出，2010年之前，缅甸是典型的农业驱动经济增长的模式，农业在经济产出中的贡献无可取代；从2011年开始，服务业成为对国民经济贡献最大的产业，服务业成了经济发展的主要驱动产业。尽管在此过程中工业增加值占比也得到了持续提高，但距离服务业占比还是有明显的差距。实际上缅甸没有形成工业化驱动社会经济进步的发展模式，这在东南亚国家中是比较特别的。在东南亚10个国家中，除了文莱之外，三次产业都是呈现出"三二一"的结构，但大多数国家都是在工业化得到充分发展之后，服务业才逐渐成为国民经济的主导产业，尤其是新加坡、泰国、越南和文莱等国家在不同的时期通过承接国际产业转移，成功推动了自身的工业化和产业升级转型，并成为东南亚经济发展的引擎。而缅甸在工业化不充分、农业在经济中仍然占有极大比重的情况下进入服务业主导的时期，使得保持经济增长的稳健和持续存在一定的不确定性。

2. 人口就业状况

目前，缅甸尚未进入人口老龄化社会，仍然属于成年型人口年龄结构类型，劳动力资源较为丰富。2019 年缅甸 15—64 岁劳动年龄人口总规模为 3703.89 万人，占总人口的 68.07%。图 8 是世界银行统计的缅甸劳动参与的数据。从中可以看出，2000 年以来，缅甸处于一个参与劳动人口规模持续增长的时期，2019 年劳动年龄人口规模较 2000 年增长了 736.02 万人，年均增长 38.74 万人。这表明缅甸仍然处于人口转变带来的劳动力相对丰富的阶段，年龄结构处于人口红利阶段。在劳动力规模持续增长的同时，缅甸的劳动力参与率却在降低，从 2000 年的 71.41% 下降至 2019 年的 61.67%。劳动力参与率的持续下降都表明近年来缅甸的经济系统和产业发展仍然存在明显的问题。

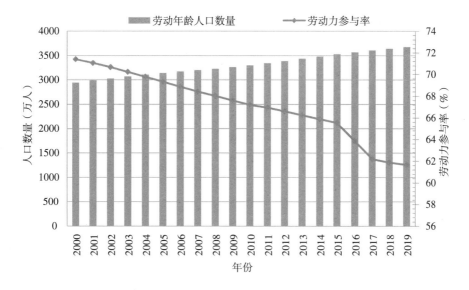

资料来源：世界银行数据库。

图 8　2000—2019 年缅甸劳动年龄人口数量和劳动力参与率

从就业人口在三次产业分布来看，农业仍然是主要的就业部门。2000 年第一产业、第二产业和第三产业的就业人口比重分别为 61.46%、25.37% 和 13.17%；2000 年之后，尽管第二产业和第三产业的就业比重有所增加，但第一产业在容纳就业上的统治地位仍然无法被撼动，2019 年第一产业就业比重仍然高达 48.89%（见图 9）。在三次产业中，工业容纳就业的能力是最弱的，比重最高的 2010 年也仅为 17.69%。这样的就业结构与缅甸工业化不充分、农业人口转移不足具有密切关系。

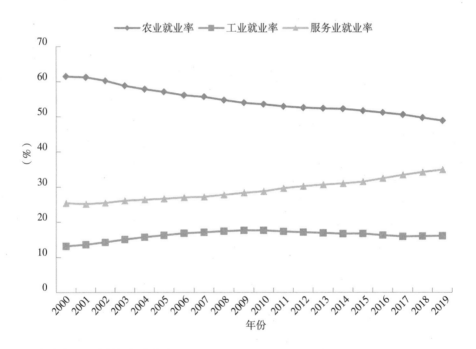

资料来源：世界银行数据库。

图 9　2000—2019 年缅甸人口就业结构

3. 城镇化

由于工业化的滞后和不充分，缅甸的城市发展也比较缓慢。近年来，随着缅甸工业和服务业的发展，大量农村居民为了获取更高的收入和更好的发展环境进入城镇，在一定程度上推动了缅甸的人口城镇化进程。根据联合国人口司《世界城市化展望2018》（*World Urbanization Prospects* 2018）的数据，2018年缅甸人口城镇化率为31.1%，较1990年、2000年和2010年分别增长了6.5、4.4和2.5个百分点（见图10）。尽管缅甸人口城镇化率持续增长，但是增长乏力的势头已经十分明显。根据世界城镇化发展的一般规律，当城镇化率达到30%左右时，人口城镇化将进入一个快速增长的阶段。缅甸城镇化率在2012年就首次超过了30%，但此后城镇化率并没有大幅增长，反而出现了下降和停滞，这说明缅甸城镇化发展已经进入一个瓶颈期，需要通过经济社会的进一步现代化予以驱动。随着人口城镇化的发展，缅甸形成了以仰光、曼德勒、内比都、帕安、勃固和毛淡棉等大中城市为核心的城市体系。目前缅甸人口超过100万的城市有3个，分别是仰光、曼德勒和内比都，其中仰光人口达到了521.14万人，占全国城市人口的48.08%。其余城市人口规模都比较小，大多不到30万人。

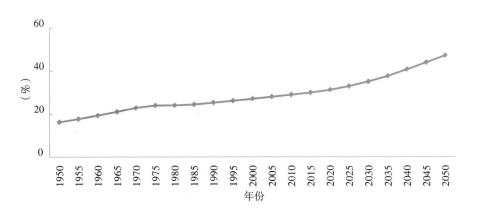

资料来源：联合国《世界城市化展望2018》。

图10　缅甸城镇化率

（三）社会状况

1. 教育状况

在传统社会中，缅甸教育从属于小乘佛教。由于佛教在缅甸的统治地位，因此产生了"佛堂即学堂""教育是学佛的附属"的制度。缅甸的近代教育始于 19 世纪中叶，英国的殖民统治将西方的教育体系引入了缅甸，随着殖民地的经济发展，近代教育在英国殖民地兴起，并在 1885 年英国将缅甸全部吞并后被推广到了整个国家。在缅甸独立后，缅甸政府吸纳了殖民统治时期的教育方式，并结合了具体国情，完善出了一套新的教育制度，之后又为了适应经济社会发展的需要进行了一些调整，但受制于经济社会条件，缅甸的当代教育在国际比较中仍然处于较为落后的状态。

由表 1 可知，从 2000 年至 2018 年，缅甸的各级教育毛入学率从具体年份情况来看虽有波动，但整体依旧呈现出增长趋势。随着缅甸经济的发展，缅甸政府的义务教育普及率得到了明显的提升。2010 年以前缅甸小学的毛入学率不足 100%，此后快速上升，到 2018 年已经达到 112.31%。这表明除适龄入学儿童外，还有大量失学儿童获得了受教育的机会，与此同时，逐年攀升的中学毛入学率和高校毛入学率也表明，近 20 年来缅甸的教育体系和教育制度正在得到逐步完善。

表 1　缅甸各级教育毛入学率　　　　　　　　　　（单位：%）

年份	小学	中学	高校
2000	98.05	36.87	–
2001	97.13	37.79	10.93
2005	98.14	44.34	–
2007	97.87	46.24	10.61
2010	98.11	48.14	–

年份	小学	中学	高校
2011	–	–	14.18
2018	112.31	68.44	18.82

资料来源：联合国教科文组织数据库。

从纵向来看，缅甸教育取得了明显的进步。但作为世界上最不发达的国家之一，缅甸的教育状况与同属东南亚六国的泰国、新加坡、马来西亚、文莱及印度尼西亚相比，几乎难以望其项背。如表2所示，2018年泰国、新加坡、马来西亚、文莱和印度尼西亚的平均受教育年限分别为7.7年、11.5年、10.2年、9.1年和8年，而缅甸只有5年。这与各国的义务教育年限有很大的关系，缅甸的基础教育制为10年制。1至4年级为小学，同时也是缅甸的义务教育阶段，5至8年级为普通初级中学，9至10年级为普通高级中学。此外，在中学和高校的毛入学率上，缅甸也远远落后其他五国。

表2　2018年缅甸等东南亚六国受教育情况

国家	小学毛入学率（%）	中学毛入学率（%）	高校毛入学率（%）	平均受教育年限（年）	义务教育年限（年）
泰国	100	118	49	7.7	12
新加坡	101	108	85	11.5	10—11
马来西亚	105	82	45	10.2	11
文莱	103	93	31	9.1	12
印度尼西亚	106	89	36	8	6
缅甸	112	68	19	5	4

资料来源：联合国教科文组织数据库。

2. 人口健康水平

缅甸地处炎热潮湿的热带，气候适宜动植物和昆虫繁殖，又是发展中国家，人民生活贫困，医疗卫生系统并不完善，因此多有传染病广泛流行。独立后，历届政府开始关注发展国家卫生事业，现代医疗技术的传播和普及使得缅甸人口的健康水平得到了持续的提高。2015—2020 年，缅甸的男性平均寿命为 63.67 岁，女性的平均寿命为 69.75 岁，分别较 1995—2000 年增长了 7.51 岁和 7.34 岁。尽管人口的健康水平得到明显的提高，但是缅甸人口的平均预期寿命在东南亚 6 国中仍然处于垫底位置。2015—2020 年缅甸男性和女性的平均预期寿命比新加坡分别低了 17 岁和 15 岁，比泰国分别低了 9 岁和 11 岁，即使与人口健康水平不太高的印度尼西亚相比也分别低了 5 岁和 6 岁（见图 11）。

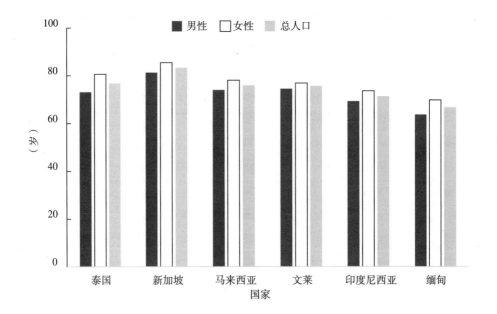

资料来源：联合国《世界人口展望 2019》。

图 11　东南亚 6 国平均预期寿命比较

缅甸预期寿命较低，源于孕产妇、婴幼儿等人群死亡率较高。从婴幼儿死亡率来看，2018 年缅甸出生婴儿死亡率、5 岁及以下儿童死亡率分别为 23.1‰和 46.2‰，尽管较 2000 年的 37.4‰和 89.1‰已经有了较大的进步，但是与周边国家相比中仍属落后。2018 年泰国、新加坡、马来西亚、文莱和印度尼西亚的新生儿死亡率分别为 5‰、1‰、4‰、6‰、13‰，5 岁及以下儿童死亡率分别为 9‰、3‰、8‰、12‰、2‰，远远低于缅甸。

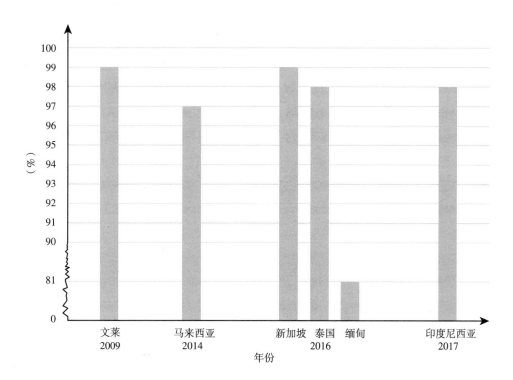

资料来源：世界银行数据库。

图 12　缅甸等东南亚 6 国接受产前护理的产妇比例

同时，由于医疗系统落后，缅甸对孕产妇的医疗支持也相当有限，孕产妇的死亡率也居高不下。2016 年缅甸接受产前护理的产妇比例仅有 81%，远低于其他国家。泰国、新加坡、马来西亚、文莱和印度尼西亚的孕产妇死亡率分别为 0.037%、0.008%、0.029%、0.031%、0.117%，而缅甸则达到了 0.25%。

3. 人口贫困状况

缅甸的自然和人力资源极其丰富，但经济发展与自身潜能极不相称。缅甸 2019 年的人均国民生产总值是 1407.81 美元，明显低于中低收入国家的人均 2176.56 美元。缅甸不仅人均收入水平较低，贫困人口在总人口中的比重也较高。根据世界银行统计，2017 年缅甸收入水平低于世界银行国家贫困线的贫困人口占总人口的比重为 24.8%，远远高于同时期泰国、马来西亚、印度尼西亚等邻国的贫困率。尽管与邻国和世界相比人口贫困状况较为严重，但近年来缅甸在消除贫困方面取得了明显的进步。相较于 2005 年，2017 年缅甸贫困人口比例已经下降了 23.4 个百分点。

表3 按国家贫困线衡量的贫困人口比例   （单位：%）

年份	缅甸	泰国	马来西亚	印度尼西亚
2004	–	26.8	5.7	16.7
2005	48.2	–	–	16
2010	42.2	16.4	–	13.3
2011	–	13.2	1.7	12.5
2015	32.1	7.2	0.4	11.2
2017	24.8	7.9	–	10.6
2018	–	9.9	–	9.8

资料来源：世界银行数据库。

4. 性别平等

性别平等是一个广泛的概念，包括了从政治、经济、文化和教育等宏观领域到婚姻家庭关系等微观领域对于女性无歧视、公平对待。借助男女两性在教育文化、经济就业和政治参与方面的差异性及国别比较，可以在一定程度上了解缅甸的性别平等状况。

从接受教育的机会而言，缅甸女性与男性的差异不大，在高等教育阶段女性入学人数甚至超过男性。缅甸的教育分基础教育和高等教育两部分。基础教育为十年制，包括小学、初中、高中3个阶段。在小学阶段，女性的毛入学率略低于男性，2018年时缅甸小学入学的女性与男性的比率为0.96∶1；而到了中学女生人数则超过男生，女性和男性的比率为1.09∶1。

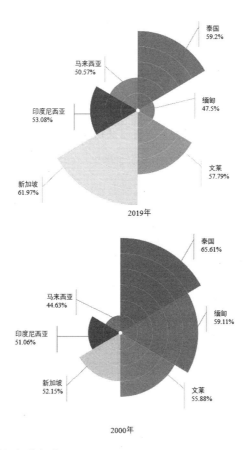

资料来源：世界银行数据库。

图13　东南亚6国女性劳动力参与率

最近 10 年来，由于经济发展，基础教育阶段女性入学人数还在逐年增长。目前包括专科学院在内的所有高校中，女性人数已超过男性，截至 2018 年高等院校中的女性人数比例已达到 1.41:1。

从就业的角度来看，缅甸女性有不就业的传统，许多缅甸女性婚前学习或帮母亲做家务，婚后相夫教子，料理家务，过着典型的家庭妇女生活，即使是接受过高等教育的知识分子，也往往在婚后便离职成为主妇。因此，缅甸女性的劳动力参与率并不高，2019 年为 47.5%，在泰国等 6 个东南亚国家中是最低的。实际上，近年来缅甸的女性劳动力参与率呈逐年下降的态势，由 2000 年的 59.11%降至 2019 年的 47.50%，而其他 5 个国家除泰国外，女性劳动力参与率都呈现出增长态势（见图 13）。这说明对于缅甸女性在就业方面的性别歧视、文化歧视在近年来有反弹的趋势。

从政治参与的角度来看，缅甸女性平等程度有了一定的提高，但仍处于较低水平。据世界银行统计数据，缅甸女性参政比例在 2010 年时为 4.29%，远低于同时期的泰国（13.32%）、新加坡（23.4%）、马来西亚（9.91%）和印度尼西亚（18.04%）（见表 4）。到 2019 年，缅甸的女性参政比例达到了 11.32%，与 2010 年相比上升了 7.03%，略超文莱（9.09%），略低于泰国（16.2%）、马来西亚（14.41%）和印度尼西亚（17.39%），远低于新加坡（23%）和缅甸所属的东亚与太平洋地区（20.5%）。

表 4　缅甸等东南亚 6 国女性参政比例　（单位:%）

年份	泰国	新加坡	马来西亚	文莱	印度尼西亚	缅甸
2000	4.81	4.30	10.36	-	8.00	-
2010	13.32	23.40	9.91	-	18.04	4.29
2015	6.09	23.91	10.36	-	17.12	12.69
2019	16.20	23.00	14.41	9.09	17.39	11.32

资料来源：世界银行数据库。

由于女性在受教育方面有了较为明显的进步，缅甸两性在发展方面的差距有所缩小。根据《人类发展报告2019》的测算，2018年缅甸的性别发展指数为0.953，女性的人类发展指数（HDI）与男性的绝对偏差仅在2.5%—5%之间，位列人类发展水平性别差异较小的国家行列。但经济、就业和政治参与领域性别差异的扩大使得缅甸性别平等在全球仍然处于较为落后的位置。2018年缅甸的性别不平等指数为0.458，位列世界第106位，性别不平等水平远远高于新加坡（0.065）、文莱（0.234）、马来西亚（0.274）和泰国（0.377）等周边东南亚其他国家。

（四）文化状况

缅甸地处中华文化、印度文化、东南亚文化三大文化圈的过渡地带，民族种类众多、文化丰富多样，具有鲜明的地域特色。

1. 主要民族状况

缅甸是一个多民族的国家。1931年英国殖民统治时期的人口调查，把缅甸居民分为13个民族，135个支系。1983年，缅甸政府宣布，缅甸境内共有135个民族，主要有8大族群，每个族群又有多个民族，即缅族族群（9个民族）、克伦族族群（11个民族）、掸族族群（33个民族）、若开族族群（7个民族）、孟族族群（1个民族）、克钦族族群（12个民族）、钦族族群（53个民族）和克耶族族群（9个民族）。

（1）缅族。缅族是缅甸的主体民族，也是缅甸的第一大民族，占全国总人口的69%。缅族主要聚居在伊洛瓦底江中下游及三角洲，在缅甸7个省和内比都联邦直辖区的人口比重中占绝大多数，在7个少数民族邦中也有广泛分布。少数民族人口总数虽然仅占缅甸总人口的31%，但居住区域超过了缅甸国土面积的一半。

（2）掸族。掸族是缅甸的第二大民族，占缅甸总人口的8.5%，其中有200多万人聚居在缅甸北部的掸邦境内，其余则散居和杂居在克钦邦、克耶邦、实皆省和克伦邦境内，多数沿河居住。

（3）克伦族。克伦族是缅甸的第三大民族，占缅甸总人口的6.2%。克伦族主要分布在克伦邦和伊洛瓦底江三角洲地区，在孟邦、德林达依省、仰光省、勃固省、克耶邦等也有分布。

（4）若开族。若开族是缅甸的第四大民族，约占全国总人口的5%。若开是自称。若开族支系众多，主要有马诺马基、羌达、谬、担邦、栽等支系。若开族主要聚居在若开邦境内西南部的实兑、苗洪、敏比亚、皎托、皎漂和丹兑等地。

（5）孟族。孟族是缅甸的第五大民族，约占全国总人口的3%。孟族多数居住在下缅甸平原地区的孟邦、克伦邦、德林达依省、勃固省和仰光省等地，在伊洛瓦底江三角洲与缅族杂居。

（6）克钦族。克钦族是缅甸的第六大民族，约占全国总人口的2.5%。缅甸克钦族主要分布在钦敦江上游和伊洛瓦底江上游，以缅北克钦邦为聚居中心，掸邦、实皆省也有分布。

（7）钦族。钦族是缅甸的第七大世居民族，约占全国总人口的2.2%。钦族是一个横跨缅、印、孟3国国境的民族。缅甸钦族主要分布在西部钦山区，大部分聚居在山高林密、交通不便的西部钦山山脉一带；还散居于实皆省、马圭省、勃固省和若开邦等。

（8）克耶族。克耶族是缅甸的第八大世居民族，占缅甸总人口的0.4%。克耶族主要分布在缅甸东部和东北部的克耶邦、克伦邦境内，有克耶、嘎巴、盖可、克洋、勃耶、马努马诺、因勃和因德莱等支系。

除了上述8个较大的世居民族，缅甸还有崩龙、佤、那加等几十个少数民族。其中崩龙族人口近13万人，约占缅甸总人口的0.25%，分布在克钦邦的密支那、昔董和八莫，实皆省的抹谷和掸邦的孟密、果塘、当拜、西保、腊戌、登尼、葛鲁、滚弄和果敢等地；佤族人口约10万人，较为集中地聚居于掸邦东北部的佤区；那加族人口约10万人，占缅甸总人口的约

0.2%，散居在钦敦江上游北部印缅边境的那加山区；伊高族人口约 5 万人，占缅甸总人口的 0.11%，分布于景栋中缅边境山区；拉祜族人口约 5 万人，占缅甸总人口的 0.11%，分布于景栋西南部；傈僳族人口约 5 万人，占全缅总人口的 0.11%，分布于恩梅开江东岸高黎贡山山区；苗族人口约 3.2 万人，占全缅总人口的 0.08%，分布于果敢、东枝、景栋和八莫等地；布朗族人口约 3 万人，占全缅总人口的 0.08%，分布于景栋中缅边境山区。

中缅两国山水相依，中国的云南省、西藏自治区与缅甸克钦邦和掸邦共有 2186 千米的边境线。两国一些民族在族源和文化渊源方面有着十分亲密的关系，产生了多个跨境居住的民族。根据相关学者的研究，中缅跨界民族有汉族、回族、苗族、瑶族、哈尼（高）族、傣（掸）族、傈僳族、拉祜族、佤族、景颇（克钦）族、布朗族、阿昌族、怒族、德昂（崩龙）族和独龙族等 15 个[1]，另有未识别的群体克木人。跨界民族中人口主体位于中国的有汉族、回族、苗族和哈尼（高）族等缅甸的这些民族多为明朝之后由中国云南省迁移到缅甸，主要分布在缅北的果敢、东枝、景栋和八莫等地。其他跨境民族多为中缅边境区域的世居民族。

2. 宗教

缅甸是一个多宗教的国家。缅甸人信仰的宗教主要有佛教、原始拜物教及神灵崇拜、伊斯兰教、印度教和基督教。其中影响最为广泛、深入并为绝大多数缅甸人信仰的宗教是南传上座部佛教，俗称小乘佛教。缅甸政府也十分重视佛教的影响和作用。从文化的角度看，缅甸文化带有很深的佛教文化的印痕。而原始拜物教、神灵崇拜在缅甸少数民族和缅族中仍有不小的影响，在缅甸传统文化中也有较深的积淀。印度教、伊斯兰教、基督教在缅甸不同的地区和少数民族中也有不同程度的影响。从图 14 中可看出，佛教是缅甸拥有信徒最多的宗教，佛教徒占据了缅甸宗教信仰人口总数的 89.8%；

---

〔1〕 某些民族在中缅两国称谓上有差异，此处括号中为缅甸的称谓。

其次为基督教和伊斯兰教，分别占 6.3% 和 2.3%。

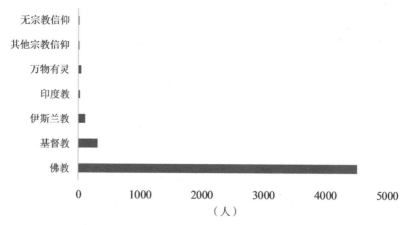

资料来源：缅甸共和国中央统计组织。

图 14 缅甸人口的宗教分布

二、人口发展的问题与挑战

在社会经济现代化和对外开放程度逐渐提高的背景下，缅甸人口得到了持续的发展，人口的现代化转变持续推进。但人口转变带来的人口结构红利、质量红利并未充分地发挥作用，人口与经济社会的耦合协调发展根据并未充分形成。

（一）人口现代化程度较低

缅甸作为一个欠发达国家，人口的现代化转型起步也较晚。20 世纪 50 年代之后，随着缅甸独立，社会经济发展进入一个新的阶段，人口现代化进程也开始加速。人口现代化转型包括了由于人口生育、死亡模式革命性变革导致的人口增长模式的变化，人口结构、素质、分布等人口特征及人口经济社会行为特征的变化。从人口再生产模式的转变来看，1950—1980 年间缅甸的人口出生率、死亡率和自然增长率具有人口转变初期"高出生、低死亡、高自然增长"的典型特征。1980—2015 年，人口转变进入过渡阶段，人口再生产模式呈现出生率、死亡率、自然增长率都不同程度持续下降的特征；2015 年后，缅甸人口转变进入完成阶段的临界时点，人口出生率和死亡率已经稳定在 20‰和 10‰以下，人口增长水平较低。

尽管缅甸已经进入人口转变的后期阶段，"死亡率革命"和"生育率革命"的现代转变已经完成，但是相较于周边地区，缅甸的人口转变是较为滞后的。附表 1 是缅甸与中国、柬埔寨、老挝、泰国、越南等大湄公河次区域国家人口转变主要指标的数据。从中可以发现，缅甸的人口转变进程是较为落后的。中国在 20 世纪 90 年代已经进入了人口转变的后期阶段，目前已经进入后人口转变时期。与民族、宗教和生育文化比较接近的泰国相比，缅甸的人口转变滞后 10—20 年，缅甸的生育率、死亡率下降程度明显滞后于泰国，尤其是死亡率，泰国在 1970—1975 年已经降至 9‰，但缅甸到 2005—2010 年才达到同样的水平。整体而言，缅甸的人口转变进程在大湄公河次区域（GMS）国家中是较低的，远远落后于中国与泰国，与越南也存在一定的差距，仅仅略微领先于柬埔寨和老挝。实际上，缅甸人口出生率、死亡率、自然增长率的现代化转变程度仍然略低于东南亚和世界的平均水平。

除了人口再生产模式之外，人口现代化还包含了人口的数量、质量和结构与现代经济、社会发展的适应程度日益提高的内涵。根据相关研究中确定的人口现代化评价标准，可以发现缅甸所有指标都未达到人口现代化的最低要求，其中除了总和生育率、婴儿死亡率比较接近临界值外，其余指标差距都比较明显，尤其是受教育程度、城市人口比重、人均经济产出水平相差甚远。与大湄公河次区域的其它国家相比，缅甸人口现代化程度处于最低水平，即使与相对落后的老挝、柬埔寨相比，缅甸也处于全面落后的状态（见表 5）。

表5 2018年大湄公河次区域（GMS）国家人口现代化程度

	生育现代化指标		人口素质现代化指标		人口结构现代化指标	经济现代化指标
	总和生育率	婴儿死亡率（%）	平均预期寿命（岁）	平均受教育年限（年）	城市人口比例（%）	人均GDP（美元）
人口现代化标准	≤2.1	≤30	≥70	≥8	≥60	≥8000
中国	1.69	7.40	76.70	7.90	59.15	9976.68
柬埔寨	2.50	24.00	69.57	4.80	23.39	1512.13
老挝	2.67	37.60	67.61	5.20	35.00	2542.49
缅甸	2.15	36.80	66.87	5.00	30.58	1418.18
泰国	1.53	7.80	76.93	7.70	49.95	7295.48
越南	2.05	16.50	75.32	8.20	35.92	2566.60

资料来源：联合国《世界人口展望2019》和世界银行数据库。

（二）劳动人口结构优势未能充分兑现人口红利

在人口转变的过程中，人口年龄结构的变迁必然会带来劳动年龄人口比重较高并持续增长的阶段，即人口红利期。目前缅甸仍然处于人口年龄结构变化所带来的机会窗口期。2019年缅甸15—64岁人口规模为3712.92万人，占总人口的68.24%。劳动力的充裕使得人口抚养负担较低。从表6中可看出，1970年之后缅甸抚养负担开始持续下降，人口总抚养比从1970年的85.3%下降到2019年的46.5%，其中少儿抚养比由78.8%下降到37.3%，而老年抚养比则从6.5%增长到了9.1%。

表6   缅甸人口抚养比   （单位:%）

年份	总抚养比	少儿抚养比	老年抚养比
1950	64	58.6	5.3
1970	85.3	78.8	6.5
1980	81.6	75	6.6
1990	71.3	64.5	6.8
2000	58.7	51.6	7.1
2019	46.5	37.3	9.1

资料来源：联合国《世界人口展望2019》。

从抚养比的国际比较来看，缅甸在东南亚国家中处于中游水平，低于柬埔寨、印度尼西亚、老挝、菲律宾，高于文莱、马来西亚、新加坡等5国（见图15）。根据联合国人口司的预测数据，缅甸在2025年之前劳动年龄人口比重仍然存在增长的空间，在2050年之前劳动年龄人口规模将保持增长态势。这表明始于1970年的人口红利期还将持续较长的时间。

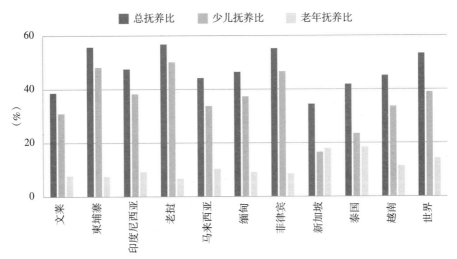

资料来源：联合国《世界人口展望2019》。

图15   2019年东南亚国家人口抚养比

劳动力充裕、抚养负担较轻是缅甸人口年龄结构变化的一个基本结果，也为缅甸收获经济发展的人口红利提供了一个基本条件。相关研究表明，人口的年轻化是缅甸近几十年来经济发展中最为重要的有利因素。然而缅甸在人口年龄结构上的优势并没有在经济发展中得以充分发挥，没有如同近邻中国、泰国、越南那样因人口红利获得经济持续快速增长。这主要源于两个原因。

第一，缅甸人口结构变化与产业形态与结构的变化脱节，没有形成匹配关系。由于缅甸的产业发展并未能充分吸收较为丰富的劳动力资源参与经济生产，因此，人口转变所带来的人口年龄结构优势所产生的人口红利效应大打折扣。这导致了缅甸依然是全球经济最不发达的国家之一，经济收入水平较低。根据世界银行数据，2018 年缅甸的人均国民收入为 1309.55 美元（2010 年不变价），比 2010 年增长了 56.09%。按照世界银行 2010 年国家收入类别分级标准，2018 年缅甸已经脱离了最为贫穷的国家行列，成了中等偏下收入国家。实际上，缅甸从 2011 年开始超过中等收入国家的 1005 美元的门槛线，尽管近年来增长较为迅速，但是距离中等偏上收入国家 3976 美元的门槛线差距还较大。从横向国际比较来看，缅甸收入水平依然较低。2016 年缅甸的人均国民收入只有世界平均水平的 11.54%，新加坡的 2.29%，越南的 57.77%，老挝的 55.35%，在东南亚 10 国中仅仅略微高于柬埔寨。

第二，尽管劳动力资源较为丰富，但劳动年龄人口经济参与程度低，使得缅甸人口的经济效应没有充分发挥。从图 16 中可以看出，2000 年之后缅甸的劳动力参与率持续下降，从 71.41%下降到 2019 年的 61.67%，尤其是女性劳动力参与率更是降低到了 47.5%。缅甸大量的成年人尤其是成年女性未参加经济生产，使得劳动力的数量和结果优势大打折扣。缅甸劳动力参与率较低有多方面的原因，既有女性就业文化上的歧视因素，也有劳动者素质无法满足岗位需要的因素，但更为重要的是缅甸的产业发展滞后，未能提供足够多的就业机会。2019 年缅甸仍然有高达 48.89%的劳动力在农业领域就业，随着现代农业生产技术的逐步传入和对传统生产模式的取代，缅甸农业部门已经无法提供更多的就业机会，在经济非农化和人口城镇化的大背景下，迫切需要工业和服务业吸纳就业人口，但工业发展一直是缅甸的短板，由于产业体系不完整、产业竞争力弱，工业能够提供的就业机会较少。虽然以旅游业、城市商贸服务业为主的第三产业在近年来得到了快速的发展，但是产业发展的不稳定，使得其对于就业增长的贡献也比较有限。

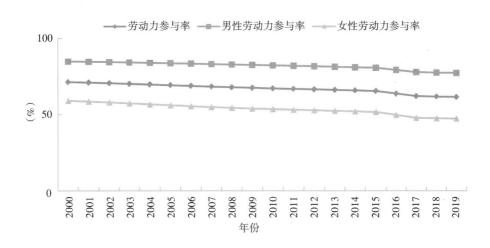

资料来源：世界银行数据库。

图 16　2000—2019 年缅甸分性别劳动力参与率

（三）人口受教育程度提高缓慢，人口效率低，人力资本对经济发展的贡献较小

人口现代化转变除了带来人口结构的红利外，还会加速人口素质的提高，使得区域人力资本积累更加丰富，推动经济生产效率的提高。缅甸整体受教育水平偏低。从图 17 中的数据可以发现，缅甸的人口受教育程度极低，且增长缓慢。1990—2018 年间缅甸的平均受教育年限有缓慢的增加，28 年间增长了 2.6 年，到 2018 年达到 5 年。这与世界平均水平有着显著的差距，

2018年世界人口的平均受教育年限已经达到了8.4年，超过缅甸3.4年。这意味着目前缅甸国民的平均受教育程度还没有达到小学毕业的水平。缅甸人口在接受高等教育方面与世界的差距更加显著。2018年高等学校入学率的全世界平均值为38.04%，而缅甸仅为18.82%，这一数值甚至低于2000年时

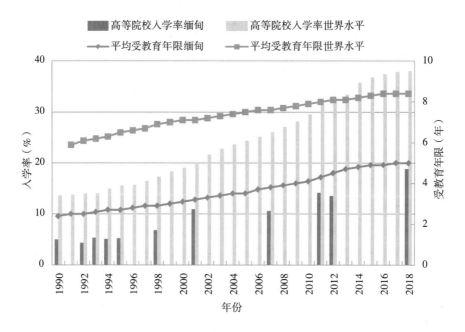

资料来源：人类发展指数数据库和世界银行数据库。

图17 1990—2018年缅甸平均受教育年限和高等院校入学率

的世界平均水平。在现代科技和教育高速发展的时代，缅甸只有小学教育程度的人口很难成为合格的现代产业的从业者；而较低的高等教育入学率使得较高素质的人才培养严重不足，人口素质整体偏低，人力资本对经济的贡献较小。

人口素质偏低使得劳动者对于推动缅甸经济发展和社会财富创造的能力薄弱。人口效率是指就业人口的人均GDP，可以较好地说明每单位就业人口创造的经济价值。如图18所示，2016年缅甸的人口效率为9535美元，比世界平均水平低了24 830美元，与东南亚经济发展水平较高的新加坡、文莱和

马来西亚差距更大，仅是这 3 个国家的 6.6%、6.1% 和 17.2%，即使与东南亚国家中发展水平一般的印度尼西亚和菲律宾相比也存在明显的差距。

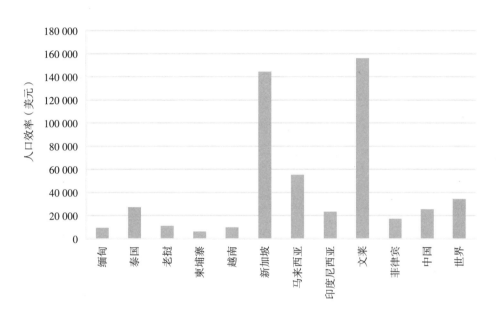

资料来源：根据世界银行数据库就业人口及 GDP（现价美元）相关数据整理计算。

图 18　2016 年缅甸与相关国家人口效率

（四）人口集聚度低不利于经济增长极的形成

人口城镇化是推动工业化和现代经济发展的重要驱动因素。人口从乡村到城市的转移极大地提高了人口的空间集聚程度，直接导致了经济生产效率的提高。近几十年来缅甸的人口城镇化进展比较缓慢，2018 年的城镇化率仅为 31.1%，比 1990 年仅仅增长了 6.8%。目前世界平均城镇化率已经超过了50%，东南亚国家中除了柬埔寨，城镇化率也都超过了 40%，缅甸城镇化的滞后显而易见。人口城镇化的落后，使得缅甸大量人口仍然散布于农村地区，从事技术落后、效益低下的传统农业。人口集聚不充分，不利于经济增长极的形成。

表7　缅甸不同规模城市人口数据表

城市人口规模	城市数量	城市名称	人口规模（万人）	占城市人口比重（%）	占全国人口比重（%）
多于500万人	1	仰光	521.14	48.08	9.97
100—500万人	2	曼德勒、内比都	238.58	22.01	4.56
50—100万人	0	—	—	—	—
30—50万人	5	勃固、帕安、东枝、蒙育瓦、密支那	197.37	18.2	3.78
10—30万人	6	毛淡棉、马圭、勃生、实兑、垒固土瓦	126.76	11.69	2.42

资料来源：2014年缅甸人口普查资料。

缅甸城镇化不仅发展缓慢，还存在空间格局不合理、城镇体系不完善的问题。从表7中可以发现，缅甸的城市体系在城市规模上并没有形成小城市多、中等城市次之、大城市少的"金字塔"型稳定结构，而是出现了大城市一家独大、中小城市发育不足的问题。目前缅甸超过人口100万人的大城市有仰光、曼德勒和内比都3个，但是3个城市的总人口占了全国城市总人口的70%以上，其中仰光为人口超过500万人的超大型城市，容纳了全国将近50%的城镇人口。中等城市在城市体系中可以有效地辐射距离核心大城市较远的区域，在区域内形成次一级的要素集聚中心，有效带动区域经济发展。然而在缅甸的城镇体系中缺乏50—100万人口的中等城市，这使得远离仰光、曼德勒和内比都三个大都市的广大区域缺乏次级城镇中心。缅甸小城市数量较多，其中30万—50万人口的城市有5个，10—30万人口的城市有6个。小城市数量虽然较多，但在吸纳人口集聚和城市化中的作用却较为有限。缅甸城镇人口比重偏低，且城市体系不完善，人口在乡城转移和不同层级城市间流动没有建立良好的通道和机制，不利于打破当前城镇化发展的瓶颈，形成空间分布合理、层级关系协调的经济集聚与增长格局。

（五）"一带一路"倡议下中缅两国人口与经济交流合作的发展

中缅两国山水相依，自古以来在经济、文化、民族、人口等方面交往密切，对于双方社会、经济、政治的发展都起到了不容忽视的发展作用。"一带一路"倡议提出之后，中缅两国在人口交流与经济合作方面呈现出新的发展态势。

1. 人口与经济要素的流动规模快速增长

在"一带一路"倡议总体框架之下，中缅两国达成的共建中缅经济走廊共识，积极改善国际贸易、产业合作、投资准入、人员往来等方面的条件，使得中缅之间人口流动与贸易规模得到了快速增长。2018 年中国对缅甸口岸进出口大幅增长，仅云南省就完成对缅进出口额 136 亿美元，占当年云南省口岸进出口总额的 55.7%，进出口额较 2012 年增长了 3.67 倍；口岸货运量共计完成 1903 万吨，较 2012 年增长了 4.64 倍；出入境人员共计达到 2700 万人次，较 2012 年增长了 2.14 倍。在人口与经济跨境流动日益频繁的条件下，中缅两国的跨境婚姻现象也逐渐增多。据相关报道，位于中缅边境的云南省，截至 2012 年 5 月涉及跨境婚姻的人数达 67 542 人，其中来自缅甸的外籍人口占了较大比重。

2. 中缅重要经济合作项目效应初步显现

自 2016 年以来，中缅经济合作明显增强，一些大型建设项目的开工和完成及经济合作协议的签署，极大推进了"一带一路"倡议在缅甸部分目标的实现。第一，起始于缅甸若开邦马德岛和皎漂，途经曼德勒、木姐和瑞丽的中缅油气管道项目已于 2017 年 4 月建成并正式运营。[1] 这对打破"马六甲陷阱"，确保中国能源安全和加强缅甸能源经济对外合作具有重大意义。

---

〔1〕 "Crude oil piped from Myanmar to China hits 8.9m tonnes", http：//www.chinadaily.com.cn/a/201806/08/WS5b1a57e9a31001b82571f008.html.

第二，启动若开邦皎漂深水港和工业园区建设项目。由中国国际信托投资公司与中国和泰国多家大型企业联合投资的皎漂经济特区项目竞标成功，包括一个石化工业区、一个铁路交通枢纽、一个物流中心、出口加工产业多用途集装箱码头和居民区，项目于2018年11月8日在内比都签署项目建设框架协议，进入实质性推进阶段。第三，中缅铁路项目持续推进。2017年12月1日，中缅双方就两国在"一带一路"倡议下共建中缅经济走廊达成重要共识。该经济走廊从云南开始，向南延伸至缅甸中部城市曼德勒，此后分别再向东延伸至仰光新城、向西延伸至皎漂经济特区，形成"人字形"。作为经济走廊建设的先行项目，中缅铁路建设取得了实质性进展。中国中铁第二工程集团有限公司与缅甸国有铁路公司，于2018年10月就开展建设木姐—曼德勒铁路可行性研究签署了谅解备忘录。根据该备忘录，项目可行性研究将在两年内进行，将对该项目的环境和社会影响进行评估。一旦评估报告得到缅甸政府批准就可动工修建。第四，中缅边境经济合作区建设取得新进展。2017年中缅两国签署了关于建设中缅边境经济合作区的谅解备忘录，并于2018年成立联合委员会，负责边境经济合作区建设，经济合作区的木姐—瑞丽部分已开始优先试运行。

三、思考与启示

（一）中缅两国人口特征的互补性与国际合作机会

中国与缅甸的人口发展水平参差不齐，人口数量、质量和结构的变迁决定了其各自的人口发展特征。这些人口特征具有互补性，能加强两国国际合作。一是缅甸的人口数量和人口密度整体比中国小，这为区域人口的平衡与迁移提供了客观上的可能性。二是中国人口健康保健水平和文化教育资源明显优于缅甸，这为中缅两国加强妇幼保健和医疗卫生文化教育等领域的合作提供了可能性和必要性。三是中国人口性别比偏高与缅甸性别比普遍偏低这一人口现象，为中国与缅甸寻求男女两性人口在区域间的平衡与互补提供了可能。四是缅甸老年人口比重低于7%，尚未进入老龄化，但少儿人口比重也低于30%，虽暂处成年型社会，但生育率在不断下降，且劳动年龄人口占绝对比重，经济社会发展所需劳动力资源充足，正处于经济起飞和快速发展的关键期；而中国人口年龄结构属老年型，处于"少子化、老龄化"时期，劳动年龄人口逐渐减少，对于劳动力有着旺盛的需求。中国与缅甸在人口年龄结构方面所存在的差异预示着两国劳务合作空间广阔。在未来一段时期内，缅甸应抓住劳动力资源供给比周边国家充足且人口抚养比较低的这一黄金时期，一方面广开就业门路加快本国经济发展；另一方面借助"一带一路"、大湄公河次区域、澜湄国家合作机制寻求与中国的劳务合作，积极寻求向外输出劳动力的可行途径。

（二）缅甸人口特征对于中国对外投资的机会与风险

缅甸是东盟区域内经济发展较为落后的国家，高素质人才培养机制不够健全，适龄人口接受高等教育机会有限，阻碍了劳动力人口素质提升。缅甸就业人口素质普遍偏低，其就业人口效率尚不足1万美元。产业与就业结构不合理，人口效率偏低，造成了人力资源的极大浪费。随着中国跨入中等收入国家行列，中国的劳动力成本急速上升，中国劳动密集型产业和产能面临着向外转移的压力。而缅甸仍然属于中等偏下收入国家，劳动力工资水平极低，这为中国劳动密集型产业对外投资和国际转移提供了条件，也为缅甸的经济发展和产业升级提供了机会。缅甸可搭乘中国发展快车，及时且迅速地提高本国的经济发展水平，实现国民生活水平的显著提升。缅甸人口发展与中国的差异化特征必然会增加中缅双边合作的机会。但机遇必然伴随风险，缅甸自身存在的一些不确定因素，如民族矛盾、宗教极端主义、民粹主义等，可能会给国家稳定和安全带来威胁，一定程度上分散和干扰了区域合作和经济发展。此外，位于中缅甸边境的缅北地区与中央政府的矛盾和争端，也可能成为投资和经济活动中的风险因素。

（三）中国经验对于缅甸解决人口与发展问题的借鉴意义

在中国改革开放初期，中国的人口矛盾比较尖锐，但随着生育、教育、医疗、迁移等人口政策的不断调整，中国成功抓住了人口转变的机会窗口期，并收获了巨大的人口红利。中国人口转变过程中人口政策与实践的成功经验给发展中国家提供了一个良好范例和参照目标。缅甸尚未进入老龄化社会，正值人口红利期，劳动力资源丰富，应提前建立和完善相关社会保障制度，积极借鉴中国和其他国家的成功经验，对即将出现的"老龄化"和"少子化"问题未雨绸缪。一方面，应鼓励育龄人口自主、理性生育，稳定生育率，推动人口均衡发展；另一方面，针对低生育率水平下人口数量增长减缓的趋势，加强教育、医疗和社会公共事业改革，实现从"量"向"质"的转变。借鉴中国教育针制度的成功经验，通过提高素质教育、技术教育、终身教育质量，提升相关医疗和公共服务水平，提高劳动力人口综合素质，提高劳动生产效率，抵御劳动力数量优势丧失可能导致的不利影响。

充分利用女性人力资本推动社会经济发展是中国的另一个成功经验。中国是目前全球女性劳动力参与率最高的国家之一。40 余年来，中国政府加强了社会价值观和社会舆论的积极引导，鼓励适龄女性劳动力走出家庭，积极参与经济建设，制定男女平等的入学、就业和劳动保障等法律法规，加强对人力资源市场就业歧视问题的积极引导和约束，建立相应处罚机制，保障健康、有序的就业秩序，保障女性劳动力资源的合理开发和利用。缅甸女性劳动力参与率平均低于男性 30 个百分点，大量女性劳动力被排斥在就业市场外，不利于女性社会地位改善以及家庭收入水平的提高，阻碍人口红利的释放。缅甸可借鉴中国经验，充分吸纳女性劳动力资源，尤其在女性劳动力优势明显的教育、医疗卫生、科技及服务等行业，应建立完善的就业和劳动保障制度，激发女性劳动参与积极性。此外，积极鼓励女性参与第三产业中租赁和商务服务、批发零售及居民服务等行业的就业，同时加强女性劳动力技能培训和再教育，提升劳动力素质，使女性劳动者经济独立并获得长远发展。

参考文献：

［1］NYI N. Levels，trends and patterns of international migration in Myanmar ［R］. Ministry of Immigration and Population Department of Population/UNFPA，2013.

［2］UNDP. Human development report 2019 ［R/OL］. http：//hdr. undp. org/sites/default/files/hdr2019. pdf.

［3］贺圣达，李晨阳. 缅甸民族的种类和各民族现有人口 ［J］. 广西民族大学学报（哲学社会科学版），2007（1）：112—117.

［4］廖亚辉. 缅甸经济社会地理 ［M］. 广州：世界图书出版广东有限公司，2014.

［5］周建新. 缅甸各民族及中缅跨界民族 ［J］. 世界民族，2007（4）：86—94.

［6］May J F. In focus：Burma（Myanmar）［J］. Population today，1991，19（7-8）：12-17.

［7］晏月平，廖爱娣. GMS 国家人口转变与发展研究 ［J］. 学术探索，2015（10）：35—45.

［8］罗淳. 云南与周边国家人口状况对比分析 ［J］. 云南大学学报（社会科学版），2003（3）：61—67，96.

［9］陈友华. 人口现代化评价指标体系研究 ［J］. 中国人口科学，2003（3）：64-70.

［10］Findlay R，PARK C Y，JEAN-PIERRE A. Myanmar：building economic foundations ［J］. Asian-Pacific Economic Literature，2016，30（1）：42-64.

［11］Lar Ni，Taguchi，Hiroyuki. Population age structure，saving rate impacts on economic growth：Myanmar case ［N］. MPRA paper，2020-08-15.

［12］张懋功，李春林. 云南年鉴 2019 ［M］. 昆明：云南年鉴社，2019.

［13］梁海艳，代燕，骆华松. 滇桂边境地区跨境婚姻的现状、特征与原因 ［J］. 热带地理，2017，37（2）：193—202.

［14］彭念，宋润茜. "一带一路"倡议在缅甸的实施：进展与挑战 ［J］. 中国-东盟研究，2020（3）：112—123.

［15］晏月平. "一带一路"沿线国家人口变动与经济发展 ［M］. 北京：中国社会科学出版社，2020.

附录：

附表1 1950—2020年缅甸和GMS国家、东南亚和世界的人口转变比较

国家	人口指标	1950—1955年	1955—1960年	1960—1965年	1965—1970年	1970—1975年	1975—1980年	1980—1985年	1985—1990年	1990—1995年	1995—2000年	2000—2005年	2005—2010年	2010—2015年	2015—2020年
中国	粗出生率（‰）	42.5	36.4	39.4	39.5	31.9	22.5	21.2	24.8	17.9	14.6	13.1	12.8	12.7	11.9
	粗死亡率（‰）	22.6	21.3	20.7	12.8	9.2	7.1	6.6	6.7	6.7	6.7	6.6	6.8	7.0	7.1
	人口自然增长率（‰）	19.9	15.2	18.8	26.7	22.7	15.3	14.6	18.1	10.7	7.9	6.4	6.0	5.7	4.8
柬埔寨	粗出生率（‰）	49.0	47.3	46.0	44.1	42.1	40.7	50.6	46.2	38.0	30.7	26.5	26.3	24.5	22.7
	粗死亡率（‰）	23.2	22.1	21.5	21.0	24.1	61.6	19.8	14.1	12.1	10.6	8.3	6.9	6.3	6.0
	人口自然增长率（‰）	25.9	25.2	24.4	23.1	18.0	−21.0	30.8	32.1	25.9	20.2	18.1	19.4	18.2	16.7
老挝	粗出生率（‰）	45.5	43.9	43.0	42.9	43.1	42.7	42.9	43.2	41.5	34.8	29.9	28.1	25.6	23.8
	粗死亡率（‰）	22.2	20.9	19.8	18.8	17.8	17.0	16.1	14.5	13.0	10.8	9.1	7.9	7.0	6.5
	人口自然增长率（‰）	23.3	22.9	23.2	24.1	25.3	25.7	26.8	28.7	28.5	24.1	20.8	20.3	18.6	17.3
缅甸	粗出生率（‰）	46.7	44.6	42.7	40.9	38.8	36.5	33.9	29.4	26.0	24.9	24.0	21.2	18.6	17.7
	粗死亡率（‰）	27.7	23.4	20.7	17.6	15.7	14.2	12.9	11.5	10.7	10.1	9.7	9.2	8.5	8.2
	人口自然增长率（‰）	19.0	21.2	21.9	23.4	23.1	22.3	21.1	17.9	15.4	14.8	14.4	12.0	10.1	9.5
泰国	粗出生率（‰）	39.8	42.7	40.6	37.4	35.5	32.8	31.3	29.7	26.6	19.2	16.8	17.2	17.3	16.9
	粗死亡率（‰）	15.5	14.0	12.3	10.9	9.2	7.8	6.8	5.6	6.1	6.6	7.0	7.2	7.3	7.6
	人口自然增长率（‰）	27.0	28.8	29.9	29.5	25.5	21.2	17.4	14.8	12.1	9.0	6.5	5.2	4.0	2.9
越南	粗出生率（‰）	39.8	42.7	40.6	37.4	35.5	32.8	31.3	29.7	26.6	19.2	16.8	17.2	17.3	16.9
	粗死亡率（‰）	14.6	13.0	11.2	10.1	12.5	7.8	7.2	6.6	6.1	5.7	5.7	5.7	6.0	6.3
	人口自然增长率（‰）	25.2	29.7	29.4	27.3	23.1	24.9	24.1	23.0	20.5	13.5	11.2	11.5	11.3	10.7
东南亚	粗出生率（‰）	43.6	44.3	42.7	40.3	37.2	34.2	31.8	28.5	25.7	22.6	21.5	20.3	19.2	17.6
	粗死亡率（‰）	19.6	17.2	15.1	13.2	12.1	11.1	9.1	8.0	7.4	7.0	6.9	6.6	6.5	6.5
	人口自然增长率（‰）	24.0	27.1	27.7	27.1	25.1	23.2	22.7	20.5	18.4	15.6	14.5	13.7	12.7	11.1

国家	人口指标	1950— 1955 年	1955— 1960 年	1960— 1965 年	1965— 1970 年	1970— 1975 年	1975— 1980 年	1980— 1985 年	1985— 1990 年	1990— 1995 年	1995— 2000 年	2000— 2005 年	2005— 2010 年	2010— 2015 年	2015— 2020 年
世界 水平	粗出生率 （‰）	36.9	35.4	35.2	34.0	31.5	28.5	27.7	27.4	24.2	22.2	21.0	20.3	19.5	18.5
	粗死亡率 （‰）	19.1	17.4	16.1	13.5	12.0	10.8	10.0	9.5	9.1	8.8	8.5	8.0	7.7	7.5
	人口自然增 长率（‰）	19.6	17.2	15.1	13.2	12.1	11.1	9.1	8.0	7.4	7.0	6.9	6.6	6.5	6.5

资料来源：联合国《世界人口展望 2019》。

乌兹别克斯坦人口与发展状况报告

果　臻[*]

摘要： 乌兹别克斯坦是中亚连接东西和南北交通的双重内陆国，地理位置优越，自然资源丰富。乌兹别克斯坦是以乌兹别克族为主的多民族国家，为中亚第一人口大国，当前处于人口红利期，其人口平均教育水平较高、健康状况持续改善、经济发展状况良好，但仍面临健康保障质量不高、高等教育发展落后、就业机会不足、存在贫困问题、劳动力外流和性别不平等等挑战。为进一步深化中乌合作，应依托乌兹别克斯坦的人力资源丰富和人口红利优势，推进两国的产业转移承接和经济优势互补，并加强两国在教育和医疗卫生事业领域的交流与合作，提高人口的教育和健康素质。

关键词： 乌兹别克斯坦；人口与发展状况；人口红利；"一带一路"

　　乌兹别克斯坦共和国是位于中亚腹地的一个双重内陆国。1991 年 8 月 31 日宣布独立，国土面积为 44.7 万平方千米，全国共划分为 1 个直辖市、

＊ 果臻，博士，华中科技大学社会学院副院长、教授、博士生导师，中国人口学会第九届理事会人口统计专业委员会副主任委员。

12 个州和 1 个自治共和国。2019 年乌兹别克斯坦的国内生产总值为 579.2 亿美元，人均国内生产总值为 1724.8 美元，属于中低收入国家。乌兹别克斯坦共有 130 多个民族，其中乌兹别克族占比接近 80%；主要宗教为伊斯兰教，属逊尼派，其次为东正教；官方语言为乌兹别克语，俄语为通用语。

一、人口与发展现状与特征

（一）人口基本状况

1. 中亚人口第一大国，人口增长趋势放缓

乌兹别克斯坦是中亚人口第一大国，2019 年总人口为 3298.2 万人，据联合国预测，2050 年总人口将达到 4294.2 万人（见图 1）。1991 年以来，其人口自然增长率总体呈下降趋势，从 1991 年的 26.4‰ 降至 2019 年的 15.1‰，人口增长趋势放缓。乌兹别克斯坦人口地区分布不均，主要集中在

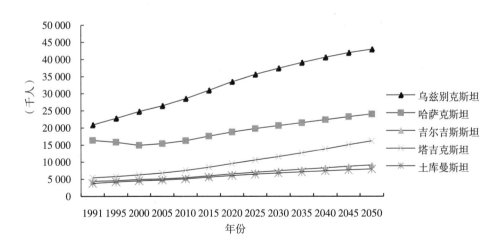

资料来源：联合国《世界人口展望 2019》。

图 1 1991—2050 年中亚 5 国的总人口数

自然条件较好的中部、东部和南部，但西部和北部沙漠地区人烟稀少。[1]
乌兹别克斯坦国家统计局的数据显示，位于东部绿洲中心的塔什干市
（Tashkent city）2019 年的人口密度高达 7699.6 人/平方千米，而位于西部的
卡拉卡尔帕克斯坦共和国（Republic of Karakalpakstan）的人口密度仅为 11.4
人/平方千米。

2. 生育率持续下降，当前略高于更替生育水平

20 世纪 90 年代以来，受经济发展、婚育年龄推迟、避孕技术和手段的
普及等因素影响，[2] 中亚 5 国的生育水平都呈现下降趋势。如图 2 所示，
2000 年后乌兹别克斯坦、塔吉克斯坦下降速度趋缓，哈萨克斯坦、吉尔吉斯
斯坦和土库曼斯坦陆续出现回升。到 2019 年，乌兹别克斯坦总和生育率降
至 2.4，低于其他中亚国家，但高于生育更替水平 2.1，尚未进入低生育国
家行列。据联合国中方案预测，乌兹别克斯坦的总和生育率未来将持续下
降，于 2050 年降至 1.92。

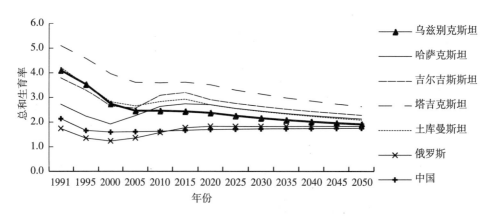

资料来源：联合国《世界人口展望 2019》。

图 2　1991—2050 年乌兹别克斯坦和部分国家的总和生育率

〔1〕 商务部国际贸易经济合作研究院等：《对外投资合作国别（地区）指南——乌兹别克斯坦
（2018 版）》，2019 年，第 3 页。

〔2〕 Xudaybergenovich, Abduramanov Xamid, "Characteristics of the Demographic Development of
CIS: A Case Study of Uzbekistan", *European Scientific Journal*, Vol. 12, No. 11, 2016.

分城乡看，农村生育水平高于城市，城乡生育水平呈收敛趋势。据乌兹别克斯坦国家统计局的数据显示，2009 年乌兹别克斯坦城市和农村总和生育率分别为 2.2 和 2.9，2018 年变为 2.4 和 2.8，农村和城市的生育水平差距从 2009 年的 0.7 缩小到 2018 年的 0.4。分地区看，塔什干市（Tashkent city）、锡尔河州（Syr Darya）和塔什干州（Tashkent）等地的生育水平相对较低，撒马尔罕州（Samarkand）、苏尔汉河州（Surkhandarya）和卡什卡达利亚州（Kashkadarya）等地的生育水平相对较高（见图 3）。

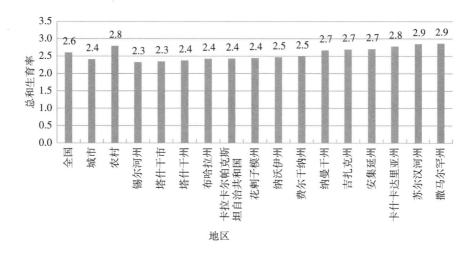

资料来源：乌兹别克斯坦国家统计局。

图 3　2018 年乌兹别克斯坦分城乡和分地区的总和生育率

3. 死亡率下降先慢后快，平均预期寿命提高

1991 年以来，乌兹别克斯坦政府高度重视社会发展，改善健康、降低死亡率、提高平均预期寿命是该国社会政策的主要优先事项。[1] 联合国《世界人口展望 2019》的数据显示，乌兹别克斯坦人口的死亡水平显著下降。首

---

〔1〕 Ludmila, Maksakova, "The Demographic Situation in Uzbekistan in Light of Social Security", *Central Asia and the Caucasus*, Vol. 13, No. 3, 2012.

先，乌兹别克斯坦的粗死亡率从 1991 年的 7.7‰降至 2019 年的 5.8‰，低于当前的俄罗斯、中国和大部分中亚国家，这主要是由于乌兹别克斯坦人口年龄结构相对年轻、老年人口占比偏少。其次，1991 年乌兹别克斯坦的婴儿死亡率为 60.9‰，2019 年已降至 19.9‰，改善明显，但当前在中亚国家中排名第 3，高于哈萨克斯坦（7‰）和吉尔吉斯斯坦（14.6‰），约为俄罗斯当前水平的 3.7 倍。据联合国预测，2050 年乌兹别克斯坦婴儿死亡率将降至 11.1‰左右（见图 4）。最后，乌兹别克斯坦平均预期寿命不断提高，在 20 世纪 90 年代的社会经济转型期间，乌兹别克斯坦人口寿命增长速度偏慢，2000 年以后逐步加快，到 2019 年增长至 71.7 岁，在中亚国家排名第 2，仅次于哈萨克斯坦，同时也低于俄罗斯、中国，未来预计平均预期寿命将继续增长，到 2050 年将达到 75 岁。分性别来看，2019 年乌兹别克斯坦的女性预期寿命达到 73.8 岁，男性为 69.6 岁，预期寿命的性别差异由 1991 年的 6.1 岁降至 4.2 岁（见图 5）。

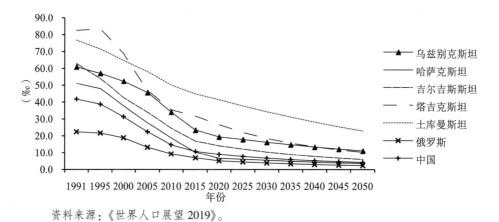

资料来源：《世界人口展望 2019》。

图 4　1991—2050 年乌兹别克斯坦和部分国家的婴儿死亡率

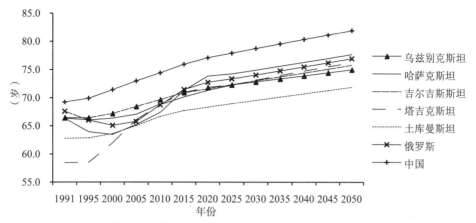

资料来源：《世界人口展望 2019》。

图 5　1991—2050 年乌兹别克斯坦和部分国家的平均预期寿命

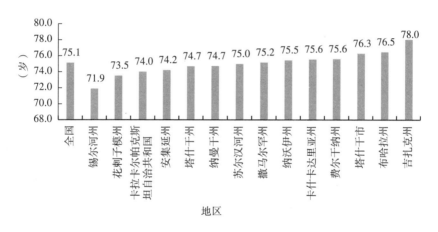

资料来源：乌兹别克斯坦国家统计局。

图 6　2019 年乌兹别克斯坦分地区的平均预期寿命

　　乌兹别克斯坦的死亡水平总体呈现出女性低于男性、经济发达地区低于经济欠发达地区的特征。从全国水平来看，2019 年，乌兹别克斯坦国家统计局公布的平均预期寿命比联合国估计数据高出 3.4 岁，往年数据也都高出 3 岁左右，这是由于乌兹别克斯坦官方记录的婴儿死亡率没有充分反映实际情况（其他中亚国家也存在类似问题），乌兹别克斯坦国家统计局公布的数据高估了国内的平均预期寿命。从图6可知，乌兹别克斯坦国内的死亡水平存在较大差异，2019年平均预期寿命位于全国前列的地区包括吉扎克州、布哈拉州和塔什干市等，锡尔河州处于全国最低水平。

4. 人口年龄结构相对年轻化，人口性别结构比较均衡

乌兹别克斯坦的人口年龄结构相对年轻化，1990年和2020年人口金字塔均为典型的增长型结构（见图7）。据联合国《世界人口展望2019》所示，在1991—2019年间，乌兹别克斯坦的15岁及以下人口占比由40.7%降至28.8%；15—64岁劳动年龄人口始终占主体地位且持续增长，由1991年的55.1%

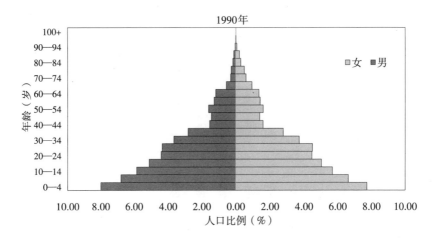

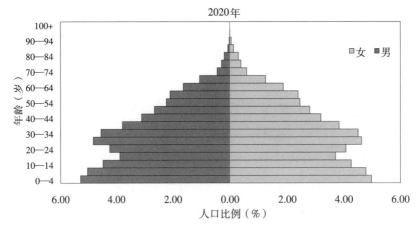

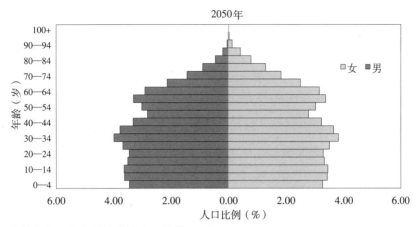

资料来源：联合国《世界人口展望 2019》。

图 7　1990 年、2020 年、2050 年乌兹别克斯坦人口金字塔

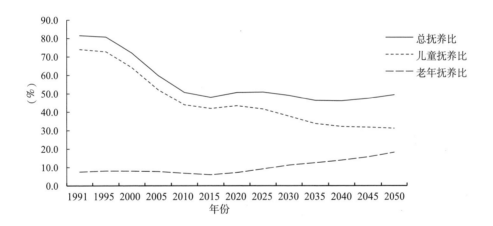

资料来源：联合国《世界人口展望 2019》。

图 8　1991—2050 年乌兹别克斯坦的人口抚养比

增至 2019 年的 66.6%；65 岁及以上老年人口占比始终偏低，2019 年为
4.6%，尚未进入人口老龄化阶段。从人口负担来看，1991 年乌兹别克斯坦
的少儿抚养比为 74%，水平偏高，2015 年降至最低水平 41.9%，随后出现
小幅上涨，2019 年为 43.2%；老年抚养比在 1991—2019 年间始终维持在

6%—8%。据联合国预测，未来乌兹别克斯坦的老龄化趋势将愈发明显，老年人口抚养比将持续增加，2050年将达到18.2%，人口金字塔也将呈现出年老型的倾向。

乌兹别克斯坦性别结构较为均衡，如表1所示，总人口性别比在1991年后的几年内逐渐趋于稳定，随后基本维持在98.9—99.6之间。出生人口性别比在102—107之间波动，处于正常范围。

表1 1990—2050年乌兹别克斯坦的人口性别比（每100名女性相对应的男性）

	1990年	2000年	2010年	2020年	2030年	2040年	2050年
总人口性别比	97.9	98.9	98.9	99.6	99.5	99.3	99.1
出生人口性别比	104.1	103.7	105.7	106.6	106.6	106.6	106.6

资料来源：联合国《世界人口展望2019》。

5. 迁入人口少于迁出人口，人口外流现象显著

20世纪90年代初，乌兹别克斯坦出现人口外流高峰，但世居人口流动性较低；20世纪90年代末，世居人口流动性增强，跨国劳务移民增加。苏联时期，乌兹别克斯坦有大量跨国移民迁入；乌兹别克斯坦独立后，大量母语非乌兹别克语的人口离开返回其原籍国。其中，大部分移民迁往俄罗斯，其余迁往哈萨克斯坦和乌克兰等独联体国家。与此同时，乌兹别克族也从其他中亚国家迁入乌兹别克斯坦。[1][2] 但此时乌兹别克斯坦世居人口中的迁徙流动性仍然较低，包括年轻人在内的乌兹别克人都倾向留在父母身边，不

---

[1] R. Ubaidullaeva and N. Umarova, "The new demographic situation in Uzbekistan", *Sociological Research*, Vol. 40, No. 3, 2001.

[2] G. M. Shah, "Post-independence Demographic Changes in Uzbekistan: A Regional Analysis", *The Journal of Central Asian Studies*, Vol. 23, No. 1, 2016.

愿意改变自己的居住地。[1][2][3] 20 世纪 90 年代末以后，乌兹别克斯坦向市场经济过渡，一系列经济社会问题导致国内失业增加，对劳动力（特别是低技能劳动力）的需求减少，劳动力市场供求失衡，本土居民被迫跨国迁移以寻求就业机会。[4][5]

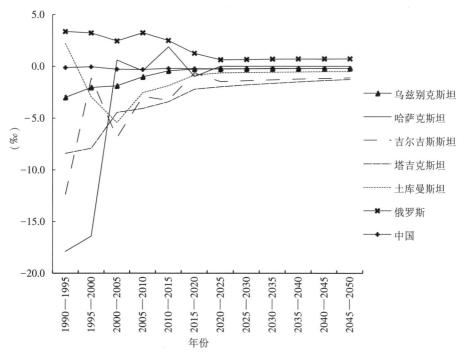

资料来源：联合国《世界人口展望 2019》。

图 9　1990—2050 年乌兹别克斯坦和部分国家的净迁移率

〔1〕 Evgeniy Abdullaev (ed.), *Labour Migration in the Republic of Uzbekistan: Social, Legal and Gender Aspects*, Tashkent: Good Governance Unit, UNDP Country Office in Uzbekistan, 2008, p. 15.

〔2〕 Hanks and Reuel R. "Emerging Spatial Patterns of the Pemographics, Labour Force and FDI in Uzbekistan", *Central Asian Survey*, Vol. 19, No. 3-4, 2000.

〔3〕 穆尔塔扎耶娃·哈米多夫娜、张娜：《乌兹别克斯坦当代人口过程及国家人口政策》，载《俄罗斯中亚东欧研究》，2011 年第 2 期。

〔4〕 Kadirova and Zulayxo. "International Labor Migration Processes in Uzbekistan", *National Academy of Managerial Staff of Culture and Arts Herald*, Vol. 3, 2018.

〔5〕 Evgeniy Abdullaev (ed.), *Labour Migration in the Republic of Uzbekistan: Social, Legal and Gender Aspects*, Tashkent: Good, Governance Unit, UNDP Country Office in Uzbekistan, 2008, pp. 12-13.

1990—2020 年，乌兹别克斯坦迁入人口少于迁出人口，两者的差值不断缩小。从净迁移人口数看，1990 至 2020 年乌兹别克斯坦净迁移人口数由 -32.3 万人缩小为 -4.4 万人。如图 9 所示，从净迁移率看，1990—2020 年乌兹别克斯坦净迁移率由 -3.0‰降为 -0.3‰，2020 年之后趋于平稳，维持在 -0.2‰。中亚其他国家的净迁移率大都为负且变动幅度均大于乌兹别克斯坦。俄罗斯净迁移率为正值，1990—2000 年由 3.4‰下降至 1.3‰。中国净迁移率较为平稳，1990—2000 年保持在 -0.1‰和 -0.3‰之间。

1990—2019 年，乌兹别克斯坦跨国迁出人口的存量不断增加，主要目的地为俄罗斯、乌克兰、哈萨克斯坦及土库曼斯坦等国家，同时迁入美国、德国和韩国的人口数增加（见表 2）。从人口国际迁移规模来看，暂时或永久居住在其他国家的乌兹别克斯坦人口规模越来越大，从 1990 年的 142.8 万人增至 2019 年的 198.6 万人。从人口跨国迁移主要迁入地看，第一，1990 年至 2019 年排名前 4 的迁入地较为稳定，分别是俄罗斯、乌克兰、哈萨克斯坦和土库曼斯坦，其中俄罗斯一直是乌兹别克斯坦跨国迁移的第一大目的国，相通的语言和文化为迁入俄罗斯提供了便利；第二，迁入美国、德国、韩国的人口数增加，居住在美国的乌兹别克斯坦人口数从 1990 年的 14.6 万人增加到 2019 年的 66.1 万人，美国排名从第 10 上升到第 5；德国和韩国分别在 2000 年和 2010 年成为前 10 大迁入地，2019 年分别排名第 6 和第 7。

表2　1990 年和 2019 年各个国家的乌兹别克斯坦移民存量

1990 年			2019 年		
排名	区域	移民存量(人)	排名	区域	移民存量(人)
-	世界	1 428 020	-	世界	1 986 227
1	俄罗斯	890 893	1	俄罗斯	1 146 535
2	乌克兰	131 997	2	哈萨克斯坦	294 395

1990 年			2019 年		
排名	区域	移民存量(人)	排名	区域	移民存量(人)
3	哈萨克斯坦	131 905	3	乌克兰	222 012
4	土库曼斯坦	110 271	4	土库曼斯坦	67 075
5	以色列	31 121	5	美国	66 093
6	阿塞拜疆	23 232	6	德国	39 088
7	塔吉克斯坦	18 848	7	韩国	24 444
8	吉尔吉斯斯坦	18 416	8	以色列	21 701
9	白俄罗斯	17 154	9	阿塞拜疆	16 362
10	美国	14 633	10	白俄罗斯	14 603

资料来源:联合国国际移民存量数据库。

(二) 经济状况

1. 属于中低收入国家,经济发展地区差异大

乌兹别克斯坦已迈入中低收入国家行列,在中亚国家中处于中等水平。据世界银行的数据显示,1991 年以来,乌兹别克斯坦的经济总体呈增长趋势,国内生产总值由 1991 年的 136.8 亿美元增至 2019 年的 579.2 亿美元,已从低收入国家迈入中低收入国家行列;[1] 人均国民总收入也由 1992 年的 600 美元增至 2019 年的 1800 美元,不过仍远低于哈萨克斯坦的 8810 美元。产业结构也发生较大变动,农业和服务业的生产总值占比下降,工业占比上升,于 2019 年成为乌兹别克斯坦第一大产业,占 GDP 的 36.4%。[2] 其中,

---

〔1〕 Annette, lttig and Regina and Safarova. *The 2016—2020 Uzbekistan United Nations Development Assistance Framework: Final Evaluation Report.* New York: Evaluation Resource Centre, United Nations Development Programme. 2019, p. 6.

〔2〕 State Committee of the Republic of Uzbekistan on Statistics, *Socio-economic Situation of the Republic of Uzbekistan: January—Decemeber 2019,* Tashkent: State Committee of the Republic of Uzbekistan on Statistics. 2020, p. 10.

棉花、黄金、石油和天然气是国民经济主要支柱产业。[1]

乌兹别克斯坦的经济发展存在明显的地区差异。从国内生产总值看，2019 年排名第一的塔什干市的 GDP 高达 745 276 亿苏姆，占国家 GDP 总量的 14.6%，比排名靠后的锡尔河州（2%）、吉扎克州（3%）、花剌子模州（3.7%）和卡拉卡尔帕克斯坦共和国（3.7%）4 个地区之和还高出 2.2%。[2] 从人均总收入看，塔什干市最高，约为 2004 万苏姆，其实际增长率高达 10.0%，而最低的卡拉卡尔帕克斯坦共和国约为 775 万苏姆，仅为塔什干市的 39%，其实际增长率也仅为 6.1%。[3]

2. 处于人口红利期，就业状况存在明显的年龄和地区差异

当前，乌兹别克斯坦正处于人口红利期，劳动力[4]规模和就业率持续上升。1991 年以来，乌兹别克斯坦的劳动年龄人口占比不断上升，总人口抚养比快速下降，2019 年降至 50.1%，据预测，这一人口红利窗口期将持续至 2040 年。[5] 劳动力规模持续增长，2019 年达 1555.6 万人，占总人口的 46%。15—64 岁人口的劳动力参与率平稳上升（见图 10a），2019 年达 68.7%，与土库曼斯坦接近，但相较于中国、俄罗斯和哈萨克斯坦仍有较大差距。就 15 岁及以上人口的就业率和失业率（见图 10b 和图 10c）来说，乌兹别克斯坦独立初期（1991—1998 年）经济出现衰退，就业率下降，失业率

---

〔1〕 商务部国际贸易经济合作研究院等：《对外投资合作国别（地区）指南——乌兹别克斯坦（2018 版）》，2019 年。

〔2〕 State Committee of the Republic of Uzbekistan on Statistics, *Socio-economic Situation of the Republic of Uzbekistan*: *January-Decemeber 2019*, Tashkent: State Committee of the Republic of Uzbekistan on Statistics, 2020, pp. 24-25.

〔3〕 State Committee of the Republic of Uzbekistan on Statistics, *Socio-economic Situation of the Republic of Uzbekistan*: *January-Decemeber 2019*, Tashkent: State Committee of the Republic of Uzbekistan on Statistics, 2020, pp. 400-401.

〔4〕 劳动力是指在一定时期内为商品和服务的生产提供劳动的 15 岁及以上人口，包括现在有工作的人（无偿工作者、家庭工作者和学生经常被忽略不计）、正在找工作的失业者及第一次找工作的人。

〔5〕 Trushin Eskender, *Growth and Job Creation in Uzbekistan*: *A In-depth Diagnostic*. Washington, D. C.: The World Bank Group, 2018, p. 5.

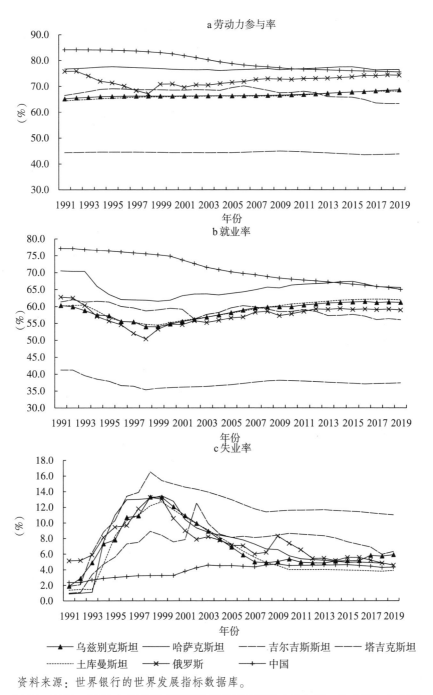

资料来源：世界银行的世界发展指标数据库。

图 10　1991—2019 年乌兹别克斯坦和部分国家劳动力参与率、就业率和失业率

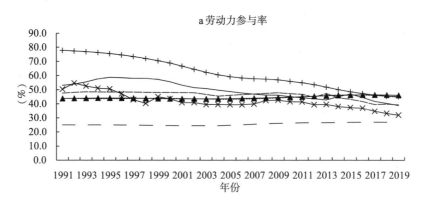

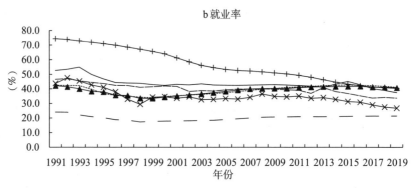

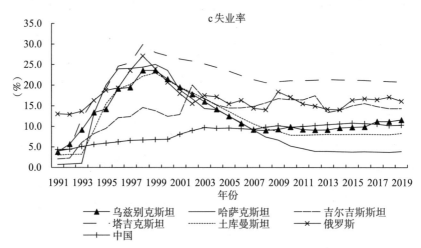

资料来源：世界银行的世界发展指标数据库。

图11　1991—2019年乌兹别克斯坦和部分国家青年人口的
劳动力参与率、就业率和失业率

上升。此后随着经济的复苏，乌兹别克斯坦的就业率持续上升，失业率迅速下降。2019 年就业率达 61.2%，略高于俄罗斯，与土库曼斯坦接近，但仍低于中国和哈萨克斯坦，失业率则高于俄罗斯、哈萨克斯坦、中国和土库曼斯坦。

乌兹别克斯坦的劳动力就业状况存在着明显的年龄和地区差异。分年龄看，1991 年以来乌兹别克斯坦青年人口（15—24 岁）就业状况的变动趋势与中国、俄罗斯，以及其他中亚国家的 15 岁及以上人口的趋势相似，但其相对排位却存在差异：2019 年乌兹别克斯坦的青年人口劳动力参与率是所考察国家中最高的，就业率也仅次于土库曼斯坦，失业率则位于中间水平（见图 11）。分地区看，各地区的就业状况差异较大，2018 年就业率最高的为塔什干市，为 77.5%，比就业率最低的吉扎克州高 15.9%；2018 年失业率最高的卡什卡达里亚州、撒马尔罕州和费尔干纳州高达 9.7%，比失业率最低的塔什干市高 1.8%。

3. 城镇化水平平稳上升，近 10 年略有下降

乌兹别克斯坦的城镇化水平在中亚国家中处于中上水平。1991—2011 年，乌兹别克斯坦的城镇化率平稳上升，由 41.8% 升至 51.2%，逐渐超过土库曼斯坦，明显高于吉尔吉斯斯坦和塔吉克斯坦（见图 12）。2011 年以后，乌兹别克斯坦的城镇化进程放缓，甚至出现下降趋势，这可能受城乡间的生育率差异和国内外移民的影响。一方面，农村地区的出生率较高，使得农村人口的占比更大；另一方面，乌兹别克斯坦独立后转向市场经济，国内居民因为临时学习和工作而改变居住地的移民减少，同时来自俄罗斯、乌克兰、白俄罗斯及其他苏联原加盟共和国的移民从城市大量迁出，二者共同使得城镇化进程放缓。

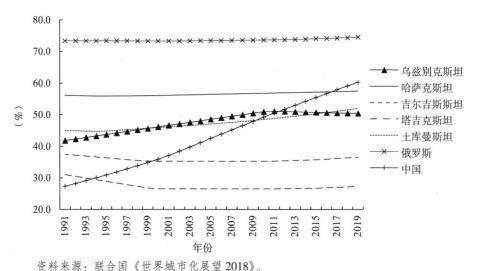

资料来源：联合国《世界城市化展望 2018》。

图 12　1991—2019 年乌兹别克斯坦和部分国家的城镇化率

（三）社会状况

1. 人口平均受教育程度较高，但学前教育和高等教育普及程度低

乌兹别克斯坦基本不存在文盲人口，人口平均受教育年限提升到较高水平。1991 年以前，苏联的教育投资为乌兹别克斯坦的教育发展打下良好基础。乌兹别克斯坦人口的识字率很高，独立时成人识字率超过 97%[1]，2013 年之后一直稳定在 100%。平均受教育年限比较高并不断上升，从 2000年的 9.1 年上升到 2018 年的 11.5 年，在中亚五国中的排名跃升至第二，仅次于哈萨克斯坦（11.8 年），与俄罗斯的差距从 2.2 年缩小到 0.5 年（见图13）。

---

〔1〕　United Nations Development Programme（Uzbekistan），*Uzbekistan Human Development Report*，*New York*：*United Nations Development Programme*，1999，p. 15.

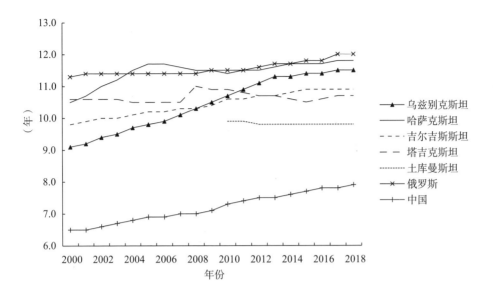

资料来源：联合国人类发展数据库。

图 13　2000—2018 年乌兹别克斯坦和部分国家的平均受教育年限

　　乌兹别克斯坦的初等教育、中等教育普及水平高，但学前教育和高等教育发展落后。1991 年剧烈的社会变革给乌兹别克斯坦的经济社会带来巨大的冲击，国家对教育的投资减少，[1] 各教育层级的毛入学率在 1991—2000 年出现不同程度的下降，随后趋于平稳。乌兹别克斯坦的初等教育、中等教育属于免费的义务教育，[2] 普及水平始终较高，初等教育毛入学率接近 100%，中等教育毛入学率处于 90% 左右。学前教育、高等教育不属于免费义务教育的范畴，毛入学率偏低。如图 14 所示，2018 年乌兹别克斯坦学前教育、高等教育毛入学率分别为 27.9%、10.1%，在中亚五国中排第 4。[3] 中亚 5 国中教育

　　〔1〕　United Nations Development Programme（Uzbekistan），*Uzbekistan Human Development Report*，New York：United Nations Development Programme，1999，p. 8.

　　〔2〕　Independent Evaluation Department and Asian Development Bank，*Uzbekistan：Education*，Philippines：Asian Development Bank，2010，p. 5.

　　〔3〕　根据世界银行最新发布的数据，吉尔吉斯斯坦、塔吉克斯坦、土库曼斯坦学前教育毛入学率分别为 39.8%（2018 年）、9.9%（2017 年）、58.0%（2014 年），高等教育毛入学率分别为 41.3%（2018 年）、31.3%（2017 年）、8.0%（2014 年）。

发展水平最高的哈萨克斯坦的学前教育、高等教育毛入学率分别为 62.5%（2019 年）和 54%（2018 年），分别是乌兹别克斯坦的 2.2 倍和 5 倍。乌兹别克斯坦与俄罗斯和中国的差距更大，尤其是在高等教育方面发展不足。[1]

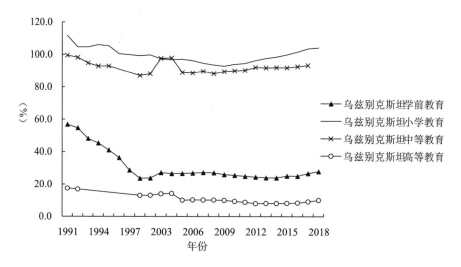

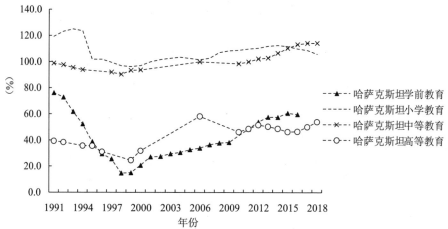

资料来源：世界银行的世界发展指标数据库。

图 14　1991—2018 年乌兹别克斯坦和哈萨克斯坦的毛入学率

---

　〔1〕　根据世界银行最新发布的数据，俄罗斯、中国学前教育毛入学率分别为 86.8%（2017 年）、88.1%（2018 年），高等教育毛入学率分别为 81.9%（2017 年）、50.6%（2018 年）。

2. 人口健康状况持续改善，首要死因是心脑血管疾病

乌兹别克斯坦人口的健康素质日渐改善，尤其是妇幼健康和生殖健康方面取得了明显进步。首先，5 岁及以下儿童死亡率大幅下降，由 1991 年的 77.1‰降至 2019 年的 24.5‰，低于土库曼斯坦和塔吉克斯坦，但与哈萨克斯坦、中国和俄罗斯仍有较大差距（见图 15）。其次，孕产妇死亡率不断降低。世界银行数据表明，2000 年乌兹别克斯坦的孕产妇死亡率为 41/10 万人，2017 年为 29/10 万人（见图 16），远低于 2017 年低收入国家孕产妇死亡率平均水平 462/10 万人，逐渐靠近高收入国家水平（11/10 万人）。[1] 第三，生殖健康服务逐渐完善。乌兹别克斯坦的避孕措施使用率由 1996 年的 55.6%上升至 2006 年的 64.9%，高于中亚其他国家；从避孕方法构成来看，乌兹别克斯坦最常用的方式为宫内节育器，2006 年该方法的使用率为 49.7%；其次为传统避孕方法（3%）。据联合国数据显示，随着现代避孕方法的普及，乌兹别克斯坦的人工流产率得以大幅减少，15—49 岁育龄妇女的流产率从 1991 年的 38.7‰下降到 2017 年的 4.8‰。

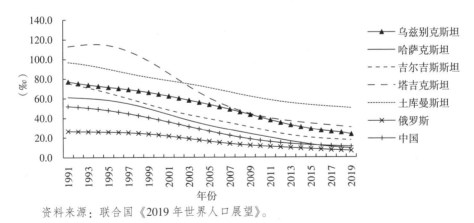

资料来源：联合国《2019 年世界人口展望》。

图 15　1991—2019 年乌兹别克斯坦和部分国家 5 岁及以下儿童死亡率

---

〔1〕 World Health Organization，*Trends in maternal mortality 2000 to 2017*：*estimates by WHO，UNICEF，UNFPA，World Bank Group and the United Nations Population Division*，Geneva：World Health Organization，2019，p. 91.

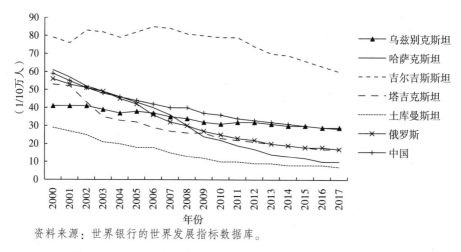

资料来源：世界银行的世界发展指标数据库。

图16　2000—2017年乌兹别克斯坦和部分国家的孕产妇死亡率

从死因构成来看，心脑血管等慢性非传染性疾病是乌兹别克斯坦的主要死亡原因。1991—2019年，心脑血管疾病一直是乌兹别克斯坦的首要死因，且占比由39.2%上升至52.8%；肿瘤超过呼吸系统感染与肺结核，成为第2大死因。值得一提的是，消化系统疾病的死因顺位由第6位上升至第3位，糖尿病和肾脏疾病由第9位跃升至第5位，慢性疾病成为乌兹别克斯坦的主要健康威胁（见表3）。

表3　1991年和2019年乌兹别克斯坦前10大死亡原因及其死因占比

1991年			2019年		
排名	死亡原因	死因占比(%)	排名	死亡原因	死因占比(%)
1	心脑血管疾病	39.2	1	心脑血管疾病	52.8
2	呼吸道感染与肺结核	15.1	2	肿瘤	11.0
3	肿瘤	9.7	3	消化系统疾病	7.4

1991 年			2019 年		
排名	死亡原因	死因占比(%)	排名	死亡原因	死因占比(%)
4	孕产妇和新生儿疾病	6.6	4	呼吸道感染与肺结核	6.6
5	意外伤害	4.9	5	糖尿病与肾脏疾病	6.0
6	消化系统疾病	4.3	6	孕产妇和新生儿疾病	2.7
7	慢性呼吸系统疾病	3.7	7	意外伤害	2.7
8	肠道感染	2.9	8	交通事故	2.5
9	糖尿病和肾脏疾病	2.6	9	自残与暴力冲突	2.3
10	交通事故	2.4	10	慢性呼吸系统疾病	1.9

资料来源：世界卫生组织《全球疾病负担研究 2019》。

3. 贫困人口数量和比例有所下降，贫困人口集中在农村和欠发达地区

乌兹别克斯坦的贫困问题虽有所缓解，但仍较为突出，且存在明显的城乡和地区差异。乌兹别克斯坦低于国家贫困线的人口比例大幅下降，由 2000 年的 27.7% 降至 2015 年的 12.8%，实现了贫困人口减半的千年发展目标（MDG），但仍远高于中国（5.7%）和哈萨克斯坦（2.7%），2019 年乌兹别克斯坦处于国家贫困线以下的人口仍有 369.4 万人。其中，城市贫困率的下降幅度比农村更大。城乡间的贫困人口分布极不平衡，地区间也存在较大差异，贫困人口仍主要来自农村和欠发达地区。

4. 女性在高等教育获得、劳动参与和政治参与等方面与男性存在较大差距

乌兹别克斯坦的女性获得高等教育的机会明显低于男性。女性在学前教育、初等教育和中等教育上的毛入学率与男性基本持平，毛入学率性别比（女/男）接近 1，女性与男性的差异很小。女性高等教育入学率与男性的差

距则比较大，2018 年毛入学率为 8.2%，仅为男性的 0.7 倍，而哈萨克斯坦、吉尔吉斯斯坦、俄罗斯和中国女性高等教育毛入学率远高于乌兹别克斯坦，[1] 且女性和男性的比值都超过 1（见图 17），表明乌兹别克斯坦高等教育不但发展水平低，还存在较严重的性别不平等。

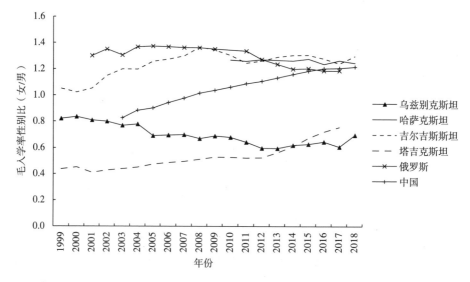

资料来源：世界银行的世界发展指标数据库。

图 17 1999—2018 年乌兹别克斯坦和部分国家的高等教育毛入学率性别比（女/男）

乌兹别克斯坦女性劳动力参与率为 50%左右，增长缓慢，与男性劳动力参与率的差距比较大。女性劳动力参与率缓慢增长，1991—2019 年从 49.2%增长到了 52.4%，在中亚国家中仅次于哈萨克斯坦（62.7%），也低于中国（60.5%）和俄罗斯（54.8%）（见图 18）。乌兹别克斯坦男性劳动力参与率达到了 78.1%，略低于土库曼斯坦，高于中国、俄罗斯和其他中亚国家（见图

---

〔1〕 根据世界银行最新发布的数据，哈萨克斯坦、吉尔吉斯斯坦和中国 2018 年女性高等教育毛入学率分别为 60%、46.7%、55.9%，俄罗斯和塔吉克斯坦 2017 年女性高等教育毛入学率分别为 89.1%、26.9%。

19）。女性和男性劳动力参与率的比值为0.7，而中国、俄罗斯和哈萨克斯坦的比值都达到了0.8，表明乌兹别克斯坦劳动力参与率的性别差异比较大。

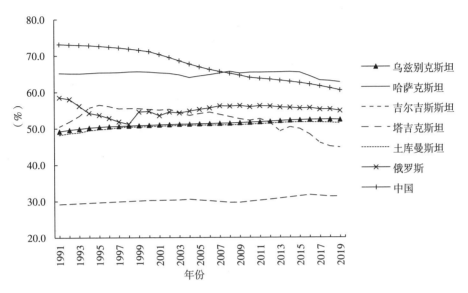

资料来源：国际劳工组织数据库。

图 18　1991—2019 年乌兹别克斯坦和部分国家女性劳动力参与率

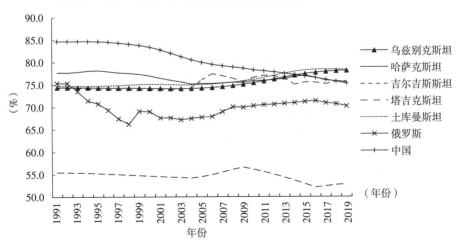

资料来源：国际劳工组织数据库。

图 19　1991—2019 年乌兹别克斯坦和部分国家男性劳动力参与率

乌兹别克斯坦女性议员比例和高层级决策部门女性比例不高。2000 年至 2019 年，女性在议会中的比例从 7.2% 上升到 22%，随后下降到 16%，没有达到乌兹别克斯坦对政党候选人名单中 30% 女性配额的规定，[1] 也低于其他中亚国家。在考察的国家中，高层级决策职位的女性占比都不高，2019 年乌兹别克斯坦的比例为 8%，在中亚国家中排第 2 位（见表 4）。

表 4   2000—2019 年乌兹别克斯坦和部分国家女性议员和高级层决策部门中女性的比例

	年份	乌兹别克斯坦	哈萨克斯坦	吉尔吉斯斯坦	塔吉克斯坦	土库曼斯坦	俄罗斯
女性议员的比例（%）	2000	7.2	10.4	2.3	15.0	26.0	7.7
	2010	22.0	17.8	23.3	19.0	16.8	14.0
	2019	16.0	27.1	19.2	19.0	25.0	15.8
高层级决策部门中女性的比例（%）	2005	3.6	17.6	12.5	3.1	9.5	0.0
	2010	3.2	5.0	10.0	5.9	6.3	16.7
	2019	8.0	5.0	9.5	5.9	3.7	12.9

资料来源：世界银行的性别统计数据库。

（四）文化状况

1. 民族众多，以乌兹别克族为主

乌兹别克斯坦共有 134 个民族，其中乌兹别克族占 78.8%，塔吉克族占 4.9%，俄罗斯族占 4.4%，哈萨克族占 3.9%，卡拉卡尔帕克族占 2.2%，鞑靼族占 1.1%，吉尔吉斯族占 1%，朝鲜族占 0.7%。此外，还有土库曼、乌克兰、维吾尔、亚美尼亚、土耳其、白俄罗斯族等。[2]

---

〔1〕 Asian Development Bank, *Uzbekistan Country Gender Assessment*: *Update*, Asian Development Bank, 2018, p. 10.

〔2〕 商务部国际贸易经济合作研究院等：《对外投资合作国别（地区）指南——乌兹别克斯坦（2019 版）》，2019 年，第 11 页。

2. 宗教信仰较为统一，大多信奉伊斯兰教

在所有的中亚国家中，乌兹别克斯坦的宗教信仰相对来说比较统一，大多信奉伊斯兰教，多属逊尼派，信徒占人口总数90%以上，其次为东正教，属政教分离的伊斯兰国家。虽然多种宗教并存，但伊斯兰教是乌兹别克斯坦的主要宗教。在伊斯兰教传入之前，当地居民主要信仰佛教、萨满教、袄教，以及其他形形色色的原始宗教。

（五）小结

从人口基本状况看，乌兹别克斯坦的总和生育率呈下降趋势，当前略高于更替生育水平，死亡率已降至较低水平，人口增长趋势放缓，目前处于人口转型的第二阶段后期。其人口年龄结构较为年轻，性别结构比较均衡，人口外流现象明显。从经济状况看，乌兹别克斯坦为中低收入国家，正处于人口红利期，就业状况持续改善，城镇化进程总体平稳推进，但地区经济发展状况差异较大。从社会状况看，乌兹别克斯坦人口的平均受教育程度较高，初等和中等教育基本普及，但学前教育和高等教育普及程度偏低；人口健康素质日渐改善，妇幼健康和生殖健康方面的进步尤为明显；贫困人口数量和比例不断减少；性别不平等问题有所缓解，但女性在高等教育、劳动参与、政治参与等方面仍与男性存在较大差距。从文化状况看，乌兹别克斯坦民族众多，以乌兹别克族为主；宗教信仰较为统一，大多信奉伊斯兰教。总的来说，当前乌兹别克斯坦正处于人口红利期，经济发展势头良好，人口教育素质和健康状况持续改善，贫困和性别不平等问题有所缓解，拥有强大的人口潜力及良好的发展机会。

二、人口与发展主要问题和挑战

如前所述，乌兹别克斯坦在人口与经济社会发展方面取得了明显成效，但仍然面临着众多考验和挑战：人口健康保障水平有待提高、医疗卫生服务

体系不够完善，高等教育发展亟待加强，就业机会不足且就业质量不高，贫困、劳动力外流和性别不平等问题仍较为突出，这些问题制约着乌兹别克斯坦的进一步发展。

（一）健康保障质量不高、医疗服务与健康需求不匹配

乌兹别克斯坦独立以来，随着经济社会的发展与医疗卫生投入的增长、公共卫生体系和医疗服务体系不断完善，人口的平均预期寿命不断增加，婴幼儿和孕产妇死亡率持续下降，艾滋病和疟疾死亡人数减半，[1] 健康状况改善取得明显进展。但同时也应看到，乌兹别克斯坦的人口健康问题依旧存在挑战，主要包括以下方面：

第一，妇幼健康保障的水平和质量有待加强。首先，2019 年乌兹别克斯坦的 5 岁及以下儿童死亡率为 24.5‰，与同年发达国家的平均水平 5.2‰相比仍有较大差距，也大大高出邻国哈萨克斯坦的 9.1‰，儿童死亡率的再下降将是平均预期寿命提升的重要推动因素。其次，尽管乌兹别克斯坦已实现 1990—2015 年将孕产妇死亡率降低三分之一的千年发展目标，但仍有较大进步空间，2017 年孕产妇死亡率在中亚五国当中仅低于吉尔吉斯斯坦。从避孕措施的构成来看，宫内节育器是最主要的避孕措施，但会增加妇科疾病的患病风险，且无法阻隔性疾病的传播。[2] 最后，根据世界卫生组织的数据显示，2019 年乌兹别克斯坦因孕产妇和新生儿疾病导致的过早死亡在所有疾病中仍然高居第 5 位，占过早死亡总年数的 6.8%，远高于俄罗斯的 0.8%与中国的 1.8%，这表明乌兹别克斯坦妇幼健康保障的质量有必要进一步加强。

第二，心脑血管疾病等非传染性疾病相关的健康风险防控亟须加强。2019 年，非传染性疾病在乌兹别克斯坦的死因占比中超过了 80%，其中心脑

---

〔1〕 United Nations Development Programme in Uzbekistan, "The Sustainable Development Goals (SDGs) by 2030", https://www.uz.undp.org/content/uzbekistan/en/home/sustainable - development - goals/goal-3-good-health-and-well-being.html.

〔2〕 蒲小娟：《乌兹别克斯坦妇女的生存状况研究》，兰州大学硕士论文，2012 年 3 月。

血管疾病是首要死因，占比为52.8%。非传染性疾病不仅是健康状况改善的重要威胁，其直接治疗成本与间接导致的生产力损耗也带来了较大的经济损失。[1] 从与死亡相关的风险因素来看，51.0%的人口死亡是由于代谢风险因素造成的。进一步细分风险类别，前五大风险分别是高收缩压（30.7%）、饮食风险（28.2%）、高空腹血糖（20.2%）、高身体质量指数（19.3%）和高水平低密度脂蛋白胆固醇（18.5%）。这表明乌兹别克斯坦卫生部门在针对性的医疗资源投入、医疗技术水平提升、预防和治疗服务质量提高等方面有所欠缺，也表明居民的健康素养有待加强，健康的行为习惯与生活方式需要普及。

第三，现有医疗体系无法满足人民的健康需求。乌兹别克斯坦独立后的医疗体系改革取得了一定成就，主要包括增加妇幼健康保障、提高农民的医疗保健水平、增加医护人员、提高医疗技术水平和设立基本的医疗卫生保障福利等。[2] 但目前来看，乌兹别克斯坦在医疗体系方面的资源投入不足，医疗卫生支出占GDP的比例偏低，2017年仅为6.4%，甚至低于同年全球平均水平（9.9%）。现有的医疗体系仍然存在以下问题：①大量基础医疗设施和设备需要更新换代；②医疗工作者缺乏现代教育和培训，且非传染性疾病方面的专业医护人员数量不足；③卫生信息系统的现代化建设有待加强，目前缺乏电子病历与临床数据库，无法监测患者的治疗与效果；④医疗卫生服务的可及性与可负担性成为主要问题，基本医疗保障仅包括初级卫生保健服务，中级和高级医疗服务及门诊药品不包含在内，因此医疗费用对个人和家庭而言构成重要负担。

2016年6月，习近平主席对乌兹别克斯坦进行国事访问并在乌最高会议

---

〔1〕 World Bank, *Mainstreaming, Acceleration and Policy Support（MAPS）for Achieving the Sustainable Development Goals in Uzbekistan*, *Washington D. C.：World Bank Group*, 2018, p. 47.

〔2〕 Mohir Ahmedov, et al, "Uzbekistan：Health System Review", *Health Systems in Transition*, Vol. 16, No. 5, 2014.

立法院演讲时提出要着力深化"一带一路"沿线各国医疗卫生合作，打造"健康丝绸之路"。为此，乌兹别克斯坦可重点依托"健康丝绸之路"平台，加强其与"一带一路"沿线国家在传染病疫情通报、疾病防控、医疗救援、传统医药等领域的互利合作，进一步完善公共卫生体系和医疗服务体系，以全面提升乌兹别克斯坦人民的健康水平。

（二）学前教育和高等教育发展落后，无法满足社会经济发展的需求

乌兹别克斯坦学前教育普及程度低，发展迟缓，资源分布不均衡，不利于儿童早期发展和教育公平。乌兹别克斯坦学前教育不属于免费的义务教育，存在入学率低、资源分布不均衡等问题。2018年乌兹别克斯坦学前教育毛入学率为28%，低于大部分中亚国家。乌兹别克斯坦学前教育资源和入学率还存在明显的地区差异和城乡差异。2010年，塔什干市学前教育毛入学率最高达到了50%，而卡什卡达里亚州只有11%，其他地区处于10%—25%的范围。学前教育资源集中在城市地区，占全国人口37%的城市人口，学前教育毛入学率达到64%；而占全国人口63%的农村人口，学前教育毛入学率只有36%。[1] 针对乌兹别克斯坦幼儿保育存在的问题，世界银行组织专家撰写了报告，并提出可能的政策应对措施，比如政府需要着力解决低入学率省份和低收入家庭的幼儿入学问题，提供更灵活的幼儿托育模式，升级完善幼儿保育和教育设施，完善幼儿保育和教育质量监测系统等。

乌兹别克斯坦的高等教育人才存在巨大的缺口，难以适应经济发展的需求。1991年后乌兹别克斯坦产业结构逐渐以工业和服务业为主，劳动力市场对高等教育劳动人口的需求越来越大。据世界银行的数据显示，乌兹别克斯坦高等教育毛入学率2018年仅为10.1%，而邻国哈萨克斯坦、吉尔吉斯斯坦和塔吉克斯坦的高等教育入学率分别达到54%（2018年）、41.3%（2018

---

〔1〕 Philippe H. LeHouérou, et al., *Improving Early Childhood Care and Education*. Washington D. C.: World Bank Group, 2013, p. 14.

年)、31.3%（2017年），中国和俄罗斯则达到了50.6%（2018年）和81.9%（2017年）。落后的高等教育阻碍了经济的发展，乌兹别克斯坦各个行业用人单位面临不同程度的高教育水平人口招工困难，特别是工业和服务业领域，49%的用人单位表示本国劳动力市场难以满足公司对高等教育人才的需求，给公司发展带来了困难。[1] 对于高等教育发展落后的问题，世界银行相关报告指出乌兹别克斯坦需要制定高等教育发展的中期战略规划，协调与高等教育相关的主体共同达到目标，提高高等教育入学率，完善相关法律法规，发展适应经济变化的高等教育体系。

（三）就业岗位不足、就业质量不高，贫困问题仍较为突出

乌兹别克斯坦的就业岗位不足、就业质量不高。一方面，乌兹别克斯坦未能创造足够的就业机会。乌兹别克斯坦平均每年新增劳动力所需的就业岗位高达60万个，但平均每年实际能创造的新增就业岗位仅为28万个左右，[2] 就业岗位的供给严重不足。因此，乌兹别克斯坦每年新增就业岗位至少需要增加1倍才能吸收所有新进入劳动力市场的劳动者。另一方面，非正规就业占主导，工作贫困问题仍较为严重。乌兹别克斯坦的非正规就业人口占比很高，且在不断增长，2013年非正规就业人口占比高达54%。非正规就业在所有经济部门均很高，在农业部门中高达80%，工业和服务业也分别达到60%和38%。[3] 这从侧面反映出乌兹别克斯坦普遍存在就业质量不高的问题，许多劳动者的就业存在不稳定性和不确定性，面临着较高的工作贫困风险，2019年15岁及以上人口的工作贫困率仍高达19.7%，青年人口工作贫困率更是高达21.7%，远远高于同期的俄罗斯、中国和其他中亚国家。

---

〔1〕 Naqvi, Naveed Hassan and Igor Kheyfets, *Uzbekistan-Modernizing tertiary education*, Washington D. C.：World Bank Group, 2014, p. 10.

〔2〕 Trushin and Eskender. *Growth and Job Creation in Uzbekistan*：*An In-depth Diagnostic*, Washington D. C.：World Bank Group, 2018, p. 4.

〔3〕 Ajwad, Mohamed Ihsan, et al. *The Skills Road*：*Skills for Employability in Uzbekistan*, Washington D. C.：World Bank Group, 2014, p. 13.

乌兹别克斯坦的贫困问题仍较为突出，减贫仍是其长期面临的一项重要任务。如前所述，独立初期乌兹别克斯坦出现经济衰退，贫困问题加剧。为解决贫困问题，乌兹别克斯坦作了如下努力：一方面，从立法和组织层面着手，通过完善相关法律法规和成立政府专门机构（如劳动与社会保障部），为贫困人口等弱势群体提供制度性保障；[1] 另一方面，出台和实施针对性的减贫战略和计划，2004 年出台并实施了《2004—2010 年改善生活与消除贫困国家战略》，明确了实现减贫目标的主要途径，规定了旨在加快经济增长、提高就业和收入的经济政策优先方向和完善社会保障体系的优先方面，为消除贫困问题提供了全局性指导和战略性保障。乌兹别克斯坦由此在减贫问题上取得了较为明显的成效，低于国家贫困线的人口比例从 2000 年的 27.7% 降至 2019 年的 11%。但应当看到，乌兹别克斯坦目前仍面临贫困率较高、贫困人口规模大、地区间的相对贫困问题突出等多重挑战，进一步降低贫困人口比例，缩小城乡和地区间的贫困率差异应成为未来减贫工作的重点。

（四）劳动力外流现象突出，造成人才流失、家庭不稳定、健康质量降低等问题

乌兹别克斯坦存在大量跨国劳动力移民，劳动力外流问题显著。2013 年"中亚劳动与技能调查"（Central Asia's Labor and Skills Survey）调查显示，乌兹别克斯坦 33% 的家庭中至少有一名成员为跨国劳动力移民。2018 年"倾听乌兹别克斯坦公民的心声"（Listening to the Citizens of Uzbekistan）调查显示，乌兹别克斯坦 16% 的家庭中至少有一名成员为跨国劳动力移民，在收入最低的五分之一家庭中这一比例超过 26%，而最富有的五分之一人口中这一比例约为 14%。其中超过 80% 的跨国移民是男性并且相对年轻，平均年

---

[1] 杨进：《中亚五国贫困问题研究》，中国社会科学院研究生院博士论文，2010 年 4 月。

龄略微高于 33 岁。[1][2]

虽然跨境劳工移民能在一定程度上调整乌兹别克斯坦的劳动力供需平衡，有助于缓解失业问题，同时务工汇款能改善家庭生活条件，[3] 但是劳动力外流会带来一系列经济社会问题，主要表现在以下方面：首先，造成国内大量人才流失。L2CU 调查显示，目前乌兹别克斯坦的移民中有将近 60%完成了职业教育、29%完成了高中教育、约 4%拥有本科学历或更高学位。[4] 一方面，这加剧了国内的人才缺失状况，影响了国家劳动力资源的质量，削弱了国家改革和发展的潜力；[5][6] 另一方面，跨国劳动力移民在迁入国往往受到压榨并从事技术含量低的工作，这会导致人才的浪费及人才专业技能的流失。其次，影响家庭稳定与健康质量。L2CU 调查显示，成年迁移人口中未婚的比例仅为 27%。家庭成员的长期缺席会破坏家庭关系，造成一定的家庭问题。同时，大规模的劳动力外流对人口家庭组成、生育制度及迁移人口的健康状况都有一定的负面影响。最后，大量劳动力外流会导致国内应征入伍人员的减少、社会劳动力资源的减少和劳动力年龄结构的老化等问题。

针对上述问题，一方面，可通过更有效的国际合作使其劳动力数量和质量潜力得到更充分的发挥。劳动力输出国和输入国都应制定战略方针以提高跨境劳工移民及其家庭的福祉。另一方面，需加强国家宏观规划及制度建

〔1〕 Carraro, Ludovico, Maddalena Honorati and Manuel Salazar, *Uzbek Population Risk and Vulnerability Assessment*, Washington D. C.: World Bank Group, 2018, p. 19.

〔2〕 Seitz, William, *International Migration and Household Well - Being: Evidence from Uzbekistan*, Washington D. C.: World Bank Group, 2019, p. 8-12.

〔3〕 Seitz, William, *International Migration and Household Well - Being: Evidence from Uzbekistan*, Washington D. C.: World Bank Group, 2019, p. 12.

〔4〕 Seitz, William, *International Migration and Household Well - Being: Evidence from Uzbekistan*, Washington D. C.: World Bank Group, 2019, p. 4.

〔5〕 王嘎：《中亚地区民族人口迁移及其社会后果》，载《世界民族》，2003 年第 2 期。

〔6〕 Aslan and Halil Kursad, *International Labor Migration from Rural Central Asia: The Potential for Development in Kyrgyzstan and Uzbekistan*. Dissertation. Kent State University, 2011.

设，增强从务工汇款中获得的生产性投资，促进规模经济的形成，从而提高经济生产力，实现国内经济良性循环发展。

（五）性别不平等损害了女性发展权利，不利于社会经济发展

乌兹别克斯坦的传统家庭观念认为，女性越早结婚越好，结婚成家是女性的人生目标，成家后女性主要承担家务和育儿责任。[1][2] 2019 年以前女性法定婚龄为 17 岁，但在某些情况下（法律没有明确规定申请提前结婚的条件，主要取决于市长决策），地方政府允许女性 16 岁申请结婚。[3] 早婚损害了女性受教育和就业的权利，且早婚一般没有在政府部门进行正式登记，无法保障女性在家庭中的合法权利，加剧了女性的脆弱性。为保护女性权利，政府在《刑法》和《行政法》修正案中明确规定了对早婚行为的惩罚，[4] 并于 2019 年将女性法定婚龄从 17 岁提高到了 18 岁。[5]

高等教育机会的性别不平等，限制了女性的自我发展。乌兹别克斯坦高等教育中女性学生的比例持续偏低，2018 年达到40%，低于世界平均水平的51.6%，也低于邻国哈萨克斯坦（54.4%）、吉尔吉斯斯坦（55.5%）。高等教育上的性别不平等与传统性别观念有关，尽管宪法等法律主张性别平等、保护妇女权利，但根深蒂固的"男主外、女主内"的传统性别分工观念仍然普遍存在，对女性的期望是结婚生子和操持家务，而非进一步接受高等

〔1〕 Ibrahim, Saima, "Status of Women in Uzbekistan", *IOSR Journal Of Humanities And Social Science*, Vol. 10, No. 3, 2013.

〔2〕 Eastern Europe and Central Asia Regional Office, United Nations Fund for Population Activities. *Child Marriage in Uzbekistan (Summary)*, Tashkent: United Nations Fund for Population Activities, Uzbekistan, 2012, p. 3.

〔3〕 Eastern Europe and Central Asia Regional Office, United Nations Fund for Population Activities. *Child Marriage in Uzbekistan (Overview)*, Tashkent: United Nations Fund for Population Activities, Uzbekistan, 2012, p. 4.

〔4〕 Eastern Europe and Central Asia Regional Office, United Nations Fund for Population Activities. *Child Marriage in Uzbekistan (Overview)*, Tashkent: United Nations Fund for Population Activities, Uzbekistan, 2012, p. 7.

〔5〕 "The marriageable age for men and women in Uzbekistan set at 18 years", http://www.uzdaily.com/en/post/49362.

教育。

劳动力市场性别隔离，女性的经济潜力没有充分发挥。传统的家庭性别分工占据了女性大量的时间和精力，削弱了女性在劳动市场中的竞争力，部分女性退出劳动力市场成为家庭主妇，进入劳动力市场的女性往往从事兼职、非正式工作等薪水低、社保福利较差的工作。2017 年统计局数据表明，女性多从事社会部门，如保健和社会服务、教育、餐饮等平均收入水平偏低的行业，以上行业中女性从业者比例分别为 76.6%、75.6% 和 52.8%。而男性在交通运输和仓储、建筑、金融和保险等收入水平较高的行业占据主导地位，女性从业者比例低于 40%。一方面，较低的劳动力参与率和收入水平降低了女性抵御风险的能力和参与家庭资源分配的议价能力，加剧了女性在社会和家庭上的弱势性；另一方面，女性对经济发展的促进作用没有得到充分发挥，不利于经济发展。

乌兹别克斯坦进行了一些立法改革和法律改革，保障妇女的利益和地位。在加入联合国的过程中，乌兹别克斯坦通过了许多国际协定和公约，确认了妇女的权利，并制定了国家保护妇女行动计划的条款。同时，非政府组织也在提高妇女地位、促进女性发展和保障女性权利方面起到重要作用。妇女资源中心、妇女协会等组织支持妇女在社会生活各领域实现权利平等，普及健康和法律知识，并开展研讨会和培训计划扫盲等。

三、思考与启示

乌兹别克斯坦位于亚欧大陆的十字路口上，与其他中亚国家相似，在"丝绸之路经济带"建设中占据重要地位。其受教育水平、人口健康状况和经济发展水平在中亚国家中处于中等水平。但与此同时，乌兹别克斯坦具有独特优势，其人口总量位居中亚第一，市场容量最大，劳动年龄人口比例最高，经济增长和教育发展更为迅速。[1]

自 2013 年中国提出共建"一带一路"倡议以来，乌兹别克斯坦积极响应，在各领域与中国开展务实合作，成为共建"一带一路"的重要参与者和建设者。从双边贸易来看，中国自 2016 年起成为乌兹别克斯坦第一大贸易伙伴，并连续三年保持乌兹别克斯坦第一大贸易伙伴国地位。2018 年中国与乌兹别克斯坦双边贸易额达到 62.68 亿美元，同比增长 48.5%。其中，中方出口 39.43 亿美元，同比增长 43.4%；中方进口 23.24 亿美元，增长 58%；中方贸易顺差 16.19 亿美元。[2] 从人员往来看，2018 年中国企业向乌兹别克斯坦累计派出各类劳务人员 2430 人，年末在乌兹别克斯坦劳务人员2552 人。[3]

人口与发展问题是人类社会共同面对的基础性、全局性和战略性问题，会对经济社会发展产生深刻影响。为进一步深化中乌合作，更好地推进"一带一路"合作的实施，需关注和把握乌兹别克斯坦的人口与发展状况及其特征，重点关注以下四个方面：

第一，利用乌兹别克斯坦人力资源丰富和人口红利优势，开展中乌投资合作。乌兹别克斯坦是中亚第一人口大国，目前处于人口红利期。其人口年龄结构相对年轻化，青少年和劳动年龄人口占比较大，且劳动年龄人口占比不断上升，总人口抚养比快速下降，劳动力规模和就业率持续上升。据预测，乌兹别克斯坦的人口红利窗口期将持续至 2040 年。乌兹别克斯坦的人口规模和人口结构优势使其成为中亚地区最大的消费市场，丰富的劳动力资源也带来了较大的制造业发展潜力。中国可基于乌兹别克斯坦的人口规模和

---

〔1〕 联合国《世界人口展望 2019》数据显示，2020 年乌兹别克斯坦、哈萨克斯坦、吉尔吉斯斯坦、塔吉克斯坦和土库曼斯坦 15—64 岁劳动年龄人口的占比分别为 66.4%、63%、62.6%、60%和 64.4%。

〔2〕 商务部国际贸易经济合作研究院等：《对外投资合作国别（地区）指南——乌兹别克斯坦（2019 版）》，2019 年，第 30 页。

〔3〕 商务部国际贸易经济合作研究院等：《对外投资合作国别（地区）指南——乌兹别克斯坦（2019 版）》，2019 年，第 31 页。

结构优势开展"一带一路"合作项目，加强两国经贸领域的相互协作，实现互利互惠。

第二，推进两国的产业转移承接和经济优势互补，实现互利共赢。当前，中国的经济增长正在步入"新常态"，处于工业化的中后期。一方面，受人口红利逐渐消失、劳动力成本迅速上升的影响，部分劳动密集型产业正在失去竞争优势；另一方面，由于过去十多年过于乐观的生产能力扩张，部分原材料产业等传统产业出现产能严重过剩现象。为此，中国亟待进行产业转移与升级。而当前乌兹别克斯坦正处于工业现代化初期，具有持续大力发展工业的意愿和丰富的人口与自然资源，但面临设备陈旧、技术落后和资金短缺等困难。为此，两国可进一步推进产业的转移承接和经济优势互补，通过将部分劳动密集型产业转移至乌兹别克斯坦、开展能源资源及农业领域的产能合作，充分发挥中国的资金和技术优势和乌兹别克斯坦的人口、资源优势，为乌兹别克斯坦提供更多的就业机会，加快推进其工业化进程，同时也促进中国的产业转移和升级，优化中国企业的全球产业布局，实现互利共赢。

第三，充分发挥中乌两国人力资源和教育资源优势，加大高水平人才培养、交流与合作力度。乌兹别克斯坦人力资源相对丰富、劳动者素质总体水平较高和劳动力成本较低的特点为中乌产能合作提供良好的契机。但是，乌兹别克斯坦高等教育与人才培养体系落后，导致其人力资源开发水平与现代化发展要求不相适应。中国高等教育发展迅速，人力资源素质大幅提高，高层次人才规模不断壮大。[1] 中乌两国可就中国优质教育资源和教育事业发展经验开展人才培养领域的全方位合作，培养建设"一带一路"的创新创业骨干人才和急需紧缺专门人才，同时畅通各类人力资源交流平台，畅通人力资源服务机构、人力资源相关国际组织成员国和科技研发人才的国际交流合

---

〔1〕 杜鹏、安瑞霞：《从人口大国到人力资源强国——改革开放四十年中国教育发展成就与人力资源发展》，载《国家教育行政学院学报》，2018 年第 11 期。

作渠道，大力开展科技研发、科技成果转化和创业等跨国合作，提升中乌创新活力，推动产业合作更好更快发展。

第四，加强医疗卫生事业领域的交流与合作，提高人口健康素质。健康是发展的核心，人民健康素质的改善是推动经济可持续发展的重要支柱，推动医疗卫生领域的合作交流，直接惠及人民，有利于夯实其他领域合作的民意基础，同时也可为"一带一路"沿线国家卫生安全和社会稳定提供有力支撑。中国在这一领域已制定相关合作方案，如2017年签订《中华人民共和国政府与世界卫生组织关于"一带一路"卫生领域合作的执行计划》，发布《国家卫生计生委关于推进"一带一路"卫生交流合作三年实施方案（2015—2017）》，2019年召开"一带一路"国际医疗健康合作推进会等；同时积极落实相关方案、计划与倡议，采取一系列实际措施，包括启动中亚药物研发中心，乌兹别克斯坦大量医疗卫生和医药领域专家赴华交流培训，中国医疗专家前往乌兹别克斯坦进行诊疗，中乌传统医学中心项目落地，等等。基于乌兹别克斯坦当前的人口健康状况与医疗体系建设，未来的重点合作领域应包括以下方面：一是加强妇幼保健领域的医疗援助，进一步改善乌兹别克斯坦孕产妇和婴幼儿的健康状况；二是支持疾病预防控制体系建设，重点推进心脑血管疾病的防治技术合作交流；三是推进中国医疗卫生体制政策经验和理念的国际交流，在全民健康覆盖、卫生体制改革、医疗专业人才培养和能力建设、卫生信息系统现代化建设等方面为乌兹别克斯坦提供经验支持与技术合作等。

参考文献：

[1] 商务部国际贸易经济合作研究院，等. 对外投资合作国别（地区）指南——乌兹别克斯坦（2018版）[R]，2019：3.

[2] XUDAYBERGENOVICH, XAMID A. Characteristics of the demographic development of CIS: Acase study of Uzbekistan [J]. European scientific journal, 2016, 12 (11).

［3］MAKSAKOVA L. The demographic situation in Uzbekistan in light of social security ［J］. Central Asia and the caucasus, 2012, 13 （3）.

［4］World Bank. Mainstreaming, acceleration and policy support （MAPS） for achieving the sustainable development goals in uzbekistan ［R］. Washington D. C.: World Bank Group, 2018.

［5］UBAIDULLAEVA R, UMAROVA. The new demographic situation in Uzbekistan ［J］. Sociological research, 2001, 40 （3）.

［6］SHAH, G M. Post-independence demographic changes in Uzbekistan: a regional analysis. The Journal of Central Asian Studies, 2016, 23 （1）.

［7］ABDULLAEV E. Labour migration in the Republic of Uzbekistan: social, legal and gender aspects ［R］. Tashkent: Good Governance Unit, UNDP Country Office in Uzbekistan. 2008.

［8］HANKS, REUEL R. Emerging spatial patterns of the pemographics, labour force and FDI in Uzbekistan ［J］. Central Asian Survey, 2000, 19 （3-4）.

［9］穆尔塔扎耶娃·哈米多夫娜, 张娜. 乌兹别克斯坦当代人口过程及国家人口政策 ［J］. 俄罗斯中亚东欧研究, 2011 （2）.

［10］KADIROVA Z. International Labor Migration Processes in Uzbekistan ［J］. National Academy of Managerial Staff of Culture and Arts Herald, 2018 （3）.

［11］ITTIG A, SAFAROVA R. The 2016-2020 Uzbekistan United Nations development assistance framework: final evaluation report ［R］. New York: Evaluation Resource Centre, United Nations Development Programme, 2019.

［12］State Committee of the Republic of Uzbekistan on Statistics. Socio-economic situation of the Republic of Uzbekistan: January-Decemeber 2019 ［R］. Tashkent: State Committee of the Republic of Uzbekistan on Statistics, 2020: 10.

［13］ESKENDER T. Growth and job creation in Uzbekistan: a in-depth diagnostic ［R］. Washington D. C.: The World Bank Gourp, 2018.

［14］United Nations Development Programme （Uzbekistan）. Uzbekistan human development report ［R］. New York: United Nations Development Programme, 1999.

［15］Independent Evaluation Department, Asian Development Bank. Uzbekistan: education ［R］. Philippines: Asian Development Bank, 2010.

［16］World Health Organization. Trends in maternal mortality 2000 to 2017: estimates by WHO, UNICEF, UNFPA, World Bank Group and the United Nations Population Division ［R］. Geneva: World Health Organization, 2019.

［17］ESKENDER T, CARNEIRO F G. Changing for the better: the path to upper-middle-income status in Uzbekistan ［J］. Economic Premise, 2013: 119.

［18］Asian Development Bank. Uzbekistan country gender assessment: update ［R］. Asian Development Bank, 2018.

［19］United Nations Development Programme in Uzbekistan. The sustainable development goals（SDGs）by 2030 ［R/OL］. https://www. uz. undp. org/content/uzbekistan/en/home/sustainable-development-goals/goal-3-good-health-and-well-being. html.

［20］蒲小娟. 乌兹别克斯坦妇女的生存状况研究 ［D］. 兰州：兰州大学，2012.

［21］AHMEDOV M, et al. Uzbekistan: health system review ［J］. Health systems in transition, 2014, 16（5）.

［22］LEHOUÉROV P H, et al. Improving early childhood care and education ［R］. Washington D. C. : World Bank Group, 2013.

［23］NAQVI, HASSAN N, KHEYFETS I. Uzbekistan-Modernizing tertiary education ［R］. Washington D. C. : World Bank Group, 2014.

［24］ESKENDER. Growth and job creation in Uzbekistan: an in-depth diagnostic ［R］. Washington D. C. : World Bank Group, 2018.

［25］AJWAD, IHSAN M, et al. The Skills Road: Skills for Employability in Uzbekistan ［R］. Washington D. C. : World Bank Group, 2014.

［26］杨进. 中亚五国贫困问题研究 ［D］. 北京：中国社会科学院研究生院，2010.

［27］CARRARO, LUDOVICO, HONORATIM, et al. Uzbek Population Risk and Vulnerability Assessment ［R］. Washington D. C. : World Bank Group, 2018.

［28］WILLIAM S. International migration and Household Well-Being: evidence from Uzbekistan ［R］. Washington D. C. : World Bank Group, 2019.

［29］王嘎. 中亚地区民族人口迁移及其社会后果［J］. 世界民族，2003（2）.

［30］ASLAN, KURSAD H. International Labor Migration from Rural Central Asia: The Potential for Development in Kyrgyzstan and Uzbekistan［D］. Kent State University, 2011.

［31］SAIMA I. Status of Women in Uzbekistan［J］. IOSR Journal of Humanities and Social Science, 2013, 10（3）.

［32］Eastern Europe and Central Asia Regional Office, United Nations Fund for Population Activities. Child marriage in Uzbekistan（Summary）［R］. Tashkent: United Nations Fund for Population Activities, 2012.

［33］Uzbekistan Daily. The marriageable age for men and women in Uzbekistan set at 18 years［EB/OL］. http://www. uzdaily. com/en/post/49362.

［34］杜鹏，安瑞霞. 从人口大国到人力资源强国——改革开放四十年中国教育发展成就与人力资源发展［J］. 国家教育行政学院学报，2018（11）.